会计名家培养工程学术成果库
——**学术总结**系列丛书

追寻生命意义的商业语言
——杨雄胜会计学术人生自述

杨雄胜 著

中国财经出版传媒集团
中国财政经济出版社

图书在版编目（CIP）数据

追寻生命意义的商业语言：杨雄胜会计学术人生自述/杨雄胜著．--北京：中国财政经济出版社，2019.7
（会计名家培养工程学术成果库．学术总结系列丛书）
ISBN 978-7-5095-9130-7

Ⅰ．①追…　Ⅱ．①杨…　Ⅲ．①会计学-学术研究　Ⅳ．①F230

中国版本图书馆CIP数据核字（2019）第156978号

责任编辑：黎子民　常　胜　　责任校对：李　丽
装帧设计：陈宇琰　　　　　　责任印制：党　辉

中国财政经济出版社 出版

网址：www.cfeac.com

（版权所有　翻印必究）

社址：北京市海淀区阜成路甲28号　邮编：100142
营销中心电话：010-88191537
天猫网店：中国财政经济出版社旗舰店
网址：https://zgczjjcbs.tmall.com
中煤（北京）印务有限公司印装　各地新华书店经销
787×1092毫米　16开　29印张　355 000字
2019年8月第1版　2019年8月北京第1次印刷
定价：138.00元
ISBN 978-7-5095-9130-7
(图书出现印装问题，本社负责调换)
本社质量投诉电话：010-88190744
打击盗版举报热线：010-88191661　QQ：2242791300

 会计名家培养工程学术成果库
编委会成员

主　　任：程丽华
副主任：朱光耀
委　　员：高一斌　杨　敏　王　鹏　郭道扬
　　　　　孙　铮　顾惠忠　刘永泽　骆家駹
　　　　　汪林平　王世定　周守华　王　华
　　　　　樊行健　曲晓辉　荆　新　孟　焰
　　　　　王立彦　陈　晓

出版说明

为贯彻国家人才战略，根据《会计行业中长期人才发展规划（2010~2020年）》（财会〔2010〕19号），财政部于2013年启动"会计名家培养工程"，着力打造一批造诣精深、成就突出，在国内外享有较高声誉的会计名家，推动我国会计人才队伍整体发展。按照《财政部关于印发会计名家培养工程实施方案的通知》（财会〔2013〕14号）要求，受财政部委托，中国会计学会负责会计名家培养工程的具体组织实施。

会计人才特别是以会计名家为代表的会计领军人才是我国人才队伍的重要组成部分，是维护市场经济秩序、推动科学发展、促进社会和谐的重要力量。习近平总书记强调，"人才是衡量一个国家综合国力的重要指标""要把人才工作抓好，让人才事业兴旺起来，国家发展靠人才，民族振兴靠人才""发展是第一要务，人才是第一资源，创新是第一动力"。在财政部党组正确领导、有关各方的大力支持下，中国会计学会根据《会计名家培养工程实施方案》，组织会计名家培养工程入选者开展持续的学术研究，进行学术思想梳理，组建研究团队，参与国际交流合作，以实际行动引领会计科研教育和人才培养，取得了显著成绩，也形成了系列研究成果。

为了更好地整理和宣传会计名家的专项科研成果和学术思想，中国会计学会组织编委会出版《会计名家培养工程学术成果库》，包括两个系列丛书和一个数字支持平台：研究报告系列丛书和学术总结系列丛书及名家讲座等音像资料数字支持平台。

1. 研究报告系列丛书，主要为会计名家专项课题研究成果，反映了会计名家对当前会计改革与发展中的重大理论问题和现实问题的研究成果，旨在为改进我国会计实务提供政策参考，为后续会计理论研究提供有益借鉴。

2. 学术总结系列丛书，主要包括会计名家学术思想梳理，教学、科研及社会服务情况总结，旨在展示会计名家的学术思想、主要观点和学术贡献，总结会计行业的优良传统，培育良好的会计文化，发挥会计名家的引领作用。

3. 数字支持平台，即将会计名家讲座等影音资料以二维码形式嵌入学术总结系列丛书中，读者可通过手机扫码收看。

《会计名家培养工程学术成果库》的出版，得到了中国财经出版传媒集团的大力支持。希望本书在宣传会计名家理论与思想的同时，能够促进学术理念在传承中创新、在创新中发展，产出更多扎根中国、面向世界、融通中外、拥抱未来的研究，推动我国会计理论和会计教育持续繁荣发展。

会计名家培养工程学术成果库编委会
2018年7月

第一部分　扬帆启航　/　1

一、我与会计的不解之缘　/　3

二、初涉会计学术　/　18

三、三十而立前后　/　37

第二部分　乘风破浪　/　65

一、回归学界　/　67

二、站到学科建设前台　/　82

三、蓄力聚能　/　108

四、会计博士生培养的艰难曲折　/　118

五、会计与财务研究院以及重点学科　/　134

六、专业品牌与学科核心竞争力和
　　社会影响力　/　164

第三部分　人生港湾　/　*187*

　　一、大师专家的关注与扶持　/　*189*

　　二、财政部领导专业引导　/　*236*

　　三、润物无声的前辈：诸尚一　/　*267*

　　四、江苏电力：个人事业学术的福地　/　*298*

第四部分　学海泛舟　/　*319*

　　一、我心中的会计：会计基本理论研究　/　*321*

　　二、会计学术境界：会计研究方法与范式　/　*347*

　　三、财务学界的另类：财务理论的不懈探索　/　*374*

　　四、内部控制：开疆拓土新天地　/　*398*

　　五、管理会计：扎根中国的思考　/　*421*

　　后记　/　*449*

第一部分 扬帆启航

一、我与会计的不解之缘

（一）缘分初定

我 1960 年出生于江苏省启东市农村，祖上并没有当会计的传统，直到父亲当了几年农村生产队会计（那是中国最基层、最低要求的小会计），家里才算与会计沾了边。

在我刚上小学不久，我父亲把以往年度会计账簿与会计凭证全放在家里一个不加锁的小木箱里，而当年在用的账簿及相关凭证放在一个加锁的木箱里。对我而言，木箱加不加锁，是判断里面东西重不重要的标准。于是，不太懂事的我，居然把未加锁木箱里以前年度的会计凭证与账簿偷偷拿出去，很大方地送给一起玩纸牌的小伙伴们，叠折成各种各样的纸牌，满足了一批小朋友每天无穷无尽的玩兴。我小时候的农村，可供儿童玩耍的东西匮乏，能让我们这些小孩子玩玩的，只有形态各异的纸，叠折成各种纸牌的有关游戏。而当时农村，叠纸牌的纸一般是大人抽完香烟后的外包装纸，但这数量很有限，根本满足不了我们这些孩子每天玩纸牌消耗所需的纸张数量。我能从自己家里拿出一些会计凭证和账簿纸出来供大家玩，顿时赢得了小朋友的好感和欢迎，这种幼小心灵获得的愉悦，绝对不亚于长大后功成名就、衣锦还乡所拥有的那种成就感。当然，我带着比我小两岁的弟弟偷拿账簿和凭证里的纸张，肯定是格外小心，绝对不能让父母知道。就这样，应该是1967年的大半年，我父亲放在家里的几年积下来的会计凭证与账簿，被我随机撕掉和抽取了一大半。

事不凑巧，1967年10月左右，公社（现在是乡）与生产大队（现在是村）根据上级要求，对公社、大队与生产队三级会计的账要进行检查，家父开会回来，就要把存放在家里的往年与本年本生产队的账簿和凭证交到大队。但拿出来一看，顿时傻眼了，发现账簿严重缺页，凭证也稀稀拉拉、很不规则，根本无法阅看了。于是晚饭时，父亲以从来没有如此难看的脸色和绝望语调，问我们兄弟俩是怎么回事。作为长子，我知道扛不住了，更感到自己捅了天大的娄子，就如实坦白了自己的所作所为。父亲听后，犹如晴天霹雳，我只看到他一股劲地抽烟，既不打也不骂我们兄弟俩，沉默许久后厉声要求我们去把拿出去的这些纸张一一找回来。但是，这些纸早已作为易耗品，被孩童们玩碎撕掉丢弃了，根本无法找回。当我知道这些东西找不回对父亲和整个家庭所造成的后果时，真如五雷轰顶。幼年的无知胡来，致使父亲蒙受了很大的委屈，影响了他的后半生，而我们这个本来勉强能自食其力的家，因此背上了400多元的赔款债务。在那个年代，400元几乎是一个强劳动力辛勤劳动四年的总收入。我的父母亲（特别是我母亲）为此付出了比邻居更多更艰辛的劳动，以便尽早还清我做错事带来的莫名也无法豁免的债务。我想，自己对会计的敬畏，应该是在幼年时代个人和整个家庭付出了几乎是血的代价后而自然产生的情绪。

当然，此事也深深地刺激了我的神经。虽然父母特别宽厚，未因此打骂我，但自此以后，我内心深处产生了严重的负疚感，平时特别努力学习，尽管农村教育条件极其简陋，还是很用功地上学读书，学习表现受到老师们的高度赞赏；在家里更是特别勤快，主动帮助父母干一些力所能及的农活与家务活，尤其在学校假期，更是全心全力帮父母做事。我也因此在当时家乡邻里赢得了很好的口碑，成了一个懂事勤快、学习又好的乖孩子。现在回想起来，会计影响并主宰我一生，可能从那时已开始并注定了。

（二）少年会计

我从1966年上小学，到1977年高中毕业，正是"文革"时期。课堂里的知识根本没有学到多少，课外书也几乎没有什么可看。很多古今中外经典名著被定义为"黄色书刊"，绝对不能看，偷看一旦被发现，后果会很严重。初中时由于自己学习好、表现不错，被优先发展为共青团员，但因有人举报我偷偷地看了《三国演义》与《隋唐演义》而被查实，这个污点险些儿使我失去了读高中的资格。由于我母亲的力争，我好不容易上了高中。高中阶段还算幸运，语文老师兼班主任黄士昌老师特别喜欢我，我写的作文他总会认真阅读并修改，所以我写每篇作文都会尽量认真不让他失望。也正是这一点，在那时学不到太多知识的农村高中，我文字表达能力还是有了明显提高，从而影响了我的一生。当动笔写个人学术自述时，我可以有信心去兑现古代文人前辈对整个人类"言为心声"的承诺。在中国会计学界，我发表论文所展示的别具特点的行文风格，应该是得益于高中阶段奠定的文字基础，我对黄士昌老师的那份启蒙感激直至现在，相信将会持续终身。我们的初高中，数学只学到了农村土地面积、物品体积怎么算；物理只是让开手扶拖拉机的司机来向我们讲解拖拉机的工作原理；而化学是跟农村赤脚医生学看病；语文方面，学了很多毛泽东的诗词和马恩列斯毛语录；所有的外语是不学的。高中两年是半耕半读，即一天上课，一天在家干农活，14岁的我已经是一个标准的农民了，只是干活挣的工分没有成人劳动力多。一般我干一整天农活是4至6分，而一个正常农村劳动力是10分。由于我干农活卖力，又是高中生了，所以生产队长特别喜欢我，正好我们生产队原来的会计回上海生活了，队长就让我兼会计。干了半年，他与全队社员都觉得我不错，就选我做正式会计。

生产队的玉米、棉花、麦子、黄豆、蚕豆、山芋等庄稼收成后，或上缴国家，或分给各农户，就产生了生产队的农业收入；而平时买种子与农药、化肥产生农业支出，农家私人养猪养羊交生产队同时也产生农业费用，农业支出加农业费用就是农业成本；年终，一年农业收入减去农业成本就是农业积余。年底农业积余除一年农民总工分就是每工分农民收益，一家成员一年劳动总工分乘分值再减去从生产队分得粮草所应付的钱，就得到当年一个家庭是进钱的还是倒挂的。当时我虽上高中，但对于这些基本常识，我其实是不懂的，好在生产大队会计平时能经常指导我记账。当时农村年景往往比较差，一个强劳动力的收入往往不足以支付应还生产队的粮草费。这是我当初在农村时，农民年复一年辛勤劳动的实际状况。正因如此，我当生产队会计后，对每位社员的工分与农村支出和费用的计算特别认真公正，从而赢得了全体社员的真心拥护和信任。当我参加1978年高考，并于1979年初离开农村时，生产队全体社员那种真诚的依依不舍的情景，至今犹在眼前。

可以这么说，童年对会计的少不更事，让我尊严受到损害；少年对会计的敬畏，使我赢得了做人的尊严！会计在我那颗幼小而脆弱的心中，就牢牢地树起了神圣而不可侵犯的威严。

（三）参加高考

1977年中国恢复高考，刚高中毕业的我什么都没有准备，加上也不知道应该准备什么，事实上我们至高中毕业，几乎未学什么能满足高考基本要求的知识。因此虽然报了名，但考试时我一看到卷子就傻了眼，根本不知道怎么答题。看到老三届那样应答自如，我觉得高考对自己而言绝对不算什么机会。首次高考，我就这样毫无悬念地被淘汰了，而且是在预考环节被淘汰。说实话，高中毕业听到恢复高考那种兴奋状，确实是有生以来第一次拥有的。但一看考卷几乎什么都不懂的那种挫败与沮丧感，不啻是完全泄气的皮球那般绝望。

我的高中母校沈校长，因对我初高中学习好有点印象，为了鼓励我来年再考，主动找上我家，动员我到母校去当历史课的代课老师（月工资14元）。看着我犹豫不决，历来不对我发火的母亲，第一次几乎是气急败坏地严令我放下手中农活，去母校当代课老师。这样，在学校授课之余，我可以听课复习。由于不到一年就是1978

年高考，这种囫囵吞枣式学习，效果可想而知。但可能当年参加高考者普遍基础不好，我的考试结果虽然不太理想，但还是达到了录取分数线。由于考分不高，最终只能录取到大专层次会计专业。尽管如此，高考后能被录取，当时在老家绝对是很令人惊叹的事情，我个人还是挺高兴的。此事当时在家乡的影响，我可以用一件小事来证明。我读高中时，学校有一个扬州师范学院中文系毕业的盛老师，家里藏着一些我们想看而看不到的好书。当我回母校当代课老师时，我与盛老师套近乎，找了借口上他住处侦察有无我想看之书，发现有本《唐诗三百首》，我特别想看，但盛老师以讲课离不开为由拒绝了我的借阅要求。但是，当我拿到高考录取通知书后，盛老师找到我，很认真严肃地说想跟我商量个事，希望我把高考录取通知书借给他，而他把《唐诗三百首》借给我，以两天为期。两天后，我还书给他，他还通知书给我。我不解，问他要这干嘛？他说，他想把我的高考录取通知书给他上高一的儿子看，激励他好好学习、考上大学。我感到这种交易挺合算，就爽快地答应了。当我拿到《唐诗三百首》并心急火燎地翻阅时，盛老师在扉页上写的一句话深深地触动了我："有书不借非君子，借书不还是小人。"想想只能借两天，我意识到肯定不能细看，只能集中时间全部抄下来。两天后，我虽然抄得半半拉拉，但约定在先，只得乖乖地把未能完全抄完的《唐诗三百首》完璧归赵。这个手抄《唐诗三百首》，曾经被我视若宝物。只是几年后，看到新华书店铺天盖地的《唐诗》与《宋词》出版物时，觉得再保存那个抄得半拉子、字迹也不好看的个人手抄本，实在犯傻。这个特定背景下的个人手抄本就这样退出了我的收藏之列。但时至今日，我少年时代农村几乎无书可看可读的现实，仍在我心里留下很深的阴影。我嗜书如命的偏好，可能是少年时期严重缺书的一种本能反应。

现在看来，高考的恢复确实改变了我的人生命运。回顾我会计学术人生，中间有太多的偶然性和随机性，但似乎又是冥冥中不可逆转。对以恢复高考为起步标志的中国改革开放带给全体人民的生机、活力以及幸福感，我是感受直接而至深的。对党和国家的那种感激发自肺腑，没有任何的勉强和做作。从事会计学术研究后的那种日益强烈的使命感和责任感，与意外赢得高考机会而踏入会计学术之旅的个人经历紧密相关。在我被大学录取的那个年代，会计专业并不像现在这样热门，由于自己高考成绩并不理想，只能录取到会计专业。不过于我而言，由于童年与少年的会计经历，读会计专业反而焕发了我对会计理论与实务的学习热情以至于产生了一种职业认同和归属感。

（四）大学经历

我当时被徐州师范学院录取为财经师资班学生，学习地点在连云港。两年的大专学习，让我拥有一个全新的学习环境。我从来没想过也无法知道大学学习是什么样的。作为"文革"十年过后高考恢复招生第二批入学的大学生，同学年龄差距大。我班47人，只有3个女生。最大最小年龄差16岁，平均年龄26岁。读书的条件相当艰苦，图书馆没有几本书，教室里课桌都是吱吱嘎嘎的，任课教师配备不齐，几乎没有教材，上课就是老师讲、学生记笔记，宿舍是20多人的大通间，食堂里整天吃的就是稀干饭、馒头加咸菜与猪肉大白菜。更糟糕的是，整个学校只有一个厕所，而且从宿舍到厕所有一段距离。就是这样的学习条件，我们同学还是异常的刻苦与勤奋，自学加讨论，再办小报和读书分享会，整天忙得不可开交，暑假几乎有三分之一的同学留校看书学习，很少有现在的各种集体活动（例如春秋游、同学聚餐、电影舞会），全部的时间与精力集中在学习读书研讨，两年时间一眨眼就过去了。我们还没有多读几本像样的名著，更没有学精会计专业，就匆匆忙忙地毕业了。

记得毕业前最后一个学期结束，我们的会计专业老师，非常认真地问全体同学："利润是生产出来的，还是会计算出来的？"全班同学异口同声地回答："生产出来的！"老师很满意地说："同学们可以毕业了。"此情此景，至今仍深深地烙印在我的记忆中。也就是在最后一个学期，李天民教授给我们讲了几个会计理论专题，让我们知道了会计为什么这样定义、会计应该有哪些职能、会计到底是技术性为主还是阶级性为主、会计方法包括哪些内容。我们也第一次知道会计在国外已分为财务会计与管理会计。李天民老师的几个讲座，让我领略到会计理论的魅力，觉得会计领域还是有很多问题可以去琢磨。不久，我们看到了当时立信会计图书用品社出版的李天民老师写的《管理会计基础》一书，耳目一新的会计理论与方法，让我感到会计领域隐藏着很多神奇。可以说，两年时间尽管很短，但我既学到了会计知识，也学习了师范专业的通修课。这些知识事后看都属于皮毛，但正是这些皮毛，让我看到会计朦朦胧胧的轮廓，同时也隐隐约约地感到会计的科学、艺术以及形式之美。

被大学录取时才知道我们这一届是江苏省为了培养财经院校师

资而招生的，分两个班。我们一班 47 人属财经师资班，二班 43 人属政治师资班。上学地点就放在当时江苏省财政厅所管辖四所财经学校中师资力量相对强一点的连云港财经学校。在我记忆中，两年的大学生活除了上课、看书讨论、复习考试以及吃饭、睡觉、洗澡和洗衣服以外，基本上没有太多其他活动。在今天年轻一代学生看来，这样的学习生活实在枯燥无味，但对当时的我们而言，似乎不亦乐乎，可以上大学，真的有说不尽的满足，再苦再累也没事。回首往事，大学两年中值得现在在本书中作为回味的趣事有以下三方面：

第一个奇特的经历是：因两年中要学完会计与师范两个专业课，加上任课老师是财政厅从全省各学校请来的，大部分课程是两个星期集中时间上完，刚上完课过一两天就闭卷考试。没有教材与讲义，预习、听课与消化理解，几乎是同时完成。如此高强度的学习，我们根本没有多少时间自由支配，全部时间精力都集中在听课、认真记笔记和及时复习上。一门课老师一讲完，全体同学就转入紧张的复习背书，那时的老师好像没有划考试重点与范围的习惯，因此每次复习都要把记录整理的听课笔记全部背熟，这样才能应对考试。但那时候学校规定，晚上 11 点钟统一熄灯，12 点学校唯一的大门关闭。但是，沉重的考试压力使我们根本无法遵守学校的作息制度，往往是晚上 10 点后走出学校，站在马路路灯下看书背笔记。不少同学晚于 12 点无法进大门，只能翻墙才能进学校。两年之中，我们多数同学都因半夜三更叫醒门卫师傅开门，而受门卫师傅的各种批评，有些批评已几乎有辱斯文，但只因需要复习考试和我们自己理亏，只能忍气吞声一次次受门卫师傅的数落。而翻墙最终几乎成了我们全班不论男女都具备的能力。时至今日,学习背书的内容已经忘得一干二净,但晚上12点后回校老脸皮厚地受门卫师傅数落和翻墙那种狼狈不堪的样子,至今历历在目而难以忘怀。

第二个奇特的经历是:由于当时学习条件极其简陋、书籍严重短缺,尤其对来自国外的新知识,了解知道的途径非常的狭窄。因此,当学校有新书尤其是海外翻译过来的书籍,几乎是一上架就被同学一抢而空。正因如此,我们多数同学都格外愿意与图书室老师套近乎,希望他们能把新来的书优先借给自己。有些时候,同学之间还因谁先看一本书而发生矛盾。而某位同学一旦借到一本新书,一定会抓紧时间甚至11点以后到校外路灯下认真去看,精彩的内容还要抄下来以便进一步学习交流。对一些国外新翻译过来的书,同学们更是整天盯着在看的同学,督促他早点看完还回以便自己早点读到。其间我印象最深的是1980年暑期快到时,学校购进一本中国台湾许是祥教授翻译过来的美国新著《零基预算法》。图书室老师把这个消息透露给了我,并答应优先借给我看,但时间不能超过20天。为此,我当即决定整个暑假不回家,留在学校集中时间认真看此书。我花了15天左右看完后觉得此书内容实在精彩,未做笔记就归还实在可惜。于是,我不顾天热蚊子咬,决定把此书抄下来。等20天到期,我没抄完,只好哀求图书室老师格外开恩再延长几天借期。因如此举动,给图书馆的高老师(李天民教授夫人)留下了深刻印象,她被我认真读书劲头感动,答应再给我10天抄书时间。如此,我居然把此书从头到尾完整地抄了下来。这个手抄本,一直被我收藏着,算是对我年轻时认真学习钻研的一种具有充分证明力的证据。

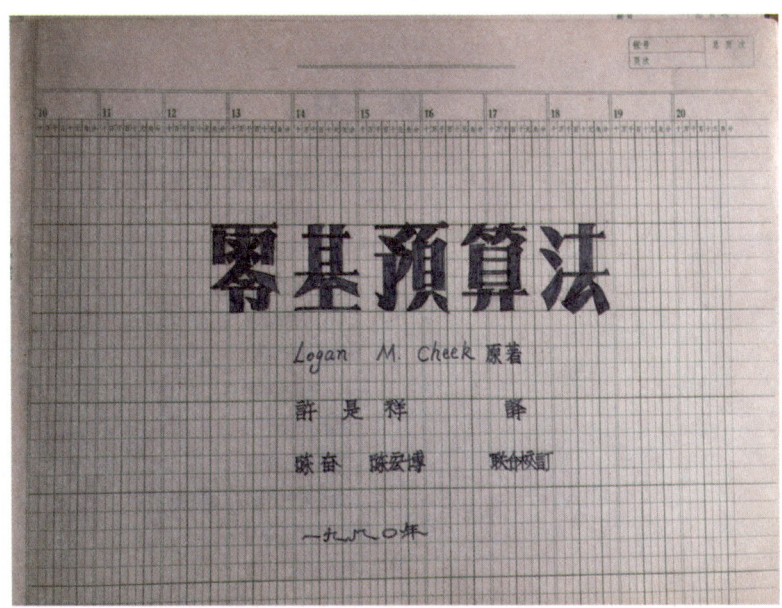

《零基预算法》手抄本（一）

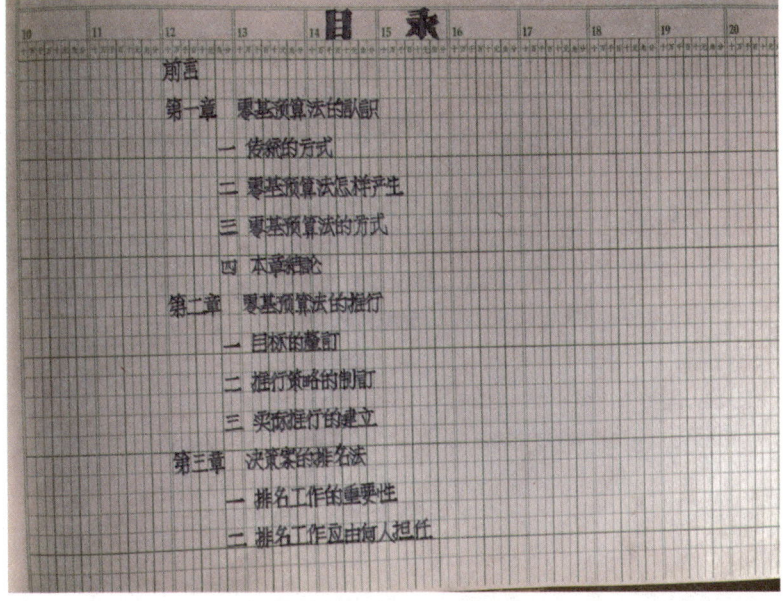

《零基预算法》手抄本（二）

三　排名的方法　　　　　　　　　　　35
　　四　排名工作的准则　　　　　　　　44
第四章　应用零基预算法于规划问题　　　45
　　一　企业规划的回顾　　　　　　　　45
　　二　从头开始的规划方式　　　　　　46
　　三　逐步渐新的决策方式　　　　　　48
第五章　将概念及创意"推销"给他人　　50
　　一　配合对方性向进行销售　　　　　52
　　二　争取对方的承诺　　　　　　　　53
　　三　要求对方承诺　　　　　　　　　58
第六章　创新力的运用　　　　　　　　　60
　　一　创新的意义　　　　　　　　　　60
　　二　创新何以成为一项问题　　　　　62

《零基预算法》手抄本（三）

　　三　激发创新的准则　　　　　　　　65
第七章　高阶层管理的任务　　　　　　　68
　　一　高阶层管理的意义　　　　　　　68
　　二　高阶层管理的重要性及其任务　　68
　　三　推行零基预算法的准备　　　　　69
第八章　对一般疑问的解答　　　　　　　72
第九章　结　　语　　　　　　　　　　　78

附　录　卡特竞选美国总统时对推行零基预算法之政见　　81

《零基预算法》手抄本（四）

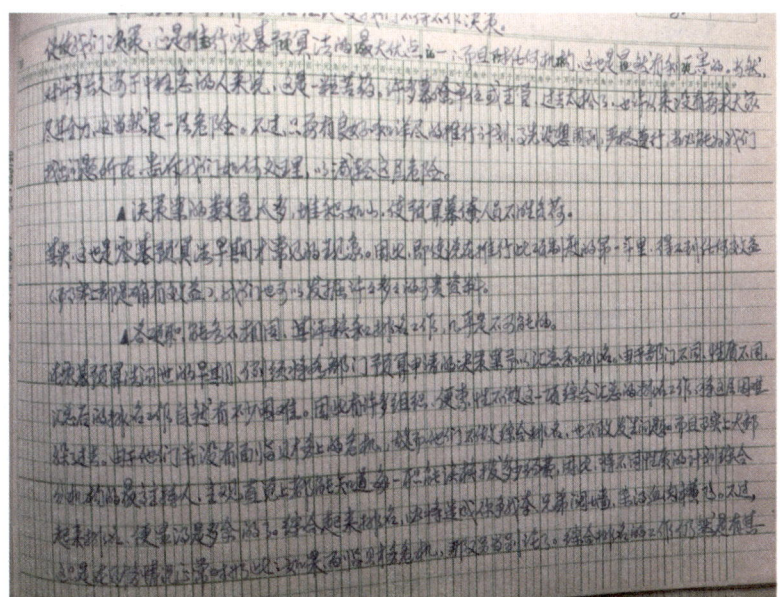

《零基预算法》手抄本（五）

第三个奇特经历是：我们上学时，学校吃、住、学条件都相当艰苦。吃饭用的是粮票，一天一斤。对于刚从农村里出来的十八九岁的我，这根本填不饱肚子。加上经济困难，父母无钱支持上学，幸亏国家对我们这些师范生有补助，我因家庭困难而享受了最高的补助标准：每月21元。这21元，要解决每个月买饭票、买菜、日常生活用品开支、穿着费用，开支精打细算是不用要求而自然要做到的，能少开支就少开支，能不开支就坚决不花钱。我至今一直不能忘记，当时因在学校吃的东西实在太素，肚里严重缺油，与来自扬州的栾益民同学上街，看了人家卖熟猪蹄，我俩实在太想吃了，但钱又不容许，最终两人只能凑份子勉强买了一小只。然后，你吃一口，我吃一口，共享了一只猪蹄。这种经济贫困带来的窘境，至今仍让我在花钱问题上，不习惯也看不惯大手大脚。因为平时在学校，大家在各方面包括吃的方面都很节俭，因此，当我们看到自己每天早上只能吃稀饭、馒头和咸菜，而卖菜的食堂师傅们经常在一边卖饭一边吃香肠时，心中极其愤怒。因为，他们吃饭成本是计入我们饭菜里的。我们对此当面提出批评，但遭到卖饭师傅的恶言回敬，甚至向我们动了刀子，一位同学因此受伤。同学们推举代表，向食堂管理人员提出了抗议，要求他们跟我们吃一样的饭菜并对动刀行为作出检讨。但数次反映后问题还是没有得到解决！这彻底惹怒了我们。于是，我班同学集体在校园内举行了隆重游行性质的示威抗议。校领导出面劝说无济于事。连续两次后，我们的语文老师江老师来到现场，听了我们的诉求，不但没有给我们半点的肯定和安慰，反而把我们臭骂了一通。江老师批评我们的话，事过40多年，还回响在我的耳边："你们就这么一点出息。不就是师傅吃了香肠，没有给你们吃？如果给你们吃了，而且也是免费给你们吃，你们肯定就开心了，也不会搞这样的抗议游行了！你们不要说得这么好听，虽然我不知道你们自己心里到底怎么想的，但我相信绝对不是你们自己公开讲得这么冠冕堂皇。看看五四运动，北京那批热血青年，反专制、要民主、爱科学，是何等的伟大崇高，但这批学生运动中的有些人，20年后成了国民政府的高官。你们不也看到了，他们当高官的国民政府，比起他们年轻时候一腔热血去竭力反对的北洋政府，在腐败无能方面都过之而无不及。辛辛苦苦为你们做饭烧菜的师傅多吃了几根香肠，你们现在就接受不了？那么，将来怎样指望你们有什么'先天下之忧而忧，后天下之乐而乐'之胸怀，而效力于中华民族各项伟大事业？因此，我希望你们赶快回到教室，好好读书，修炼情操，练好本领，方能做个对社会公平、人民幸福有所贡献的人！"很奇怪，全体同学被江老师如上一番训斥，没人吭一声就乖乖地回去上课了。而这番颇富哲理的话，至今让我回味无穷。

1980年底，我从学校毕业，本以为自己将走上会计实务岗位，但经国家统一分配，我到连云港财经学校当专业课老师，开始了教师职业生涯，从而让我学习过程油然而生的会计师梦想落空。当会计老师，可以说是我未曾预料到的。就我普通话讲得很烂这一点而言，就不太适合当老师。可我们那个年代，我们每个人都是革命事业这个大机器上的一颗螺丝钉。毕业后的工作地点与单位，都由国家统一分配，作为个人必须无条件服从。因此，当我知道毕业分配方案是我去连云港财经学校任教时，就自觉自愿地规划自己如何在既有条件下当好会计老师。那些在课堂上洋洋洒洒讲课的老师，一个个地浮现在自己眼前。我知道这些老师讲课风格各异，但有三点是共同的：广博的知识、精深的专业造诣、较强的口头与文字表达能力。对照自己，一点也不达标。若要当个合格老师，首先做好以上三点。于是，看书、写论文、讨论辩论，耗去了我参加工作后的大部分时间与精力。从此，我的生命逐步融入会计学术世界。

二、初涉会计学术

（一）历史机遇

  一直觉得自己投身会计学术事业的时点特别幸运。1978年考上大学读会计专业，正是中国改革开放起步之年；1980年底毕业走上工作岗位，正是中国会计学会成立、《会计研究》创刊之时。中国会计学术也是从那个时候开始，才拥有了真正属于自己的阵地和平台，中国会计事业的发展才拥有了一个全新的环境与勃勃生机。这样的历史机遇，为我们这一代中国会计学人青春荡漾乃至指点江山、激扬文字，创造了千载难逢的机会。我一直很自豪，这不是中国自古到今会计同行都能赢得的好运。

  我相信我们的前辈与后代，都不可能像我们这一代会计人那样，经历的变化如此经常而剧烈。上大学时，学的是苏联式财政与财务理论，金融也只是银行信贷而已，市场对我们当时而言连一个基本概念都不存在；会计最基础的记账方法，是我们自己独创的增减复式记账，会计一级科目也只是28个；企业不是全民所有制就是集体所有制，其实只是一个简单的报账单位，盈亏并不重要，"盈多盈少往上缴，亏多亏少往上要"，关键是企业有没有完成国家下达的计划；企业没有负债概念，反正长期资金需要由财政提供渠道，短期资金需要由银行解决，因此不存在"资产负债表"，但有必要提供"资金平衡表"。我们两年大学生涯，有一年时间花了大量精力训练自己打算盘的能力，珠算必须要过关，每位同学都要通过基本的级别考试，不然就不能毕业。对于现在的会计专业学生而言，这样会计专业学习是不是太落伍了？

刚刚把这样的会计学到手，临毕业时老师们又告诉我们，增减复式记账法要改成借贷复式记账法。经了解，借贷与增减其实只是记账符号不同，基本原理完全一样。但在当时，学术界好像把这个问题看得很严重，上升到资本主义与社会主义这么一个基本制度高度来看待。刚出道的我也不由自主地对此作了一些思考，写出了《增减记账法是比借贷记账法更完善的复式记账法》，这种思维，完全来自于真正认定了社会主义比资本主义具有无可比拟的制度优势这一信条。此文也引起了同行关注，后得到会计界权威专家张以宽教授的充分肯定，推荐给当时国家经委财金局叶荫松局长，编入了《增减记账法研究》一书，由光明日报出版社公开出版。即使现在看此文，从会计理论与实务看，我觉得还是很有说服力的。只是在现实中，记账方法不过是一种大家认不认同的惯例，在基本原理相同条件下，采用什么记账符号并不那么重要。当时，我看到葛家澍教授《必须为借贷记账法恢复名义》一文以后，这种由于记账方法而带来意识形态方面的疑虑，才慢慢烟消云散。

同时，财务面临的制度背景也是风云际会：我们刚上学读会计的时候，实行的是与当时财政体制完全一致的"统收统支"模式，企业所有财务收支全部纳入各级财政的统一管理，没有现金流转概念，只有财务收支平衡业务，因此，不存在"现金流量表"，而只有"财务收支平衡表"。但是随着"分灶吃饭"财政体制改革，企业财务体制改革就势所必然。从而统收统支企业财务模式开始解体，1978年开始试行"企业基金制度"，国家给予企业留下一定的奖励基金，用于调动职工积极性。我很清楚记得，当时老师在课堂上，上一节课刚把统收统支财务制度说清楚，下一节课就语调急转，非常严肃地批评统收统支财务体制有诸多不好，接着就满腔热情地介绍国家刚出台的企业基金制度，尤其把企业基金测算的方法，介绍得非常复杂和繁琐，从而给我们留下了难学难懂的感觉。这反而激发了我研究思考的热情。我花了很大的功夫，好不容易把企业基金在各种不同条件下测算方法弄懂了，谁知仅一年时间，我们国家又决定在企业基金制度基础上，进一步试行"利润留成制度"。利润留成制度比企业基金制度更复杂，分为"基数留成"与"增长留成"，其测算模型在应用过程中还有各种注意事项。我为此又付出了很大的努力，才把利润留成制度的原理与方法搞得相对清楚。由于自己财务学得比较好，我被当时财务任课教师庄德和老师指定为财务课代表，也因此带来了庄德和老师对我的终身关照和亲密无间的师生情谊。等到我大学毕业当老师，也就毫无选择地当起了财务管理任课教师。担任财务管理课老师后，发觉要上好一门课，对知识的要求很高。不仅要对财务课本身的知识精通，还要对财务课相关的知识如会计、经济、管理知识，甚至是社会、法律、科技、心理、历史、文学等知识熟悉，以达到融汇贯通，才能潇洒自如地站在讲台上。

（二）实践锻炼

1981年，庄德和老师调回南京市一轻局任财务处副处长。这位新中国成立前就在南京举办信德会计学校的会计前辈，对我这个学生倾注了无限的感情和希望。他到南京上任不久，就跟我们学校领导商量，以轻工业部企业整顿领导小组名义，1982年初借调我

1981年与庄德和老师（中）

和当时一同分配到连云港财经学校任教的另外三位同学陈毓圭（曾任中国注册会计师协会副会长、秘书长）、王家明（曾任连云港市计委副主任，现已退休）、王飞（现任河海大学商学院副教授），到南京手表厂指导企业管理改革。

在南京大半年的实践锻炼，打开了我们四人专业眼界。南京手表厂历史绝对辉煌，其生产的"钟山表"作为代表中国水平的手表，与当时上海的"上海表"和天津的"海鸥表"并称为三大名表。我年少时候，如果能搞到一张"钟山表"的购表券，从而买到一只钟山表戴在手上，那是一件很了不起很有面子的事情。改革开放后，南京手表厂的经营机制和管理制度碰到了挑战，如何调动企业员工生产积极性，在资产资金、产量质量、生产消耗、采购库存、成本费用、收入往来诸环节，在厉行节约、降低成本、保证质量等方面，遇到了前所未有的困难。我们四个同学一到南京手表厂，厂长与财

务负责人对我们倒了一大堆苦水，当然也对我们给予他们帮助抱有很大的期望。因为是以轻工部企业整顿名义到南京手表厂帮助工作，所以各方面配合都很积极。也正由于各方面对我们有求必应，我们提要求、作评论、答问题都特别慎重和小心。

在短短的半年时间，我们在庄德和老师不间断组织指导下，完成了对整个企业内部经济核算制度设计和建章立制工作，并负责全面系统培训，手把手辅导企业从职能管理到生产车间、仓库保管以及设备、质量、安全、采购、销售、维修人员，使他们每个人都知道手表厂的总体经营目标及水平；个人在实现总目标中承担的责任以及相应的指标及其水平；个人工作的前道工序与后道工序以及相关联并行工序的指标水平对自己的影响；自己工作数量与质量指标又是怎样影响这些相关工序的。我们为手表厂各管理层级、环节与领域，分别建立了简明、实用、合理的内部指标动态报表制度，从而使原来碎片化的经营管理变成了岗位行为互动优化的自组织系统，企业上下在理念、制度以及行动上，出现了前所未有、协调一致的良好局面，企业面貌焕然一新！

大半年过去，以前书本里、杂志上学到各种理论知识，都经过了艰难曲折的实践检验，让我们对已掌握的理论知识上升到空前的高度予以再认识，也使我们知道理论与实践永远存在于两个世界，更使我们明白任何理论知识若不经过转换就永远不可能有效地指导实践，而这种转换即使是同一种知识，在不同企业单位以及企业不同阶段也不具有通用模式。因此，我们不仅需要较强的学习新知识能力，更需要挑战性更强的把知识转换成适用于各种不同场景的能力。南京手表厂大半年经历,进一步加深了我对会计专业的理解,让我知道,会计工作做得好、真正打开了工作局面,则企业上至最高领导,下至基层普通的每位员工,都会很尊重会计信息,并对会计部门的工作给予充分理解与支持。会计只要有为,肯定在企业里有位。以前课堂上讲会计与财务工作地位、任务与作用时那种空洞无物感,一下子变为源源不断的实际感受,觉得有很多的辅之于实践的道理可以娓娓道来。

在南京手表厂实训期间,有一件事对我触动特别大,让我感到片面简单甚至过于绝对地理解书本知识和经典原理的危害性。当时正值改革初期,以前个人工资终身不变的制度,遭到了一致讨伐。在企业,干好干坏干多干少一个样的僵化管理制度已成为举国上下诟病的问题。我们到南京手表厂,作为改革入手点,首先想到把每位生产员工计时工资改为计件工资。谁知我们方案刚提出,就遭到了企业全体领导和所有中层管理者的一致反对。他们不久前做过计件工资的试点,结果出人意料:老工人积极性丧失,年轻工人积极性也未能调动起来,企业产量与质量双双出现了大幅下降。我们问及原因,他们描述了很显然的事实:老工人因体力、精力不如往前,计件工资同工同酬,那他肯定赶不上年轻人。所以老工人很伤心地说:"我身强力壮时,你们不搞计件工资,让我无私奉献。现在年迈力衰了,你们搞计件工资了,使我收入得不到保障。"因此,计件工资严重挫伤了老工人们的积极负责精神。年轻人也并不因计件工资而变得积极负责。以前计时工资,吃大锅饭,表现不好会拖累师傅与班组,所以不敢表现不好。现在年轻人认为:"反正计件工资,我干好干坏全是一个人的事,我不如趁年轻活得潇洒一点。"于是,年轻人想来上班就上班，不想上班就不上了，也不在乎企业扣钱。我们听后，觉得简单地理解计件工资制度，在手表厂难以取得调动员工积极性和责任感的效果，于是考虑再三，提出了在优化劳动组合基础上，以班组为单位实行计件工资制度。结果企业采用方案几个月后，在企业内部经济核算制度的配套作用下，手表厂全体生产员工的生产热情和负责精神空前高涨，为整个企业各项改善管理措施的落实，打下了很好的实施基础。

在南京大半年，也参加了多次专业学术活动，看到各种各样的人物，听到各种声音，从而激发了自己做好会计学术研究的决心。其中著名经济学家千家驹先生一场学术报告，深深地震撼了我。临近春节，千先生在南京大会堂为江苏各级党政领导干部，作了一场内容极为丰富有关宏观经济政策与管理的学术报告。报告结束时，我听千先生很客气也很认真地感谢江苏各地领导从百忙之中来南京听他的学术报告，他想把自己刚拟好稿的一副对联送给各位领导，希望大家找人写好后贴在自己家里和办公室。这副对联至今仍深深烙在我的脑海里：上联是"心中无数点子多"，下联是"办法没有胆子大"，横批是"人定胜天"。我当然相信，没有几个领导会把这样的对联贴在自己家里和办公室，但从这一点上，我领略到一位学者的刚正不阿和凛然正气，而这样的底气，当然来自于学者自己精深的学术造诣。也就是从那时起，我知道一个学者不仅需要知识上的广深精博，更需要有对社会、国家、民族的高度负责精神！

正因为有了南京手表厂实践训练过程的突出表现，我们回到连云港财经学校，被学校抽去为具有丰富实践经验的各层次财会骨干培训班上课。除上我擅长的财务课，还给我加了一门上课任务：《工业企业经济活动分析》。从企业实践回到课堂，无论是讲课内容还是风格，都发生很大的改变。以前从书本到书本，从理论到理论，甚至是从概念到概念的讲课风格，变成了可以洋洋洒洒、信手拈来，用诸多实践例子来讲解一些复杂难懂专业问题的风格，学生听课效果大为改观，而且也调动了来自实务工作学员提问讨论的积极性，从而大大活跃了课堂气氛。

（三）论文起点

在南京大半年，也实现了人生论文发表的零突破，这也是庄德和老师施加压力的结果。庄老师参与了当时南京市财政与会计学会主编的《财政与会计》（后改名为《财会审》）创刊工作，交待我一个任务，必须写一篇代表自己水平的论文。我尽管之前写过一些论文，但都止于打印稿，从未正式发表。师命如山，我不能马虎，于是我认真清理了以前自己曾经写过的各种话题，选取当时我比较拿手的问题，形成了《选择记账符号的两点思考》，庄老师看过，给予充分肯定，作了一些修改，发表于《财政与会计》1982年创刊号上，全文4200字。当拿到杂志一刹那，第一次看到自己论文变成了印刷物出版，心里还是挺激动的。在当时，我发表了论文的消息不胫而走，也引起了周围同事的关注。发表的第一篇文章，现在看来，尽管内容非常幼稚，但对我个人以后学术研究的激励作用，无疑是巨大的。紧接着，《江苏财会研究》1982年11月总第9期，刊登了我《会计性质浅见》一文，让我感觉到，自己学习研究中的一些想法和思考完全可以形成文字公开发表出来与大家交流。这样既使自己的观点与思考经过杂志编审的把关，又能见诸更多同行甚至是专家权威，从而求得各种批评，以不断完善自己的专业认知。

其实这些论文，就当初而言，只是因为看了报刊书本上各种论文后，有时候觉得这些观点似乎没有说到点子上，自己有些话要说出来，这些话恰恰与已刊载论文的说法不尽相同。这些不同说法，形成自圆其说的文字，大概就是我当初的论文。远不像现在这样，一篇论文首先要做很多的文献回顾才能入题谈自己的观点。有感而发、言之有物、论之有理、析之有据、辩之有法，这是我起步会计学术时对论文写作的基本理解。

（四）庄严入党

任教连云港财经学校，成了我会计学术人生的起点。我很庆幸大学毕业后迈上社会的第一站，能遇上好的领导。当时的沈毓同校长与赵乃川书记都是抗日战争期间参加革命的老党员，虽然他们学历不高，但从他们工作待人接物中，我强烈感受到他们格外尊重知识分子。之后的王振松校长也是诚心待我。我生性急躁，有时会固执己见，容易遭人误解。但学校领导看到我在学习、科研、上课、待学生等主流方面尚算认真，而且不时能发表一点论文，能给学校带来声誉，对我的一些不足，一般比较迁就和包容。使我感到意外的是，虽然我们一批年轻老师都有加入中国共产党的愿望，但组织还是把我作为整个学校"文革"结束后第一个发展对象进行考察。

1985年10月，学校党委召开教师支部全体党员大会，专门讨论我的入党问题。会上，全体党员本着求优求完善的目的，对我提出了很多批评意见，当然有些意见难免有失偏颇。党支部在大家对我评议后，要我表态。虽然会前党委负责组织发展的领导反复提醒我对同志们提出的各种意见要善意接受，本着"有则改之、无则加勉"的原则来对待，但到了现场，听到各种意见，比较耿直的我虽然几乎全盘接受，但对一些明显的不实批评，我作了解释并明确表态不接受，最后脱口而出："我肯定接受大家对我实事求是的批评，并保证认真改正。但对一些完全不是事实甚至是歪曲事实的批评，我不能接受。这涉及我个人的人格。若今天这个场合，要我放弃个人人格而得到大家同意我入党的结果，我宁愿不要这样的党员资格。"我的表态引起了不少党员的反感，党委领导也公开严厉批评了我，然而我还是坚持明显的不实批评不能成为共产党提倡的行为，结果审议我入党申请居然分两次花了整整两个半天。好在多数党员知道我的个性，学校领导也做了很多解释工作，我最终还是被接纳为中国共产党预备党员，并于一年后在我党当时严格整党的背景下顺利转为中国共产党正式党员。

（五）教研主任

就在我入党同时，学校组建教研室，任命我到学校教师人数最多的教研室——经济管理教研室担任主任，对于年仅25岁的我来说，教研室17名教师中的大部分在年龄上属于我老师辈，还有几个是自己同班同学，剩下的是本科毕业新来的，挑战确实很大。但幸运的是，教研室老师们只看工作、科研与待人，没有学校门户和知识层级观念，从而使我们教研室成为整个学校年轻老师最有活力、出成果最多的科室。

1984年连云港财校

现在想来，我当时任教研室主任，并没有刻意去做什么思想工作，当时学校内外环境也比较简单，根本没有现在这样需要做一些整合社会资源发展学科的工作。我能做的，就是自己好好做科研，好好上课，好好待人，做好大家榜样。如此，在教研室内部，其实形成了一种不露声色的无形竞争：谁发文章了？谁上课学生评价高了？虽然那时候学校没有科研的硬要求，发表论文没有任何奖励，也没有排名压力，更不需要学生给老师打分，但我所在教研室的大部分老师，尤其是年轻老师，个个还是都像打了鸡血似地看书写论文,这样毫无功利性的公开全方位竞争氛围,大家都认真倾心做着自己想做的事,我到现在还很是怀念这样的环境。

在连云港财经学校工作的整整六年时间里,我除了正常学习研究写论文之外,现在想来,值得回忆的有以下几件事。

第一件事,组织学生集体研讨。1982年,我担任财会干部培训班《经济活动分析》讲课老师。该班50多个学员,年龄最大的跟我父亲同年,年龄最小的跟我同年。能否胜任给他们上课,我心里实在没底。正因如此,我备课特别认真到位,把会计与师范两个专业学到的知识与社会实践得到的智慧全融合于讲课过程中。开始几堂课,我能做到上课铃一响,讲课不看讲稿,能把概念与例子公式以及数据,全都熟练背出来,而且黑板书写工整有序,一堂课不擦一次黑板,下课铃响,内容正好讲一个段落,黑板板书正好写满。这样让听课的学员不得不信服,他们很愿意课后到办公室跟我讨论专业问题。我也顺势而为,把经济活动分析中一个很有争议且令人头疼的问题——因素分析法替代顺序如何确定才合理,交给他们自由讨论,并集中时间交流。这样的挑战,让他们在学习、工作之余感到了还有学术乐趣可以享受。我也积极支持他们,并不断地向他们提出一些比较棘手的技巧与思辨性问题,让他们逐步打开脑洞。结果他们集体讨论,形成了关于"连环替代法替代顺序原则与方法"的改进性意见,这种意见与现有的各种探讨不重复,提高了理论界对这一问题的认识。这篇总结性研究论文,最后被《财会审》杂志1983年3期以《"连环替代法"的困境与我们的对策》为题全文发表。全班同学拿到刊登他们集体成果的杂志时,群情振奋,有同学眼泪汪汪地说，没想到这辈子他能在杂志上发表论文。结合课程难点师生共同努力研讨，最后形成具有学术价值的成果，拉近了我与学员之间的距离，也加深了我们师生感情，学生离开学校后，还时常跟我联系交流，他们希望通过这种亦师亦友的专业与生活融合交往，得到职业生涯更好更快更健康的发展。时至今日，在信息网络平台上，还能看到这个班级同学，对1982~1983年连云港财经学校专业进修时，我跟他们专业交流印象至深、受益终身的深情回忆。

第二件事，自编讲义。由于自己平时看的书较多，各种知识交汇后，自然觉得当时每一本教材内容，跟自己想要讲的内容差异较大。于是，从1982年开始，我上每门课，几乎都要写一些补充性资料供学生学习。后来，补充性资料写得太多了，干脆就舍用现成教材，而自编讲义。那时，学校条件简陋，只有两个打字员，服务于全校行政与教学各种打印需要。我编讲义要学校打印，给签字同意的领导和具体打字的员工都出了难题。同意我编的内容打印吧，其他老师也编讲义要打印，学校同不同意？若同意，现有打字员根本忙不过来。对打字员而言，接了打印我讲义任务，密密麻麻的字，篇幅又大，整天连歇息的机会也没有，痛苦不堪。但是，当学校领导看到我编出的手稿内容后，没有任何担心就签字同意了。这样，我编出的《现代企业成本管理》（共计15万字左右），都由我校文印室打印分发学生。事后我才知道，学校领导为我此举，既遭到一些老师的非议，也带来文印室工作人员的对抗情绪。有的老师也想编讲义要学校打印，但请示后领导不同意。领导对这位老师说，您没有如杨雄胜发这么多论文，我无法相信您编的讲义有值得打印的价值。因此这位老师也作罢，不编讲义了。后来，我编的《现代企业成本管理》讲义被《现代企业管理》杂志抽取精华作了连载，对提高中国企业成本管理水平发挥了一定作用。

第三件事，集研究专长展示研究成果。完成南京手表厂整顿任务回到学校，我除《财务管理》课外，增加了《经济活动分析》讲课任务。经济活动分析在分析内容的深度与广度上，都远超我们目前《财务报表分析》课程。不仅包括财务分析，还包括成本分析、供产销经营分析和技术经济分析，特别是分析方法，更是复杂多变。我接手《经济活动分析》课程后，由于自己听此课时，老师把分析技术方法讲得并不是很透彻，故自己备课时，觉得这方面自己无法说明白。于是，开始广泛地收集这方面资料。经过一段时间研读，联系大半年南京手表厂现场实践，围绕经济活动分析基本技术方法——因素分析法，形成了自己的一些认识和想法。为此，我在写了个带有读书笔记性质的《因素分析理论与方法概述》基础上，写出了《改进因素分析设想》一文。有了这两篇论文，我组织了一次财务干部培训班学员专题讨论，大家反应热烈，形成了讨论性成果。这样，至1985年初，我个人感到自己积累的有关因素分析学术资料，应该印刷成小册子供业内交流，让同行共享，以提高经济分析理论与实践水平。同时，这样也有利于自己任职的学校在业内建立起学术品牌形象，提高学校的社会知名度。但是，找印刷厂印刷，需要支付印刷费，学校不可能同意支付，自己当时又毫无支付能力。在当时条件下，我采取了类似现在意义的"众筹"方式，根据手稿篇幅向印刷厂询价，印制了征订单，向全国高校与有关企业寄发。征订结果是产生了2000本订数，超过我们按订价预计的保本数量。于是，我们按收到的订书款，扣除寄书发生的邮寄费，测算了初步盈余。在与印刷厂谈判敲定的前提下，我把确定的盈余全部投入，多印了500本，用于赠送学生和来访我校的外单位专家。这样，《因素分析的理论与方法》一书1985年6月终于印出成品。全书分"统计"与"经济活动分析"两个部分，每个部分再分"现有专著与教材中相关不尽相同的各种说法"和"代表性相关学术论文"两个具体内容。每个出处均注明著作名称、作者、出版社或刊物名称、出版时间与期数页码。现在回忆起来，很惭愧的是，我把这些东西汇集印刷供大家共享，没有向有关作者支付报酬，也未征得作者本人是否同意其观点收入我们的书籍。并且，参与摘编并一字一句誊写的我们教研室的老师与有关学生，冒着寒风凛冽与冰冷天气，付出了极其辛苦的劳动，结果也是分文报酬也没有。印刷出来的《因素分析的理论与方法》，作者署名是"江苏连云港财经学校经济管理教研室"。这是我在连云港财经学校任教期间，成功地尝试的一次学术方面的无本经营，当然也是我办成的唯一一次零投入快速扩大学校学术影响的得意之举。

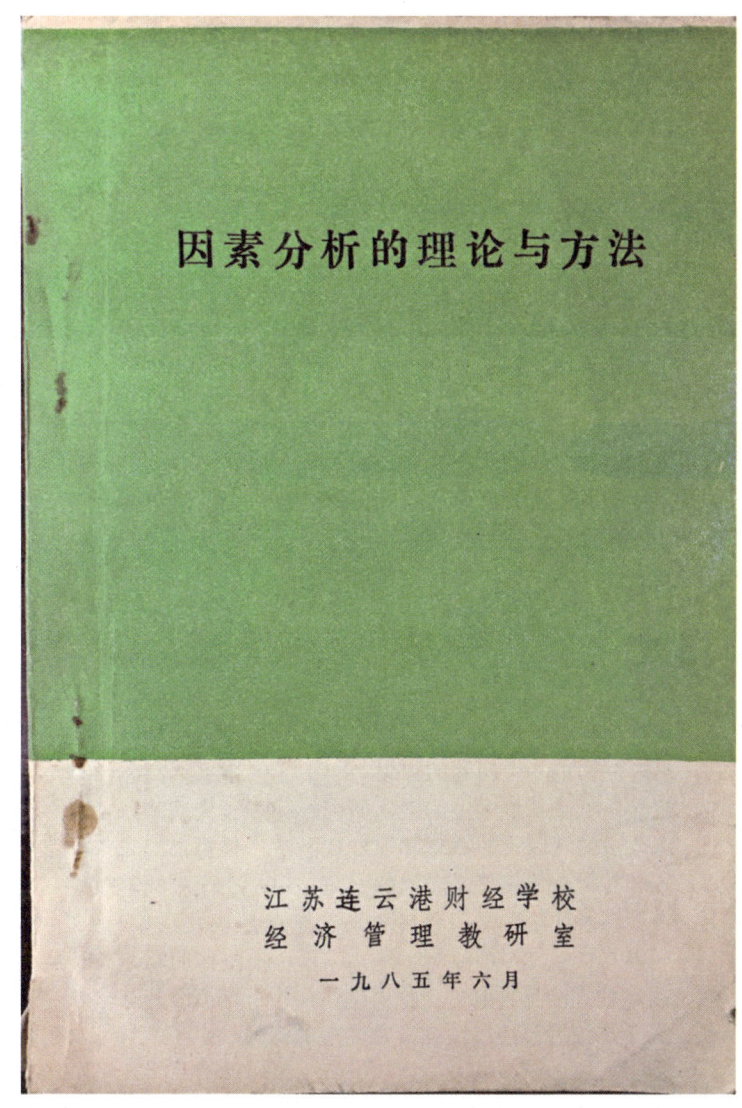

《因素分析的理论与方法》封面

目 录

第一部分 统 计

一、概述 …………………………………… 1—66
二、统计指数中同度量因素的时期选择……江宏67—71
三、统计指数多因素分析法释例……………谢中枢72—77
四、试论经济指数中同度量因素与权数的
　　　　　辩证关系……………………伏中林78—85
五、关于指数法中因素分析方法的若干问题…李谌86—104
六、指数法原理及其应用……………………牛勋祥105—147
七、指数中的因素分析法科学性质疑………杨曾武148—166
八、关于指数体系问题的讨论综述…………王强167—170

第二部分 经济活动分析

一、概述 ……………………………………171—207
二、工业企业经济活动分析的技术方法……陈贵华208—214
三、连环替代法几个问题的探讨……………张嘉兴215—220
四、因素分析法替换顺序的问题研究………黄大成221—231
五、指数法固定因素的原理和连环代替法…佟世昌232—238
六、连环替代法的困境及我们的对策………学员239—247
七、"连环替代法"是一种科学的分析方法
　　　　　　　　　　　　　　　　夏照明248—251
八、连环替代法及其因素代替程序…………李流芳252—261
九、关于连锁替代法局限和改革问题的探讨
　　　　　　　　　　　　………………杨雄胜262—287

《因素分析的理论与方法》目录

（六）壮丽画卷

中国改革开放40年带来的变化，不是简单地用"巨大"和"举世瞩目"所能概括的。回望走过的历程，这种变化让我们这些亲历者真的有种日新月异甚至恍如隔世的感觉。

我大学毕业当财务课老师不久，1983年国家对企业财务体制又进行了改革，实行"利改税"。当时的说法是为了严格税收的强制性与固定性，使企业上交利润变成上交税收，从而稳定强化国家与企业的财务关系，使国家在企业财务管理领域摆脱一对一谈判带来的企业财务关系极不稳定的困境，最终建立起了国家对企业财务的硬约束机制。对于这样的制度变革，我是深以为然的。因为我从接触有限的连云港市部分国企改革实践看，尤其是接触了连云港机械行业的机床厂与车辆厂的财务实践后，对当时实施的利润留成制度改革，由于分成基数留成与增长利润留成两个部分，围绕基数以及留成比例的讨价还价谈判过程中出现了各种意想不到的无序和无奈，表明利润留成制度存在较明显的不完善性，进一步改革势所难免。利改税的改革举措，使对企业财务制度改革朝什么方向发展处于举棋不定的中国理论界与实务界，看到了走出困境的希望。我清楚地记得，深陷企业利润留成制度改革困扰的我，当时看到国家出台企业利改税的方案及其解释时，真的有种柳暗花明的莫名兴奋。

可谁知，本以为好不容易找到了一个相对靠谱的企业财务制度改革方案，可以稳定实施一段时间了。但是，经过第一步与第二步利改税后，企业财务改革面临的困境依然如故。利改税与企业成为

"独立经营、切实承担盈亏责任"实体的目标,尚存在着一些矛盾和冲突。为此,学术界开始探讨对企业实行税利分流的财务改革。税利分流的理论,完全是建立在否定利改税做法基础上,认为利改税把国家的出资人所有者身份与社会管理者身份混为一谈,从而不利于建立完善的国家管理企业的宏观调控制度和体系。面对这样的学术探讨,我系统地学习了国际上管理企业的宏观调控理论,觉得税利分流改革建议很有道理,因此心领神会地接受并满腔热情地撰写论文为其提供舆论支持。

然而1987年,税利分流方案尚在决策层考虑的时候,四川企业承包改革成功的经验引起了决策层关注。因为有了现成的经验可证明,因此在全国范围内掀起了企业承包制热潮,实践中总结出可供规范执行的承包制基本要点,即"包死基数,确保上缴,比例分成,一定不变"作为承包总原则,而得到了国家层面从政策上统一明确。在国家层面改革总体上采取"摸着石子过河"策略的大背景下,企业财务体制改革基本思路也必然处于不断调整状态。

从1978年到1987年,短短的10年时间,循着我国企业财务管理制度改革的足迹,理论界研究热点历经了企业基金、利润留成、利改税、税利分流、承包制这几个阶段,这种走马灯式的财务研究重点演变路径,使中国财务学术呈现出犹如长江后浪推前浪的壮丽画卷,也使中国财务理论研究拥有了源源不断的动力。作为一名年轻财务教育工作者,本人适逢其时,不断变革的财务体制以及相应理论,使我犹如一个初习泳者,刚涉水就面临着变幻莫测、汹涌澎湃的江海浪潮,一下子就学到了应对极其复杂环境的各种泳术。

三、三十而立前后

（一）调任审计局

1986年年初，我的班主任张祖善老师就任连云港市人民政府副秘书长，他知道我在学术上已有一些成果发表了，认为我在理论研究领域还是有些天份的，但他觉得中国发展太快、变化太多，而且各地背景不尽相同，面对这样的大变化格局和过程，我如果没有亲临其境地体验，很难作出有深度和影响力的符合中国国情的财会专业研究。于是他一再做我工作，希望我到实际工作岗位去横刀跃马几年，以加深自己的中国财会学术底蕴。

我当时所在单位连云港财经学校属江苏省财政厅直接管辖，我要调到连云港市工作，必须征得省财政厅同意。由于我学术研究初露头角，省财政厅出于学校发展当然不同意我调离连云港财经学校。在张祖善老师的竭力推荐之下，连云港市委组织部向连云港财经学校下发了调我到连云港市审计局任中层干部的调令。当时学校校长王振松也算是我的老师，为我发自内心的解释和更务实地做学术研究的打算所感动，同意放行，让我如愿于1987年2月到连云港市审计局报到。

回顾我在连云港财经学校6年多的工作，除1982年我到南京协助开展手表厂企业整顿工作花了半年时间外，其余时间都在学校任教上课。而且因为学校让我成为"文革"以后发展的第一个中共党员和提拔为最年轻的教研室正主任，"工作辛苦在前，享受名利退让"的传统要求自然而然成为我个人的自觉行动。6年中，有多次学习进修和提高学历的机会，我都毫不犹豫地放弃属于自己的机会而让给了其他同学和老师，因此，离开连云港财经学校时，我的几位同学都利用财政部给我校学习进修的名额，到上海财经大学和中南财经大学（现中南财经政法大学）学习进修，获得了本科学历，而我还是滞留在大专学历层次。

到市审计局后，领导也尊重并利用我的专长，任命我为综合科主持工作的副科长，负责全局专业研究、总体协调以及各种专业材料文件把关。当时审计局其他科室的副科以上干部年龄都40岁开外，我如此年轻（27岁）从学校教师调到市级机关任副科长，成了连云港市最年轻的副科级干部，破了市委提拔任用干部的传统惯例。正因为这一点，从到市审计局工作一开始，个人就感到了巨大的做人、做事以及做学问的压力。从做人角度看，无论出于私人感情（对张祖善老师的感恩），还是出于公道（对市委组织部大胆破例任用我的尊重），我都必须在工作中迅速打开局面，树立形象。从做事角度看，我在财会专业方面发表了几篇从概念到概念的论文，并不代表就能胜任审计工作实务需要，对能否真正快速进入工作角色并做出大家认同的业绩，自己心里完全没数。至于做专业学问，这是已植入我骨髓和心灵深处的一种追求，到审计局工作，不是放弃学术，而是为自己专业研究赢得真正健康的生命之源，以使自己"语不惊人誓不休"变为"于无声处听惊雷",让自己的专业之见(论文)真能转化并绽放出绚丽的实务之花(指导实务工作)。但是,审计局的领导与同事,已习惯于准确全面甚至被动地执行上级有关文件与指示,对于市级政府机关,创造性思维与工作只是说说而已,落实到具体业务中,还只能"板板正正,中规中矩",不能有半点的逾越和自我主张。因此,在这样的审计机关工作,我能不能感受到真正代表中国现实层面的各种业务,并接触到丰富多彩的中国现实关系?自己为提高学术研究质量而努力工作的动机与目标定位,能不能得到领导与周围同事的认同和理解支持,受到肯定和好评?我初到审计局上班的心态,可以说是忐忑不安、毫无把握。

到审计局上班一周后,上述疑虑一扫而空。来到审计局,我面临的是一个全新的工作环境:由于中国政府审计工作尚属初创阶段,根本没有成熟成型的模式与流程、明确的具体规范,审计工作中需要发挥全体员工积极性与创造力的空间,比自己在学校任教课堂上需要个人发挥作用的空间大得多。大部分的审计业务,对于当时处于初创期的中国审计而言,都处于"摸着石子过河"状态。我所在的综合科,这种挑战更是直接和经常的。这深深地敲打着我那充满激情但尚未成熟的财会学术神经,迫使我迅速调整学习与工作思路,放下过去埋头看书写作的习惯套路,而腾出几乎全部的时间与精力来熟悉审计业务和工作习惯,并尽快融入市审计局工作中,实现个人学术追求与审计主营业务的完全协调乃至融为一体。我暗暗发誓,要通过自己和综合科5名年轻审计干部的集体努力,让领导和同事很快感到由于我的引领,给整个组织与个人带来前所未有却众望所归的专业凝聚力、战斗力以及工作意志力。带着这样的憧憬,我开始了打开综合科工作局面的各种努力。

（二）审计综合科

在当时连云港市审计局，我的财会专业、文字表述、逻辑思维这三种能力占有比较明显的优势。这种优势，首先在审计局与各业务科室交流中显现出来了。各种审计工作底稿，经过我们参与把关，证明问题的逻辑性明显增强，大大提高了与被审计单位交换意见的效率，也明显增强了审计结论的权威性，以前在审计报告环节反复讨论、修改、争议不休而难以定稿的现象大大减少，从而让各业务审计部门一下子感到综合科对他们工作质量与效率的重要保障作用。这样工作局面的打开，使从各业务科室整合到综合科的4名年轻审计骨干看到了工作前景，增强了责任感，提高了创新工作的信心。

为了让领导看到综合科不可替代的重要作用，我利用当时工交、商贸审计部门对全市企业实行承包制所作审计调查时提供的调查基础材料，建立了"基本进展、主要做法、存在突出问题以及原因分析、对策建议"具体框架，对审计业务部门提供的审计调查所得到的一手实际资料，作了全面、具体而务实分析，从而形成简明、清晰、对政府部门与企业改进管理具有指导意义的综合分析报告，以审计简报形式，同时上报市委、市政府、省审计厅。结果，市委与市政府以政府工作简报形式全文转发，要全市各机关改进工作参考，市政府领导在审计简报作了批示，认为审计简报客观全面地反映了全市企业承包所面临的问题，提出的对策务实可行，希望各部门研究落实，以保证全市企业承包工作的健康发展。省审计厅也向全省各市审计局转发了我们的审计简报，认为这样的做法为探索审计机关服务经济改革开放实践的新路子提供了范例，我在此基础上从理论角度写出了《承包：财务管理面临的困难与对策》一文，最终在财政部科研所《财政研究资料》1988年7月58期全文发表，从而完成了自己从实践发展中发现中国财会理论研究机会的尝试。

与此同时，我在繁重的审计综合工作中，对中国经济与审计监督制度形成了一种朴实的感受，在业务交往和工作交流中，这些朴实的感受逐渐形成了一些比较理性的想法，从而为自己学术研究积累了较为丰富厚实的经历，最后围绕中国经济监督制度顶层设计的合理优化和具体运行机制的改进完善；包括审计具体监督制度功能的科学定位和积极作用，写出一系列研究报告性质的论文，并通过各种报纸与杂志发表，从而明显改善并提高了连云港市审计局的行业地位与影响力，让领导与同事看到了综合科的重要作用；在与其他审计机关综合部门工作的比较中，也凸显了我作为一个学者型审计专业干部，对一个审计机关赢得良好的社会评价并打开工作局面从而实现健康发展所发挥的积极作用。

1988年于连云港市审计局

（三）创造性摸索

刚到审计局，为了熟悉审计业务，我会专门腾出时间，跟业务科室的同事一起去审计现场。那个年代的审计，不仅审计手段极其原始，根本没有计算机，而且审计的经验也严重缺乏，寥寥无几的审计教科书是一批毫无审计实务经验的老师编写的，原理写得头头是道，但对于这些原理如何恰当运用到千变万化、错综复杂的具体审计单位、项目与对象上，没有一本教材能作出明确的指导。因此，对于刚起步的中国政府审计，每一项任务和每一天工作，几乎都是在摸索中进行。

我到市审计局工作时，虽然已不像1983年审计机关刚成立那样，什么事都无现成做法可资参考，但大部分工作还是没有成熟的经验和程式，需要现场审计人员更多地创造性工作，才能完成好任务。因此，我跟业务审计人员到现场，能做的也是很枯燥乏味的核查凭证、账簿以及报表，盘点实物和查询往来，以解决账实相符问题。但当时刚从传统计划经济体制中解脱出来的企业，经历了企业基金、利润留成、两步利改税乃至承包制，加上中间的企业流动资金全额信贷和实行《国营企业成本管理条例》，在频繁的体制变革背景下出现了明显的不适应。最明显的表现就是会计核算的不规范，有些会计若不能与时俱进跟进制度变化，账务处理难免出现偏差。而一些企业长期习惯于"听指挥、报总结"，一旦给予一定的经营自主权，这样的经营自主权如何行使，宏观上既没有制度，也没有示范性案例，只有笼统的几句原则，实践中就难免出现各种各样乱作为或不作为现象。审计面对这样问题，如何定性并处理，显然具有很大的挑战性。而那时大部分现场审计人员（当然包括我自己），一般都缺乏处理这些问题的能力和经验。这样，审计过程对一些问题的纠结，不仅来自于会计基本规范的不达标，更来自于对改革开放过程中一些探索性做法、过程以及结果的会计处理如何正确反映的问题。对于后者，由于不同审计人员的处理方式方法不同，效果迥异。

我在现场，真真切切地看到审计人员对查核的问题因沟通不当而引发了被审单位强烈的抵触。我们来到市纺织厂，这个当时的市重点企业由于工厂偏远以及上班女工多，而把企业处理废旧报纸与部分废棉纱的钱，直接作为企业女工晚班奖励发放了（因晚班补助标准太低），这一业务处理企业会计未予列账，数年累计有5万多元，量化到每位员工每年约半个月的平均工资。对这一问题，现场审计负责人觉得有必要跟企业领导直接沟通。于是，找到了与我们审计局长同行政级别的市纺织品厂厂长，审计负责人把这个问题作了说明，我在现场明显感到厂长心里是清楚此事的，但由于审计负责人把这个问题描述得很严重，因此只能推说不清楚。而厂长这个态度也惹怒了现场审计负责人，他开始厉声责问："这个问题已存在好几年，你还说不知道，你这个厂长怎么当的？"沟通的气氛一下子紧张起来了。厂长也是毫不买账，直截了当地说："我这个厂长你来当当看？你们在审计局工作，下来查账看这个不行那个不行，到企业真刀实枪来干干？哪天我也调到审计局，下来找人家茬比你们更会找！"我也没想到会出现这样僵局。好在这个厂长在连云港财经学校培训过，我也给他们上过课，一看这场景，赶紧说："我们不是也不可能是来找茬的，跟厂长沟通这个问题，表明我们相信企业有不得已的苦衷而这样的，但现在这种做法实在风险太大，一旦出什么事最后还是厂长担责,我们的目的是来提醒厂长重视这个问题,对于无可奈何的难题,采用经得起检查的方法处理,这样对公对私都好,关键我们这样沟通完全是为了企业与厂长好,毫无其他意思。"经我这么一说,厂长不便再发作,而现场审计负责人也主动检讨自己态度不好、言语冲撞了领导,剑拔弩张的态势一下子缓解了。结果,企业改正了这种不规范的做法,厂长也切身感受到了审计对他工作的保驾护航。末了,厂长很感谢我们的审计,专门到局里找我局领导表达感谢之情,现场审计负责人对我说,他以前一直认为我是一个书生,只会写文章,想不到在专业领域与人沟通交流,我还是很有一套的,既显示了自己诚意和水平,又表明了不可讨价还价的态度,更让被审计单位体会到我们的善意而配合审计工作。

这样的现场体验,让我感到中国现实的极其复杂性,有些问题并不如制度与书本上说的那么简单:非黑即白。在改革开放大潮中,每一个行业跟我自己做财会学术一样,几乎都处于探索尝试的状态中。只有投身于改革开放实践,并以积极、包容的善意来认识、对待并处理改革开放过程中出现的各种问题,中国的改革开放才能积聚起日益强大的正能量,从而推进我国各项事业健康发展,给各族人民带来切切实实的幸福感。自那时起,我对财会学术的定位,已不只是探索思考中国财会实践发展所面临的各种挑战、并寻求积极的制度创新和实践发展,而更多地会从社会进步、人类文明层面来审视我们财会、审计的每一个观念的更新、法律制度与具体准则的修订、技术手段办法的完善。

在这一时期,我对中国经济监督与审计监督制度的自我完善以及企业财务与会计怎样通过重塑体制、建立机制、加强法制、充实基础以更好地发挥功能作用有了深刻的认识。如果没有一次次现场体验，一件件事情感受，一个个充满活力的人生感悟，一场场激情澎湃讲话的心灵荡涤，更重要的是如果没有对改革开放大背景的舞台直接体验，就无法使我从纯理论层次财会学术问题的研究取向发生彻底转变，更无法铸就我立足中国现实说实情、讲真话的财会学术灵魂。

（四）坚持学术研究

在审计局近9年的工作，为我在学术人生道路上走出与众不同的轨迹奠定了基础。现在回忆20世纪90年代，中国会计界一批勤奋著述的中青年，到现在仍留在学术圈并对会计学术还抱有浓厚兴趣的，可能只剩下为数不多的几位了，我应该算其中之一吧。那时候的这批会计懵懂青年，现在已近黄昏老年了，虽然还未进入垂垂老矣的状态，但看到当今这么多年轻的会计学术才俊茁壮生长，我自然想知道，能长成参天大树者能有几人？40年后，这些会计学术乐园破土而出的幼苗小树，到那时能有多少还能有激情徜徉在会计学术乐园？我不知道，34年前（1985年），杨纪琬、黄菊波、葛家澍、阎达五、丁平准等会计前辈，把我们几个不知天高地厚的"小年轻"叫到北京，有没有想过，这几个小苗，以后在会计学界是不是能继续生长并长成点样子。可以告慰这些会计前辈，在1985年被通知列席参加当年会计学会年会的几位青年，在会计学界坚持到现在的，只有我一人了。虽然我未能长成参天大树，但作为一颗小苗小树在会计学界还算顽强地生存到现在,而且,这种坚持对于我而言,可能将毫无悬念至终身。回顾学术人生,我想"辉煌"一词肯定没有资格用的,但"不忘初心"应该是做到了。而在审计局长达8年多的峥嵘岁月,为我不忘初心的会计学术人生,作了一个完型定格。

1985年与朱鸣皋教授

其实,到审计局工作后,尽管我什么工作都很主动而且从未推三阻四,但时不时发论文的做法,确实打破了审计局公务员的"官场"常规。很多时候我成为公务员队伍中的另类,甚至还被一些人看成是一个不务正业的审计局工作人员。但我始终自恋于会计学术,而且认为,只有在会计学术研究中,我才真正地拥有了自由和自我,从而找到人生价值所在。这样的会计学术价值观,显然很难为周围同事理解。时至今日,会计学术的队伍已浩浩荡荡,但那些把会计学术当作养家糊口甚至谋取功利手段的同行为数不算少，我对会计学术研究的热情与热爱显然也不可能得到这些同行的理解和认同。

不过，当时在连云港市审计局，我还是得到了领导与同事最大限度的理解和支持。因为我到审计局以后，写作、发表论文的审计干部逐渐多起来，审计局的美誉度因此有所提升，审计局领导外出参加各种专业会议，也切身感受到下属多发有思想性的论文给他们带来了同行尊重甚至是敬畏。因此，审计局从1990年起破天荒地开始实行发表论文奖励制度，正式发表一篇论文，奖励10~30元不等的现金。钱虽不多，但对一个根本没有任何预算外资金收入渠道、一切开支全靠市财政预算拨款解决的市审计局而言，在本来已捉襟见肘的审计行政经费中挤出钱来，对机关干部发表论文实行公开奖励，是非常难得的。从此，积极探索审计工作，借此写出有真情实感的审计论文，在我们单位蔚然成风。而这样的审计论文又很受一些杂志、报纸欢迎，很容易发表。单位领导出于对我推动整个单位科研工作的肯定，为我所在科室公费订了大量的杂志与报纸。我记得，杂志除《会计研究》《财务与会计》《财政研究》《中国审计》以外，还订阅了《中国社会科学》《经济研究》《管理世界》《经济体制改革》《经济体制比较》《经济管理》《经济工作者学习参考资料》，以及人民大学报刊复印资料《财务与会计》《工业企业管理》《海外企业管理》《国民经济计划与管理》，以及各主要经济类报纸。对于一个市级机关，行政经费本来很不宽裕，能为一个科室订阅这些高大上的杂志与报纸，这不仅在当时连云港市，就是在全国所有地级市政府机关，可能也是凤毛麟角的。更让我感动的是，当时全局所有科室电话都只能市内通话，只有我办公桌上的电话可以国内直拨，以便我与国内学术界的联系。

（五）审计二三事

对于审计局对我的肯定和支持，我必须有所回报。从财务学的角度看，我只有让单位领导从我身上的这些投资得到超乎寻常的回报，那么，这些待遇才具有可持续性。其实，8年多时间，市审计局领导与我，在投资与回报上，似乎已形成了很好的默契，始终保持着良好的互动关系。那么，这种让领导心动的回报体现在哪些方面呢？我择要报告如下。

1. 世行贷款项目审计

1989年，世界银行贷款项目——江苏沿海滩涂开发贷款项目，按合同已执行完成。依事先约定和惯例，世行贷款项目是由中国政府担保，分别发放给各项目单位。因此，形式上就形成了世界银行把钱借给中国政府，要由中国政府直接贷给各项目单位。整个项目的风险事实上是由中国政府承担的。世行贷款项目结束时，事实上是各项目单位用完了直接从政府那里取得的贷款，由此决定了必须经政府审计机构的审计并提供权威的审计报告。当时，连云港市沿海地区，是世行贷款项目的实施单位，连云港市审计局受国家审计署委托，对连云港市沿海滩涂开发贷款项目实施审计，对项目是否按世界银行贷款要求严格实施并达到各项标准，提供客观公正的审计报告。如何满足世界银行贷款项目审计要求，世界银行和审计署只提供了比较概括的审计要求，如何高质量完成审计并提供让世界银行满意的审计报告,整个连云港市审计局从上到下都没有一个落实方案。审计局领导就把这个硬任务交给了我所在的综合科完成。那个年代,没有计算机与网络,所以也没有任何途径求得对我们完成审计任务有直接帮助的各种资料,我们又不能在局领导一筹莫展的情况下拒绝任务,冲着审计局领导的信任与支持,以"养兵千日,用兵一时"的要求,我只能以走一步试一步的策略来尝试,先形成实用有效的审计思路。为此,我带领科室四名年轻审计干部,先选择代表性点进行试审,以积累全面审计的经验。但一到审计现场,我们面对的是一大群农民与渔民,所有原始资料几乎没有,有的只是一个个鱼塘与虾池,并以照片证明这里原来是一片片荒芜的海滩,变成现在这个样子是因为取得了世界银行贷款,才有钱请河工、瓦工以及搬运工一天天干出来的。我们不禁犯难了,花钱的原始凭证都没有,有的也只是农民领钱的满纸错别字的收款条,而这些便条的合法性和可靠性都值得怀疑,我们也提不出否定这些凭证的证据,也找不到能证明世界银行贷款使用的其他更有证明力的手续。面对如此简陋几乎可以认为是不具备基本审计条件的审计对象,我们想出了一个很别致的办法。分别选相对标准的鱼塘与虾池各一个,认真测量其开挖的土方数以及运土方的里程数,挑较强的劳动力实地作业,分别测定其工作量和劳动时间,然后以市场上较确定的劳动力工时单价,确定了一个鱼塘和虾池的正常劳动力成本,再根据其常规用料测算其综合材料成本,外加一个固定比例的附加费用(利息、管理费以及差旅和行政费用),从而取得了一个标准鱼塘与虾池的定额成本。我们认为,这是一个鱼塘与虾池的合理投资额,也是接下来对滩涂开发项目所报投资额使用合不合理的标准。这样为接下来的审计,建立了一个可验证的相对客观的标准。我们通过这样的示范性探索，以文件形式发放各项目执行单位，按我们的要求和自身鱼塘与虾池相比标准鱼塘和虾池的比率，确定测算系数，从而建账核算各自的世行贷款使用成本明细，供我们审计查核，从而保证整个审计工作的客观性和可靠性。我们接下来花了整整6个月从连云港海岸最南边到最北边，完成了近50个项目单位的审计，审计质量得到审计署与世界银行的肯定，较好地完成了这项难度极高的审计任务。在审计过程中，专业之外我们还遇到了纪律与人情以及合理性的挑战。在审计期间，我局领导出于关心，集体到现场看望我们这些审计干部。看到市审计局领导来了，被审计单位很重视，除了认真接受检查并汇报工作外，中午专门安排吃饭。那时候审计现场，吃饭是可以的，但被审计单位看到领导来了，一定要喝酒。但按当时行政纪律，喝酒可以，但不能喝白酒。现实中，乡下白酒很便宜，而红酒却很贵。若真的按制度来，喝红酒，结果必然加大农民负担。出于因地制宜的原则，也为了照顾被审计单位的情感，我们决定，动用审计组外勤补贴买了两瓶白酒，并向我单位领导明确表示这白酒是用我们自己私人钱买的，不受纪律约束，这样大家都很高兴地吃了中午饭。这样做，既树立了市审计局领导亲民务实的形象，又不给领导出难题，大大减少了被审计单位对审计机关的抵触情绪，为打开审计工作局面赢得了良好的关系。

2. 首例中外合资企业清算审计

1989年，中外合作企业——连云港市华友包装制品有限公司合作期满，需要企业清算审计，这是全国审计系统首例中外合资企业清算审计。合作合资到期后，企业解散或再合作合资前审计包括哪些内容？应按什么流程和标准实施审计？并没有可资借鉴的经验。

领导又把这样的烫手山芋交给了我负责的综合科。审计局的几年锤炼，我的性格明显具备了皮球特征：压力越大，挑战越多，干劲冲劲越足。因为我们审计还要面对澳大利亚合作方，而企业总经理恰恰是澳大利亚人，因此，要让人家心服口服地配合审计并接受审计结论，需要我们审计进场前必须认真考虑并制定好缜密预案。为慎重起见，我建议先对企业进行为期十天的审计调查，然后根据审计调查结果再制定审计工作方案。领导采纳了我的建议。审计调查从什么入手？以往简单看账、访谈、抽检等方式，显然无法取得满足制订解体审计工作方案需要的各种资料，而且这种常规审计调查也不能很好解决被审计单位尤其是澳大利亚方人员自觉积极配合问题。从这次审计调查非常明确的目的出发，我认为应把企业内部控制制度及其实施效果作为审计调查的主要内容，这样可以为接下来清算审计工作方案的正确制订提供充分的依据。但在那个年代，对年轻的中国审计而言，如何有效开展内部控制审计，只是一个看到了西方审计教科书以后才有所了解的问题，在理论界这只是一个"学术引用"的问题，而远未成为中国"实务应用"问题。我相当虔诚地查阅了自己能看到的西方有关内部控制的全部资料，发现这些理论与做法无法简单照搬到我们这次审计调查中。我们审计调查不仅要为后续正式审计在重点难点上提供方向性指导，更重要的是，要赢得被审计单位外资方澳大利亚人员的信任和好感，使其积极配合审计工作。鉴于此，我们颇有创意地设计了一套保证审计调查工作效率与质量，又能挑动企业高管神经高度兴奋的表格，由我们与企业一起完成。我们当时设计的企业内部控制体检表，事隔30年再看，还是很实用。当时我们对基本原理作了如下概括：

企业内部控制具体内容虽然不可能强求一律，但必然存在通用模式。一个基本有效的内部控制必须覆盖企业生产与经营管理所有领域环节、支点，解决三大方面问题——使用价值方面的全面控制、价值方面的全面控制、经营决策方面的综合控制。企业使用价值方面的控制，主要包括质量控制与物流控制；价值方面的控制，主要包括财务控制与会计控制；综合控制主要是决策控制。这样形成了内部控制的五大基本领域：决策控制、质量控制、物流控制、财务控制、会计控制。这是内部控制通用模式。

内部控制的体检与评价方法，国外审计教材已有诸多介绍，国内审计界大都是简单地移植国外教材的那套东西。但是，国外内部控制体检与评价方法是与国外企业内部控制实践水平相适应的，由于国外企业管理基础工作一般比较踏实，内部控制制度已为管理系统高度重视，故内部控制体检评价的方法就比较全面、详细。但目前我国大部分企业的管理基础工作比较薄弱，内部控制还未受到应有的重视并达到基本的水平。如果把适用内部制基础比较好的调查表法与流程图法，简单地移植于评价我国企业的内部控制，必然面临着严重缺乏基本资料的困难，使内部控制体检评价工作无法顺利开展。因此，内部控制体检与评价方法的设计，应立足于我国企业内部控制的现状，从管理的实际情况出发，过分简化或过分繁琐都是不足取的。据我们的实践尝试，在各个基本领域依据企业特点设置若干个基本控制点，以此评价企业内控制度与工作的有效性和质量，是比较适合我国企业实际且效果较好的方法。其原理包括三大步骤：

第一步，从被审单位实际情况出发，在决策、质量、物流、财务、会计五个方面设置必要的基本控制点。对于特定的被审单位而言，基本控制点是必不可少的，否则管理系统就会出现紊乱和低效。但对于各个单位来讲，并不存在固定的基本控制点模式。为了保证内部控制体检评价以及审计的质量，任何单位基本控制点的设置，必须严格遵循以下原则：（1）与企业生产组织、技术工艺的特点相适应。设置的控制点，必须是单位内部存在经济责任与管理责任转移的环节，以使控制点体系与企业内部控制体系完全吻合，提高测试质量。（2）与企业经营管理水平相适应。设置控制点的深度、广度、精度，必须照顾被审单位经营管理可能达到的水平，要求过高会使评价结论难以为被审单位接受；要求过低则难以找准薄弱环节，内控审计就不能取得应有的效果。

第二步，通过制度分析、实地测试、广泛调查，取得被审单位各基本控制点制度与实施情况的第一手资料。在现场测试取证时，对各个基本控制点的实施状况按其性质归为四类：无控制制度与措施的——空白；有控制制度与措施但根本不起作用——无效；控制制度与措施部分有效——薄弱；控制制度与措施基本有效——有效。

第三步，计算有关指标，依据了解的具体事实，评价企业内部控制制度与工作的质量，找出薄弱环节，提出具体的具有明确指向和改善目标要求的改进建议。

资料收集工作完成后，应计算下列指标：

（1）制度或实际有效控制率＝制度或实际有效控制点/基本控制点；

（2）制度或实际控制薄弱率＝制度或实际薄弱控制点/基本控制点；

（3）制度或实际失控率＝制度或实际失控点（空白与无效控制点之和）/基本控制点。

以上三项指标之和等于1。这些指标可以简单计算，也可按某控制点在控制中重要程度不同而加权计算，以提高指标的精确度。

当时，我们根据连云港市企业控制水平，提出了如下体检判断标准：失控率超过9%，有效控制低于70%，为内部控制很不健全；失控率不超过10%，有效控制率80%以上，为内部控制比较健全；有效控制率90%以上，为内部控制健全。

在评价被审单位内部控制质量时，不能满足于运用上述指标定量判断，必须充分利用了解到的具体事例，说明内部控制的薄弱环节，使改进意见具有针对性和可靠性。

我们当时为华友公司内部控制体检专门设计了以下五张专用测试表并通过与公司高管和业务人员的共同努力得出实际结论：

专用测试表一

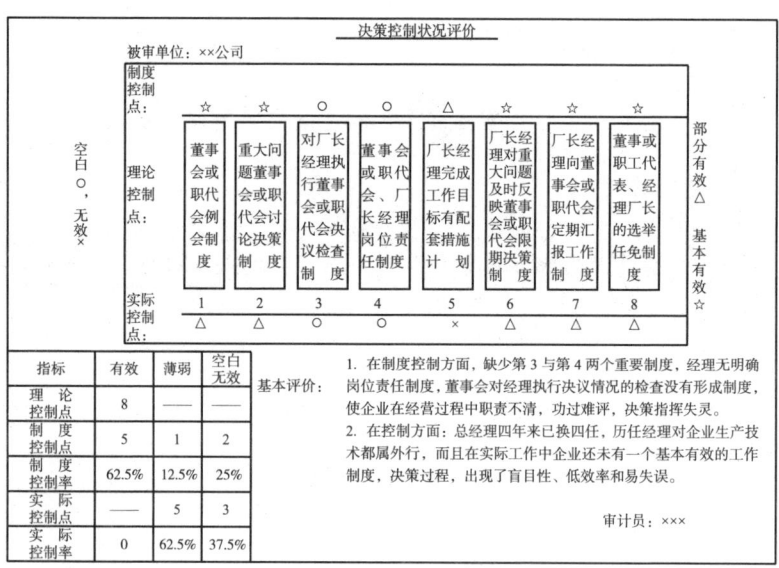

专用测试表二

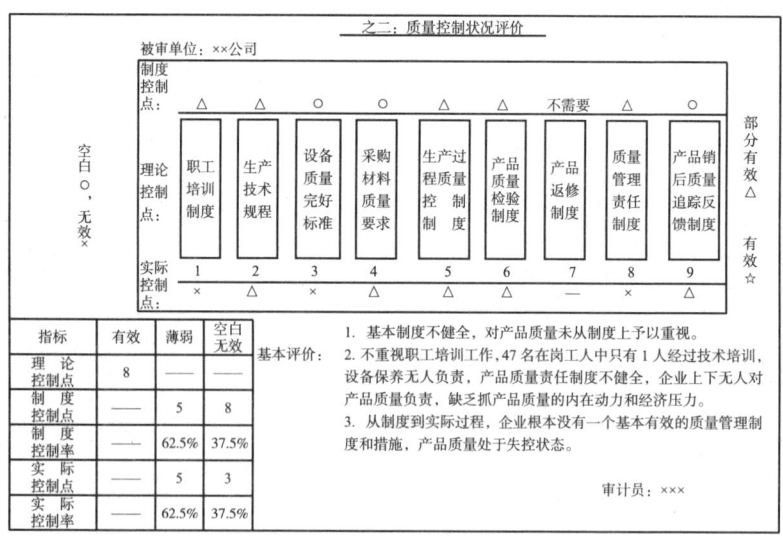

56　　　追寻生命意义的商业语言

专用测试表三

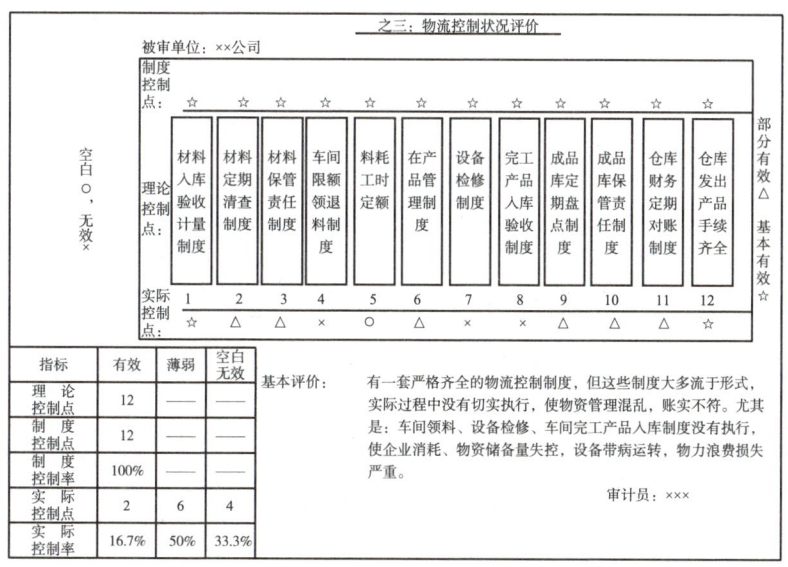

专用测试表四

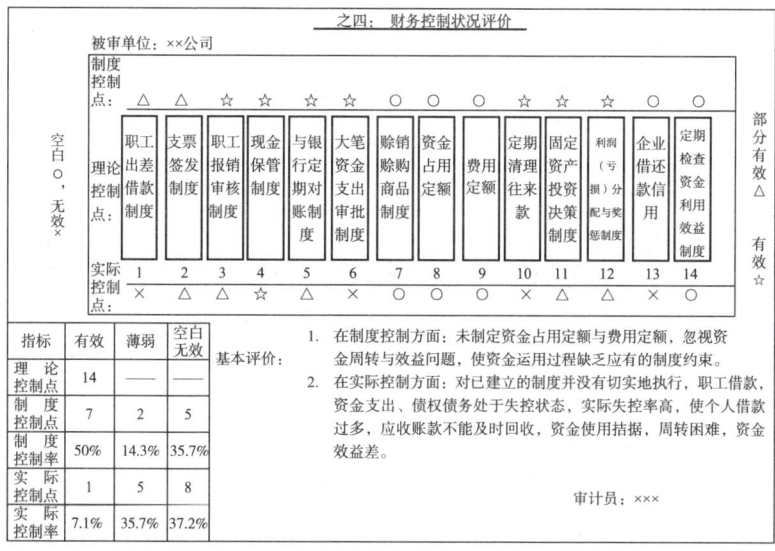

专用测试表五

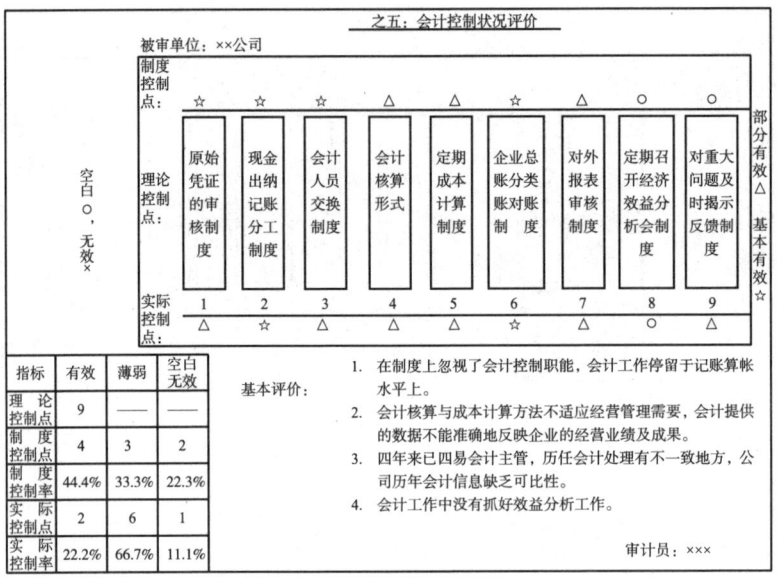

充分利用这 5 张表的积极作用，华友公司高管特别是澳大利亚方人员，对我们产生了巨大的好感。年已 50 多岁的澳大利亚方总经理很有感慨地对我们说："我到了好几个国家，第一次遇到如此良师般的审计。你们这套表格，不只是适用华友公司。我要珍藏，以后到任何企业去当高管，可以用它来对企业各职能与业务进行动态评估与管控，相信会产生事半功倍的效果。"这样，审计局面彻底打开了，接下来进点审计，我们目标明确，工作思路清晰，企业积极配合，速度与质量都大大超过了预期，成为我局以后审计的标杆样板。此项工作的理论总结，在《南京审计学院学报》1989 年 3 期全文发表，并于 1990 年获中国审计学会优秀成果二等奖。在连云港市审计局的历史上成了一个创举。

3. 全国审计系统首例行政诉讼案

1989年，中国人大颁布了《中华人民共和国行政诉讼法》，结束了新中国自然人无法与政府打官司（民告官）的局面。1991年，我局被人告上法庭，成为全国审计系统首例行政诉讼案。这不仅影响审计的权威性，而且也直接影响我局在整个审计行业的形象。单位领导特别重视。怎么应诉、如何答辩？单位请教了多名律师，由于当时律师熟悉财务会计与审计的很少，故面对如此会计与审计专业极强的行政诉讼案，他们也拿不出真正管用的思路。领导见此情景，就以不容商量的口吻把此项"光荣而艰巨且根本无谱"的任务交给我去完成。当时在市级审计机关没有专门的法规部门，平时也没有聘请任何的法律顾问，发生了行政诉讼，应该由哪一个部门归口负责，其实是无章可循的问题。但此时此地此景，已容不得我患得患失、讨价还价，更不能知难而退，只能硬着头皮接下任务。当我静下心来研判应诉策略与思路时，我发觉驾轻就熟的会计与审计的工作思维套路并不那么管用了，而自己长期训练累积获得的科研思维与智慧变得大有发力的空间。行政诉讼，面对同样的事实与法律，拼的是两大能力：逻辑推理能力与批判性思维能力。而这两种能力，恰恰是我经历以往科研过程得到空前强化的主要能力。当时不禁产生了一种"英雄有用武之地"的自我得意！于是，我把所有材料从逻辑与批判两个角度作了认真梳理，最终形成了一个从法理与事实链条上能攻能守的诉讼材料。在当时不完善的法制与鼓励大胆闯试的环境下，任何行为（包括政府审计行为）都可以找出各种各样的瑕疵。说实话，如何与中国改革开放的大局保持有效的良性互动，在举国上下审计一条线上，没有什么共识性的标准与流程，大部分场合下全有赖全国审计机关各级干部的自我判断。如此背景，要求审计工作丝毫不出差错根本是不可能的。我局当时涉诉的审计业务，恰恰是当时社会上通常讲"合法不合理，合理不合法"的典型现实版，纠缠于业务本身，当事人、审计机关和法院都会陷于"法与理"的矛盾冲突中，处理稍有不慎，会在社会上产生很恶劣的示范效应。同样合理不合法或合法不合理的行为，其动机与经济后果又不相同，而这些动机和经济后果往往又具有多元化特征，正负效应相映其间甚至融为一体。简单地以法或理来判断具体事项，对改革开放无疑毫无意义，也从根本上违背了改革开放的基本原则与精神。在法理不顺或不充分条件下，通过审计如何保护改革开放过程中的各种积极力量，引导一些误入歧途的行动与人，坚决查处别有用心地只顾自己利益而置大局不顾的人和事，我国审计机关必须有所作为。这样一来，审计机关在履行职责过程中，对被审计单位的问题的查处，面临着法理正确把握问题；其自身审计行为与结果，也面临着社会方方面面的"法理"评判问题。一旦这种判断产生偏差以至重大分歧，审计机关就面临行政诉讼的风险。我本着法理融合的原则，全面认真严密地分析了行政诉讼的具体内容，结果找到了解套的最优解。事实上，审计机关对涉诉事项，当然不是完美无缺的，但面对确凿无疑的事实，审计机关已作出最大善意的判断和处理，是一种对被审计单位损害最小、保护程度最高的处理方式。被审计单位之所以提起行政诉讼，是对问题与法理作了极端化的片面理解，从而完全曲解了审计机关查处问题的意图和目的。我考虑再三，觉得完全可以也有信心和原告进行充分沟通，采用以理服人的方式把我们的所有分析给对方见面，从而求得双方共识。果然，原告听了我推心置腹的分析，看了我提供的几乎无瑕可击的应诉材料，严密的逻辑和凛然的正气最终令对方心悦诚服，主动提出庭外和解而撤诉。本以为还要痛苦不堪、唇枪舌剑地应诉，居然如此轻易地灰飞烟灭了。出现这样的奇迹，并没有使用审计机关的行政权力，也丝毫未动用私人渠道的熟人关系，完全依靠用心科研积聚起来的知识、思维、沟通能力而发挥的综合作用，产生了强大的感化人的魅力，从而使全国审计机关首例行政诉讼以完美的结果告终。这样的结果，既进一步树立了审计机关的权威性，又大大提高了社会各界对审计工作的完整认识，实现了自己"发挥科研能力为中国审计事业的健康发展作出添砖加瓦贡献"的心愿。

审计机关在一线审计工作中，会直接感受到来自社会经济与管理基本层面的各种问题，对这些问题的及时报告并建议对策，既是政府审计部门的职责所在，也是学术研究的活力之源。我在审计机关处于综合工作岗位，全局审计反映的所有情况和问题，都会集中于综合部门进行再加工，这也为我理论联系实际地研究专业问题提供了极大便利。例如，中国改革开放至今，一直存在着令不行、禁不止问题，而且三令五申严禁的事情，总会有人有办法变通依旧故我。而且，这种情况往往在民间产生极快的扩散效应。我于1989年把此问题概括为中国经济转型中的"臭豆腐效应"。我所指的臭豆腐，主要表现为国家三令五申查禁，为舆论界三番五次谴责，没有社会行为规范的允许，大家说起都恨得咬牙切齿，然而行动中对它倍加热情，干得"落落大方"。在改革开放大潮中，混杂于发展商品经济其间，适应着人们急功近利的心理，而在具体经济生活中大行其道。具体包括：(1) 小金库。早在1986年，国务院就"清理和整顿小钱柜工作"作了专门布署。小金库是当时历年大检查的重点。但事与愿违，小金库不仅没有查禁，反而有蔓延之势。那段时间，企业有，事业单位有，甚至行政机关也开始经营小金库了，有些单位小金库金额具有相当规模。（2）滥发钱物。改革开放空前调动了大家积极性，但也使各层次人们暴涨的物质享受欲一发不可收拾。在"大家都是主人，你有我也应有"观念指导下，有条件的单位赏钱发奖；没有资金来源的单位不惜挪用其他专项资金发放钱物；一些事业单位开设了名目繁多的收费项目，巧取发放钱物的资金来源；个别行政机关则利用手中的权力谋取资金福利补贴。处于社会主义初级阶段的中国，由于国民的资产关切度低，存在着明显的"吃光用光"倾向。（3）公款请吃送礼。有一时期，公款请吃之风盛行。举凡"检查""订货""签合同"等，按人之常情，单位都得用公款招待一番。如不这样，总有"难过关""谈不成"的担忧。至于私下送礼，只是形式不断翻新，实质上从未绝迹，成为一种顽疾。（4）弄虚作假。当时中国，"绕道走""搞变通"，使本来不甚完善的经济政策、制度对实际生活的约束力更为削弱，经济领域的弄虚作假手法不断翻新，范围也渐渐扩大。企业在虚报冒领、截留国家财政收入时，不但未感觉到羞愧，反而抱着严重的侥幸心理，反正将来查出来就上交给国家，查不出来就留在单位了（即查到了是你的，查不出就是我的）。在商品流通领域，以次充好、假冒伪劣也时有发生。从道义上讲弄虚作假不但为国家法律所不容，而且也为社会所不齿，但大家都觉得不弄虚作假会吃亏，这是一种十分矛盾又很难解释内涵的社会病态现象。而这方面具体至会计领域，就是假账成风。以至于日后国家会计学院成立时，"不做假账"成了校训的核心内容。（5）拖欠货款。社会信用严重缺乏。在负债经营幌子下，连环拖欠货款成为一种流行病毒侵蚀了企业经营活动，许多企业因此陷入了无法摆脱的债务链"百慕大三角区"。三角债在当时成了困扰中国经济的一个重要问题,产销不旺、市场疲软、经济萎缩甚至货币超量发行等,莫不与此直接相关,全国经济因此笼罩在一片"资金奇缺恐慌"之中。每个企业都会厉声谴责拖欠货款行为,但都在想方设法拖欠人家的货款,我国经济出现了严重的信用危机。这样的臭豆腐效应,作为对我国那几年"蔚然成风"的有令不行、有禁不止的形形色色反常现象的总称,对我国经济健康发展乃至社会文明进步,产生了极其严重的危害。我据此专门写了《警惕臭豆腐效应》一文,在有关报刊上分别发表,履行了一个共产党员、公务员、学者应尽的职责。在文章中,我强烈呼吁,玩火者必自焚!臭豆腐广泛效应严重地冲击了经济秩序,毒化了社会风气,加剧了我国经济的不稳定、不合理、不公平,最终也是受害最深的必将是公有生产资料的全体主人——我国全体人民。正是在包括臭豆腐效应在内等消极因素的作用下,我国改革的积极效应受到了严重影响,使我们不得不放慢改革的步伐,下决心进行必要的治理整顿。我在论文中对出现臭豆腐并形成效应的原因作了深刻分析,并提出了解决问题的对策建议。事过多年,这样的论文,仍具有相当的可读性,体现着强烈的警示作用。

第二部分 乘风破浪

一、回归学界

（一）南大抛来橄榄枝

审计机关的工作，汗水与泪水交织。这种汗水与泪水，既来自于工作的艰难困苦与受到各种常人无法承受的误解与非难，又来自于社会方方面面莫名其妙的期盼和对各级领导褒奖的受宠若惊。由于领导们的关心和信任，我赢得了在审计工作与学术研讨交流中更多显山露水的机会，也慢慢积累了一些口碑。

1992年底，江苏省科协决定于1993年在南京举办全省"首届青年学术年会"，为此要求各市推荐代表性论文到省里参加评审，以确定参加首届青年学术年会的代表。省里给连云港市下达了5篇论文的推荐指标。由于我平时发表论文的名声在外，故市科协联合市社科联给我单位下达了指标，要我提交一篇代表个人学术水平的新作。当时，我正好定稿了《中国资金结构问题的分析与判断》一文，这篇论文耗费了我大半年时间，几乎用尽了我数年看书、读报、交流所得有关这一问题的全部资料与思考成果。当我单位领导给我下达这一任务时，我第二周就把打印稿提交给了市科协。按标准格式，作者在论文末，必须附上自己的简历，除简介个人情况外，还需着重介绍已发表的论文。我从未关心也不在意自己到底发表了多少论文，从一开始到现在，写论文都是自己的兴趣爱好，是通过学习感悟与专业思考水到渠成形成的，从来没有人或组织来考核我这方面的成绩。因此，为提交这篇论文及附录，我不得不统计一下自己到底发了多少以及一些什么内容的论文。结果发现，我当时已在内部与公开发行的各种大大小小专业杂志与报纸上发表了112篇论文。内容主要涉及会计、财务以及审计的一些基本理论问题；而到审计局工作后发表的论文，更多的是紧密反映了自己对中国改革开放实践中暴露出来的财会审问题的反思。当然，现在看来，这112篇大多数根本算不上是什么论文，无论是框架结构，还是篇幅规格，充其量只是一种财会审专业领域的实话实说。但正是对这112篇论文和还没有发表的更多论文的孜孜追求，才使我取得了专业思维能力方面的明显进步。于是，我把自己的当时状况写成了个人简介，附于论文后。

论文于1993年初交上去后，2个月内几乎是石沉大海，既没有投杂志那种收到稿件的通知，也没有处理结果的通知。但是4月份，我突然接到南京大学打来的电话，电话那头，国际商学院企业管理系杨莲芸老师自报家门，非常客气地问我："如果南京大学想调你去任教，你个人愿不愿意？"那个年代通信很不发达，远不像现在这样（若现在接到这样的电话，我一定会认为是欺诈电话），这个突如其来的电话让毫无任何思想准备的我顿时心乱如麻！我首先问，到底是什么意思？杨老师说，我提交省里的论文，交到南京大学当时企业管理系主任施建军手上审。施教授看了论文，觉得这不像一个实务工作者的文章，更像一个学者写的。他看到了我论文后的个人简介，因南京大学正需要发展会计学科，急需师资，而我有现成科研能力可用，顿时产生了把我从苏北挖到南大来当会计教师的想法。这种想法也得到了当时国际商学院院长周三多教授的首肯，周教授又去学校，让当时的南京大学校长曲钦岳院士全力支持这样的举措。

据事后施建军教授跟我聊天言及决策调我到南大来的背景时，很风趣地说，当时我们尊敬的周三多院长到曲校长办公室，先没头没脑地说：新中国成立前，清华大学熊庆来教授，发现了江苏金坛乡下中学老师华罗庚是个人才，结果清华大学破格把华罗庚擢升为教授引进清华任教，从而成就了一个数学大家。现在是共产党领导，应比国民党在不拘一格用人方面更开明。曲校长知道周院长不会平白无故地跟他讲这个众所周知的故事，听到这里，知道周院长有要求要提。就说：周院长，您有什么设想和方案以及要求尽管直接说出来，不要用这种激将法来刺激我。周院长紧接着就说，他与施建军一起发现并一致认同我是个不可多得的人才，南大发展会计学科，需要我这样的人才，希望学校领导支持商学院引进我。我们极其开明的曲校长就这样落入了周院长套路里，完全认同并支持把我从连云港挖到南京大学。正是在这样的背景下，杨莲芸老师奉施建军教授之命，根据我论文附简介上留下的联系电话，诚心诚意地征询我是否愿意到南京大学任教。

（二）一波三折进南大

这样的一个电话对于我人生绝对是一个终身难忘的惊喜，它彻底改变了我个人学术人生的基本走向。当我从连云港财经学校走向审计局工作岗位时,我的班主任张祖善老师以他自身的经历,很中肯地动员我改变当一世书生的人生观,劝我参与到波澜壮阔与五彩斑斓的中国社会经济生活中,实现人生价值。我听了老师的劝说,到审计局两年后,张老师又含蓄地提醒我,注意时间精力合理分配,我的主要精力是在审计局打开工作局面而不是要写更多的论文。我听懂了老师的弦外之音,尽自己最大的努力,实现了写发表论文与打开工作局面的有机统一。张老师对我这个倔强的学生,能把老师的期望与个人的志向经过努力实现自然融合,在各种场合都不吝褒扬。而知己老师的肯定,无疑又成为个人继续前进的精神动力。正当自己以特有的行动模式,一步一个脚印在实现学术人生目标的时候,来自南京大学邀我加盟的电话,无疑在我原以为凝固的学术发展轨道之外,架起了一道更高、更宽、更远也更精彩和具有挑战性的天桥,让我对自己的学术人生前景产生了更多的暇想。我首先去了张祖善老师家,很直接地把自己突如其来的发展机会告诉他,并把自己的困惑和基本态度和盘托出。张老师表示完全理解我兴奋而矛盾的心态,也觉得连云港毕竟是地级市,经济也不够发达,作为个人在这里专业成长的空间很有限,他支持我到更高的平台去发展,但像南京大学这么名牌的高校平台,是不是适合并满足我未来在专业上更快的发展,他表示还有很大的不确定性。他提醒我对此决策慎而再慎,因为我毕竟已是33岁的大龄低学历青年了。我永远铭记老师的衷告,但我永不认输的性格,使我对充满挑战性的机会有种志在必得的冲动。我认定了,壮烈牺牲在充满挑战性路上,比安逸舒服享受着循规蹈矩生活,能使生命的存在更有价值!

但是，当时我一没有学历二没有职称三没有资源，可以说是名副其实的"三无"人才。我答应南京大学要求，就能顺利地从连云港市审计局公务员变成南京大学教师吗？接下来实际操作过程极其艰难曲折。

当几天后杨莲芸老师再次打电话给我的时候，我明确表示很愿意到南京大学，但怎么能调动到南京大学工作，心中完全没把握，也不知道自己能做什么？杨老师听后告诉我，若我真的愿意来南京大学，接下来南京大学商学院负责人事的田桂萍老师会联系我，并告诉具体工作的步骤与安排。热情洋溢的杨莲芸老师，是我接触到南京大学的第一个人，她的爽朗精干让我感受到名牌大学员工素质之高。

1992年4月的一天，南京大学商学院田桂萍老师给我电话，热情地向我讲述了准备引进我到南大的具体流程。首先要解决我是不是人才问题，接下来要开放南大进人政策，最后怎么打破不从苏北挖人才的江苏人事调动土政策。这三步，我几乎都无能为力。田老师似乎感到了我有点泄气的情绪，很贴心地告诉我，学校准备先给我评副教授，有了副教授名头，我就算人才了。说实话，田老师跟我说此事时，我觉得根本不可能。首先，我不是南大教师，南大怎么能给一个不是自己员工的人评职称？其次，我档案学历只有大专，冲着这个起点，不要说副教授，就是讲师，连申报的资格都没有。第三，即使我申报职称，我从未评过任何职称，不要说讲师，连助教资格也没有，怎么能一次就冲副教授？这三点，任何一点，对我都是一种绝望！

也就是从这一点开始，南京大学让我充分感受到了一所百年名校所具有的魄力和魅力。田老师让我不要急，一步一步来，先好好按她寄来的表格要求认真填报材料。于是，我把自己的一切，按学校申报职称要求，如实填上。其实，填报的所有资料中，只有发表的学术成果一栏表比较详细，我从中选择5篇论文作为代表个人学术水平成果提出了原件。为了使对我的评审客观权威，南京大学把我的5篇论文分别寄给国内会计学界5个一流教授进行评审，请他们明确鉴定，这些学术成果的作者有没有达到了副教授程度的学术水平？我很庆幸，5个教授均认为我已达到副教授水平，有3个教授还表示，达到了副教授以上的水平。我正式调到南大后才知道，帮我写评语的是以下5个教授：中国人民大学阎达五教授、厦门大学葛家澍教授、天津财经大学管锦康教授、中央财经大学李天民教授、复旦大学胡文义教授。这些前辈，在我这个年轻学子成长发展的关键环节，不约而同地伸出援助之手，使我顺利地通过了南京大学专门为我组织的教师职称评审材料的匿名评审。

1993年7月5日，我应邀作为连云港市代表参加江苏省首届青年学术年会。其实，那次来南京的主要目的，是到南京大学参加副教授职称评审的面试答辩。真有点"明修栈道，暗渡陈仓"的味道。6日，我在河海大学许长新教授的领路下，来到了南京大学中美文化交流中心，参加南京大学为我专门召开的副教授特别评审会议。我虽然之前已有诸多研讨会报告、点评的锻炼，但来到南京大学特别评审现场，面对会议室坐满的一批才高八斗的南大教授，心里不仅紧张，还很自卑。我至今仍很清楚地记得，当时主持评审会的陈懿常务副校长，神色严厉，语调极其严肃，毫不留情地对我说："杨雄胜，凭你现在的学历和职称，到南京大学来，不要说评副教授，连上讲台的资格也没有。"听到这句话，我不便当面解释和顶撞，心里嘀咕，反正是南京大学请我来评职称，又不是我走后门来南京大学求开恩评职称的。这时一旁的南京大学人事处叶俊处长一股劲地给我鼓励的眼神，我忍住心中的不悦，一声不吭地听着。陈校长话锋一转，说："不过，看到你发了这么多论文，而且是在没有任何科研要求的小单位、小地方，实在了不起。你达到了我们这些科研条件相对优越的高校年轻老师也不一定能达到的境界，这正是我们学校格外看好你的根本原因。因此，我希望你珍惜我们学校给你的这个机会，谈谈如果能来我校任教有何打算。"陈校长的这席话，让我无比感动，一扫之前一瞬间的那丝抱怨情绪，这些年发表每一篇论文所带给我的那种愉悦感，累积一起也及不上有陈校长这番话带来的振奋，使我顿感自己无怨无悔追求学术境界的长期坚持是多么值得。

更让我终身难忘的是，与周三多教授见面时，他以不容商量的口吻，鼓励我尽快来南京大学任教，并以他自己刚参编出版的一本英文管理学专著，勉励我到南京大学，更投入地立足中国大地、放眼世界范围研究财务会计问题。那个时候我已强烈地感受到，国际化在南京大学不是一句口号，而是一种经常性的自觉行动。去南大之前，我虽有心理准备，知道要去面见一下施建军教授与周三多教授，但未曾想到见了施建军教授面后，那慈祥的神态加一见如故的热情奔放，让我这个惊魂未定的求职者一扫紧张的心理雾霾，也变得侃侃而谈了。中午，施建军教授亲自买菜下厨，请我到他家吃饭。那种真情实意待人之道，深深地感动了我，也让我产生了一种对这样的集体组织的向往之情，以至有了莫名的归属感。

南京大学专家评审委员会花了整整半天，认真地审议了我申报副教授的科研成果资料，最终一致同意通过。从那天开始，我自认为已能名正言顺地进入会计学术殿堂，对会计学术研究开始拥有正当的权益。就在此时，江苏省审计厅也表达了希望我到审计厅工作的意向。但我反复权衡，从会计学术事业而言，南京大学无疑比省审计厅提供更高的平台和更大的空间。我也就毫不犹豫地选择了南京大学。

从1994年4月我借调到南京大学，到11月正式办理调入手续，中间经历了多次令人焦虑不安的波折。好在南京大学积极协调，终于把我的档案从连云港审计局调到了南京大学。我的会计学术生涯，自此以后与南京大学会计学科的发展息息相关。

（三）打响南大讲台

南京大学作为原中央大学的继承人，从成立至今，一直处在中国大学的第一方阵。但新中国成立后，原隶属于中央大学的国立商学院，独立建制为上海财经学院（现上海财经大学），南京大学很长一段时间无商科。在改革开放春风吹遍大江南北之时，南大才起步重建经济与管理学科。而会计专业1993年才开始招收第一届本科生，这也是当时学校领导之所以着急引进会计师资的原因。我算适逢其时踏到了这个点上，凭已发表的近百篇核心期刊会计论文，而跨越了只有大专学历的限制，一跃成为副教授并入职南京大学。若按后来国际化与海归的标准，我这个"土鳖"断无可能进入南京大学。中国高校进人用人政策与态度的沧桑巨变，着实让人费解。

踏进南大校园，走上南大讲台，一种强烈的责任感与使命感扑面而来，笼罩我全身，以至深深地涤荡了我的内心世界。在中国严格而又教条的高考制度下，能考上南京大学的学生，都是中国年轻人中的龙凤。面对这样的一批优秀学子，没有充分的准备和足够的胆识，谁敢走上讲台？尽管之前在财经学校当过6年老师，而且讲课的水平与效果得到不错的评价，但是，时过境迁，财会审知识随着实践的天翻地覆而出现了爆发性增长，科研与教学并不是一回事，现在面对的又是出类拔萃的高校学子，能否在南京大学会计专业的讲台一炮打响，我当时真的心里没底。为此，上每一门课，我都在备课环节下了很大功夫，从而顺利通过了南大会计讲台的考验。经过8年多时间政府审计部门的锻炼，再走上南京大学讲台，我明显感到讲课不像以前那般沉重，反而具有拉家常那般轻松。这种轻松，完全来自于8年多审计工作中充满耐性地去感知每一个业务，用脑认真判断每一个工作挑战，用智慧去理解制度与实践的每一个细节，用包容的情怀去面对并化解生活、学习与公务中的每一个矛盾。过去尽管上课也算潇洒自如，但只是做到了流畅地背书，看足够多的同类书从而在课堂上显得知识渊博，说到底我只是一个勤快的"现成知识搬运工"而已。但有了寓实务探索与学术研究于一体的8年多审计机关经历后，对一些专业性较强的理论，我能以很通俗朴实的语言来谈专业感受，从而让听讲者有种豁然开窍的感觉。看来，所有经过的往事不一定如烟，只要用心，都是为人生发展积累着更扎实的基础和更雄厚的资本。

2000年于南京大学

上课是我到南京大学首先要过的一关。按会计系安排,我负责为首届会计专业学生上《成本会计》课。我一直擅长《财务管理》与《经济活动分析》课,对《成本会计》课虽不生疏,但要教好它并培养同学们的学习兴趣仍需下一番功夫。我在基本原理与应用技巧两方面,对成本会计作了远远超出教材的拓展,比如,在基本原理这部分,我就"成本是不是商业秘密",作了较为深入的理论与中外制度变革及其规律的讲解,并组织全班同学作了一次专门的课堂讨论,从而统一了同学们对会计意义上"成本核算"为什么要规范以及是否应公开等问题的认识,明白成本开支范围与费用列支标准,与会计上合理区分"资本性支出与收益性支出""制造费用与期间费用""固定资产与流动资产""研究与开发"等实务问题紧密相关,从而完成了会计专业各主干课的知识整合,实现了会计知识与制度准则规定向实务能力的融合和转化。课堂讨论中,几个准备特别充分、有一定思辩的同学发言,我要求他们提供书面资料,修改后全部推荐给《江苏财会》发表,因此激发了一些同学的科研激情。在成本计算方法和应用技巧方面,我对材料与直接人工成本如何在连续式(流水生产)与分布式(装配生产)两种不同的生产组织方式下,如何清楚地确立并正确运用时空的概念,抓住生产、加工、劳动质量与效率实态主线,准确有序地分步确定各产品、零部件、生产车间与阶段工序、班组、岗位以至作业的成本,并根据上述成本对象在创造公司价值和实现公司战略中的作用与地位,揭示各相关成本价值,从而为成本决策和公司价值管理,提供有用的成本信息,进行了着重解析。这方面内容把现有管理会计、价值管理、战略管理、质量控制、人力资源管理、绩效管理等相关知识,按成本信息主线,有效地整合了起来,从而调动了同学们跨界整合知识的积极性，以适应在信息化发展大势下财务业务一体化对高端会计人才培养的要求。

如此尝试，彻底改变了《成本会计》课的传统定位，使同学接受系统全面、与时代发展相适应的会计知识同时，也培养了社会发展亟需会计职业拓展的能力。这样与众不同而难以复制的课程教学方式，极大地调动了同学们刻苦钻研的积极性。正是这样的学术导向氛围，南京大学会计专业首届本科生，毕业时有两人在《会计研究》上发表了专业论文，我与两位学生合作尝试写了《论以人为本的理财观》一文，全文发表于《中国工业经济》1996年9期。

（四）同事深厚的情谊

我刚到南京大学，会计系主任由企业管理系主任施建军教授兼任，副主任是陆正飞教授（当时副教授）。施建军教授是我能被南京大学视为人才积极引进的伯乐。陆正飞教授是我启东海门老乡，说着同一种方言。他们一个风风火火，一个不紧不慢；一个横跨多个学科，一个专攻国际会计比较；一个来自厦门大学，一个来自人民大学；一个60前，一个60后；一个擅长统计，一个钻研会计。还有在中国会计学界具有相当知名度的朱元午教授（当时是副教授）。其余是张朝宓、陈丽花、郭晓凤、张友翔老师。当时的南京大学会计系师资力量相对薄弱，他们都对我的加盟发自内心欢迎。

之后不久即1995年初，施建军教授不再兼任会计系主任，陆正飞教授接任，我即被任命为会计系副主任。为增强会计系现有师资的凝聚力和战斗力，陆正飞教授建议组织一次全系老师集体旅游。我利用连云港市15年工作经历积聚的人脉资源，提议全体老师去连云港，在观赏滨海美景品尝东海海鲜的同时，大家开动脑筋，贡献智慧，商量南京大学会计学科发展大计。这一提议，得到了大家赞同。正是1995年7月初的会计系老师第一次集体出游，旅行途中感受到朱元午教授老顽童式的调皮，陆正飞教授不经意间的冷幽默，张朝宓老师不拘言笑的严肃，陈丽花老师春风化雨般的热情，郭晓凤老师想说就说的直爽，以及杨莲芸精明能干的利落。平时教学与科研生活的那种紧张一扫而空，变成了笑声不断的欢喜闹腾。在尽情欢乐之时，大家又对会计学科如何快速发展提出各种建议，并明确表态自己在其间可以做的具体工作。我觉得正是那次集体旅游，激发了我对南京大学会计学科发展美好前途的憧憬。大家七嘴八舌，逐渐清晰了会计系发展的长远目标以及近期应抓的几项重点工作。

1996年10月，陆正飞教授公派访学英国埃克塞大学一年，整个系的行政工作自然落到了我一人身上。而紧接其后，是我妻子与女儿调来南京工作学习，一家三口就住在12平方米宿舍里，妻子与女儿对这样与连云港市天壤之别的生活条件极不习惯，需要我在她们面前加倍表现，才能消除她们对生活艰难的恐惧。但随着首届会计本科生毕业前的业务课综合训练需要精心设计与组织，我必须倾注全力，难免在生活上怠慢了妻子与上小学女儿，使我陷于家庭与工作矛盾的困境中。但好在我妻子与女儿给予了我充分理解，使我面对巨大的工作压力而没有气馁和退却。令我终身难忘的是，会计系有限的几名老师，看到系行政工作全落到我身上，我新调来南京工作学习的妻女因太忙而得不到我应有的照料,她们非常主动负责地承担了第一届本科生专业综合训练,包括凭证、账簿、报表以及相关业务的全面设计和准备的很多工作,并加班加点地在规定时间内完成了任务,从而让我省去了很多工作协调方面的麻烦。这份同事之间的互相理解与帮助,使我犹如又回到连云港财经学校与连云港市审计局的工作岁月,我在这两个单位同事之间一直是亲如兄弟姐妹的关系,而这种好运居然到了南京大学后还能延续。

事后看来,正是这样的文化导向,恰恰保证了南京大学会计学科日后能实现超常规发展。正是基于自己三个工作单位的亲身经历,我认为一个组织成员对组织目标的高度认同以及成员之间的亲密无间互帮互助,是任何单位成就集体事业的基本前提。因此,我对目前一些中国高校,以国际化为借口,以简单粗暴的财务激励手段吸引并管理人才进行学科建设,内部充斥恶性竞争的做法,深以为谬。其结果,教师对学校没有认同感更不可能产生归属感,代表学校核心竞争力的学术流派和学术大师终将成为泡影。

(五)领导温暖的关怀

我到南京大学的开头几年,南京大学各方面条件都比较差,尤其是教师住房,可能是全国高校(但肯定是南京高校中)最差之一。我到南京大学正式报到那天,虽然我已是副教授,有近35周岁的大龄,而且已成家,女儿10岁了,即使1995年我还担任了会计系副主任,但由于妻子与女儿当时还在连云港市,在南京常住就我1人,因此我只能在3人一间的集体宿舍里分得一个床位。平时看书写东西只能在走廊或借经常不来住的熟悉同事房子用,科研条件除了能借阅的书明显多以外,其他方面比我连云港市审计机关和自家有单独80多平方米住房的条件差了很多。但对我而言,由于能看到更多书,与一批高水平学者为伍,物质条件方面的落后已无所谓了。

就这样,不知不觉一年半过去了。1996年6月,中央启动211工程,我校作为全国首批7所重点建设学校之一,为迎接教育部对首批重点建设学校的全面检查,全校举行我来校以来(后听人说是新中国成立以来)第一次从里到外大清扫。为表示领导对此工作的重视,曲钦岳校长带领全校所有行政部门一把手,到全校各处检查卫生清理情况,我所居住的一向以脏乱差而出名的19宿舍,自然成了曲校长要检查的重点对象。记得那天我正好在宿舍里看书写东西,曲校长检查至我们楼层,看到我还在心无旁骛地看书,全然不把这些领导放在眼里,就很好奇地问我姓名和所在单位,当我自报名字并说是从连云港市调来学校不久时,曲校长恍然大悟。曲校长直接对学校行政处长说,这是我们从连云港挖来的人才,怎么让他住三人宿舍?我实在庆幸,曲校长的一句话就从根本改变了我在南京大学的住宿条件。当天下午,学校行政处通知我住到另一幢宿舍楼,给我一个12平方米的单独房间,并给我发放了一套带户头的煤气罐灶,这是当时学校引进高级专家才享有的待遇。我住进12平方米单独宿舍并点燃学校配置煤气灶具的一刹那,对南京大学的感激之情,充斥了我整个心房并自然流淌到周身。自那以后,我学习写作的条件明显改善。

二、站到学科建设前台

（一）临危受命

1999年，陆正飞教授调去北京大学，我也由副教授成为正教授。那时候南京大学会计系，由于学校体制不顺，会计系能利用的资源很少，发展遇到了空前困难。陆正飞教授突然调离南大，对北大会计发展无疑是极大利好，但对当时南京大学会计学科几乎是灭顶之灾。无论是招生规模，还是师资人数，特别是财务资源，都有限得可怜。而对一个真正需要发展的学科，这三项尤其是充裕的财务资源，更是必不可少。当时商学院以及整个南京大学，尽管口头上都承认会计学科很重要，但实际行动表明大家当时对会计学科的发展没有什么信心和期望。例如，与会计同一时间建系的金融系，就得到校、院两个层面各种资源的大力支持，而会计系对此只能望洋兴叹。而这种悲观失望情绪，其实也弥漫在当时会计系全体老师之间。说实在话，对于我这个外来户而言，要想把南京大学从学校至商学院层次，从财务投入到引进人才，再到南京大学各种社会资源，全部吸引到会计学科发展平台上，是毫无可能的。正因为看了这样残酷的现实格局，当时身为副主任的我对会计系主任位置躲避不及。

为了逃避与学校领导照面，刚好有家公司在海南岛召开年度财务会议邀请我去讲课，我就立即启程去海南。谁知道刚到海南，南京大学主管文科的副校长洪银兴教授就打电话给我，以不容讨价还价的口吻告诉我，学校已决定任命我为会计系主任，有要求可以提，但职务必须先承担下来。我斩钉截铁地说，会计系现在要什么没什么，这个系主任我根本当不了，无法接。洪校长电话中要求我尽快回学校跟他面谈，我作为会计学教授，根本不好意思拒绝他工作方面的要求。他为了让社会尤其是校内其他学科对会计学科具有信心以支持会计学科发展，把自己已为南京大学录取的儿子送到会计系读会计专业。而且在此之前，他对会计系的要求几乎是有求必应。无论他在商学院副院长、院长，还是在学校副校长位置上，他都尽心尽力关照并支持会计系发展。面对洪校长不容推辞的电话，我不好意思撕破脸皮断然拒绝。

　　洪银兴教授亦公亦私的疏导，加上时已任南京大学副校长的施建军教授极力鼓励，我只好接下会计系主任这个苦差事。接任当时的痛苦心情无以言表，全然没有政治进步带给人们的那种丝毫快感。好在当时我正值壮年，身上还留着一股不服输的劲，皮球的气质特征让我迅速清理了自己的悲观情绪。沧海横流方显英雄本色，一无所有才现志同道合。此时在南京大学会计系任教的全体老师，高度团结，一致表示穷则思变，只要大家共同努力，一定能逐步打开南京大学会计学科发展的通道。全体老师的齐心协力，确实给了我接任系主任起步工作的基本底气。当南京大学会计学科发展在引进人才和学科建设、人才培养、社会发展皆取得标志性成果实现跨越式发展目标的时候，回顾过去的风风雨雨，我深深地领会了什么叫

"众志成城"！

（二）白手起家

1999年，我接任南京大学会计系主任，与会计系全体老师精诚团结，白手起家，迈开了追求开创南京大学会计学科全新局面的脚步。在南京大学这样的综合大学，会计确实是一个可有可无的学科。我心里十分清楚，从学校整体层面上看，指望学校把资源投放到会计学科发展中，这几乎是毫无可能的。但会计系主任这个紧箍咒已被学校套上了，容不得我毫无作为以软抵抗方式来履职。洪校长也说话算数。他利用自己影响力，让省交通厅来找我，为他们办一期30人规模的会计硕士研究生课程进修班。按学校当时财务体制，各系举办研究生课程进修班的收入，学校留成很少，大部分留给各系，扣除各种开支，剩余部分供各系自主使用。省交通厅实际38人的会计硕士研究生课程进修班，是南京大学会计系发展收到的第一桶金，摆脱了会计系没有分文自有资金的困境，一些必要的学术补助与组织费用有了资金保障，从而会计系可以有选择地做些力所能及、财力又容许的事情。

历史唯物主义首先要尊重历史事实以及本来面目，虽然一些人和事，后来的世故变迁发生了实质性的变化，但我们也不能因此抹杀历史事件与人物。从这个意义上讲，我们每一个人都是行色匆匆的人间过客，我们在不断地追究历史真相，尤其是自己熟悉的人与事的过往由来，期望以此对现在面对的人与事有更全面而深刻的了解,从而找到最恰当的相处之道、行事方式以及表现风格。当然,我们每一人又必然被后人追询考问,又成为后人追究历史的组成部分。因此,当我回顾南京大学会计学科从山重水复到柳暗花明以至一马平川的历史时,已经过去的道道坎坎、风风雨雨、山山水水、老少男女,自然汇成了只有自己才看懂并明白其中甘苦的瞬间、环节、方位和生命。在这里,"不识庐山真面目,只缘身在此山中",只讲对了问题一个方面。我相信外界,哪怕是南京大学商学院会计系以外其他各系,在对南大会计系以及会计学科从弱到强发展过程以及结果状况的认识,与我们自己的感受迥然不同。即使是同样经历了这一过程的南大会计系几个资深老师,对自己以及集体一路走到现在的感受也不一样,好比每一个人都有一个只属于自己的哈姆雷特。我之所以非常感性地离开本题说这些,主要是想说明,作为任职长达18年之久的南京大学会计系主任,经历了较完整的南大会计学科发展创业阶段,这种痛苦并快乐的感觉已成为我生命记忆中无法抹去的一点,甚至已成了我生命的组成部分。我觉得有义务更有必要把自己经历中的感受,毫无保留地说出来,更希望对南大会计学科发展作出重大贡献的人与事,将来不会湮灭于南京大学会计学科留给世人的历史记载中。

(三) 雪中送炭

1. 金陵石化公司鲍先志常务副总经理的支持

在南京大学会计系发展最为困难的时刻,金陵石化公司鲍先志常务副总经理兼总会计师给予了胜过雪中送炭的支持。1999年的南大会计系，可以说完全是一穷二白。但与南大毫无公私情感、交往历史的鲍总，本着对百年名校发展会计学科重大意义的充分认知，更出于对我们几个晚辈事业的认同和扶持，利用他在中石化系统内的崇高威望，说服中石化集团把整个总会计师与财务处长、骨干的培训放在了南京，由南京大学会计系设计培训方案并组织培训。按培训协议，每期40至50人、培训30天，一年10期，由南京大学会计系选聘上课老师，中石化负责直接支付每位老师讲课费，每期结束给南京大学会计系支付3万元的组织管理费。这样，会计系全体老师每期都有上课任务，从而每个月产生了在当时来说数额颇丰的额外收入，大大改善了会计系各位老师的家庭财务状况；同时系里一年能有30万元左右的收入，这样开展学术活动、进行学术交流就有了一定的财力资源。由于鲍总持之以恒的帮助与协调，中石化在南京的财务培训前后持续了14年，解决了南京大学会计学科发展中个人与集体事业方面的很多现实问题。更重要的是，教师们通过讲课，得到了来自于实务领域财会业务骨干的不停校正，从而端正并加深了对财会审实务现状和各地不同发展动态的认识，既提高了研究问题的现实性，又夯实了讲课内容。14年过去，现在中石化全国每一个二级单位，几乎都有受过我们培训的财会骨干，也扩大了南京大学会计学科在央企层面的影响，为会计学科快速发展积累了优质的社会资本。在长达14年的培训中，我系全体老师也经受了各种各样专业与社交的挑战和考验。就我而言，面对不断变化的培训对象，必须动态调整讲课内容甚至方式，从而与学员之间建立了自然的同行好友关系。时至现在，每年还有一些中石化培训财务骨干，跟我嘘寒问暖、交流专业感悟。

1997年与鲍先志（右一）于江苏财会论坛

培训过程中，我和这些中石化财务骨干形成了亦师亦友的良好关系。记得2000年，中石化完成回归A股后，成为中国唯一一家在全球四个交易所（上交所、联交所、纽交所、伦交所）同时挂牌交易的公司。经历了这样的上市磨练，中石化财会人员的工作协调经验与知识以及处理业务的技巧，远远高于国内同类企业，更是我们这批几乎没有实务工作经历经验的老师所望尘莫及的。这样就难免产生了我们培训内容让学员吃不饱的问题，导致有些培训课上，学员会公开向讲课老师发难以表达不满。管理人员把这样的问题直接向我作了反映，老师也在我面前抱怨并产生了畏教情绪。我一方面要求讲课老师尽量充实讲课内容，以理论的高屋建瓴来驾驭实务的错综复杂，从而扬己之长补学员之短，提高培训效果。另一方面，我又要稳定学员情绪，消除教学对立，让他们拥有更高的素养来参加培训，以真正地建立适合自己职业生涯快速发展的格局与框架。为了取得快刀斩乱麻的效果，我在已产生教学矛盾的培训班讲课时，有意刺激了他们一下。当时我去上课，他们当然对我们这些书生不屑一顾，觉得讲不出什么有价值的东西。听课时，让我明显感受来自课堂里的排斥信息。刚下课，一位学员带着极有挑衅口吻地问我："杨教授，您知道不，中石化现在是中国唯一一家在全球四个地方挂牌交易的公司？"我当然知道，但看他咄咄逼人的神态，我有意说不知道。我干脆利落的一个"不知道"，他也没招了。又上课了，我以玩笑的口吻，跟向我发问的学员说："您在不在意我问您个问题？"他看我并无恶意，就很爽快地说："完全可以！"我紧接问："您知不知道美孚与BP公司CEO是谁？"他一下子傻了，说："不清楚！"我说："您对此不清楚无所谓，但这两个CEO知不知道您？"他咯噔一下，回道："他们肯定不知道我，为什么人家要知道我?"我于是娓娓道来,"这些世界500强公司,排在全球行业龙头地位的企业,一般都会把自己行业分成若干专业,每个专业在全球范围内建立人才库,每个人才库进库人数不等,但最起码50人以上,也不会超过200人。本公司进人才库的人才数占人才库人才总数比例高低,是衡量一个企业市场、行业地位的重要依据。一个人属不属于国际顶尖人才,看这些跨国公司人才库里有没有你的名字就知道了。"我这席话刚完,这个学员就站起来检讨了:"我知道杨教授问这个问题的深意。我知道自己充其量是个半瓶醋。我一定接下来好好听课学习,回单位更加努力地创造性工作,以进跨国公司人才库为自己职业奋斗目标。"每当想起鲍总含辛茹苦扶持南京大学会计学科发展的整整14年努力,心中对鲍总那份感激涕零无以名状,我希望南京大学会计学科的后来者们,能牢牢记住鲍总对南大会计发展起步阶段的倾心尽力,并以感恩的姿态永远祝福尊敬的鲍总健康长寿。

会计与财务实践中,很重要的一个原则是追溯原始投资。一个公司的原始投资,是这个企业日后能成长发展的基础。鲍总对南京大学会计学科发展的那种扶持,对稳定当时"军心浮动"的南京大学会计系师资队伍起到了关键作用,自然形成了一笔南京大学会计系"取之不尽、用之不竭"的丰厚原始投资。如何对这种原始投资给予足够的回报,这不仅需要会计系的后来者对鲍总充满感恩之心,更重要的是,要做好做强南京大学会计学科,在人才培养、学术研究、社会贡献等方面,取得无可置疑的业绩,成为受人尊敬、令人羡慕的中国大学会计学科。

2. 苏亚金诚会计师事务所的首席合伙人詹从才的资助

我与詹从才所长，亦师生亦兄弟。他是连云港财经学校的毕业生，而我是连云港财经学校教师；在校学习期间，他学习优秀，是学校团委学生委员，我全面发展，成为学校团委教师委员，工作配合融洽，相知甚深，更相互理解与信赖；他毕业后在省审计厅工作，官至处长，我则调至连云港市审计局工作成了他的下级；他弃政从商，在会计师事务所脱钩改制后成为江苏省规模最大的会计师事务所之一——苏亚金诚会计师事务所的首席合伙人，我机缘巧合加盟南京大学，在非常时期上岗会计系主任。而且，我们都是1960年出生，有着为人做事、对公对私的共同情怀。他把我就任南京大学会计系主任看作好消息，也知道我面临的各种压力。在我未提任何诉求的情况下，他很大方地决定每年向南京大学会计系无偿资助5万元，用于南京大学会计学科发展所需的业务往来。这样的资助连续了5年。今天的5万元，可能已经入不了很多人的法眼，但在21世纪初，南京房价每平米是1600元，同地段现在是4万元，苏亚当时每年资助的5万元还是解决了南京大学会计学科发展的很多实际问题。后来，苏亚事务所承担学费，挑选了30多名审计业务骨干到南京大学读MPAcc。我将这样的举措视为我们会计学科回报他"滴水"之恩的机会，在培养方案上给予了很多细致的特殊安排，希望这样的人才培养能给他事务所的声誉和未来发展产生双重有益作用，并明显提高苏亚金诚事务所的凝聚力。遗憾的是，阴差阳错，后由于我离开了行政岗位，我们的方案未能得到真正落地执行，从而形成了我对他的终身愧疚。

3.江苏省财政厅副厅长江建平的帮助

现任江苏省人大财政经济委员会主任的江建平，是南京大学会计学科异军突起的春风雨露。当时，他任江苏省财政厅副厅长，分管会计工作。他是我大学的同班同学，长我2岁，上学时基础明显比我好，看书特别认真，善于思考，我少不更事，经常与他就看书学习问题辩论，当然一般是我处于下风。毕业后，他去省财政厅工作，一路努力奋斗，行政至正厅级副厅长。我最终在连云港市被南京大学相中，在连云港市同意我离开调至南京大学任教环节，他帮我协调解决了关键一步。我任南京大学会计系主任后，他第一时间祝贺我并提出要求，希望我努力把南京大学会计学科做到与南京大学身份大体相当的水平，起码要做成江苏所有高校会计学科的绝对第一。那时的南大会计，不要说在全国高校中的影响力，就是在江苏省内，也比不上南京理工大学、南京农业大学、苏州大学、南京财经大学等。这样的尴尬局面，尽管是历史形成的，但却是我上岗时必须面对的事实。所谓知耻后勇，如此严峻的现实，倒激发了我破釜沉舟、绝地崛起的豪情，而江建平同学的一番带有鞭策性质的鼓励和发展思路上方向性的指导，也使我找到了南京大学会计发展的"一线天"——立足江苏，找准中国会计发展制高点发力。南大会计立足江苏，首先要得到江苏省财政厅的支持。当时，江建平作为江苏省财政厅分管会计工作的副厅长，全力帮助南京大学会计系，牵头组织举办"江苏财会发展论坛"与"江苏财会高校教师联谊会"。

2002年江苏会计教授联席会

"江苏财会发展论坛"，是借助于江苏省总会计师协会、发挥南京大学会计学科主导作用的平台。利用这个平台，使全省各企事业单位财会管理的新探索与成功经验，有了一个专业交流机制，也让南京大学会计学科拥有了向全省会计实务界领导与精英展示自己学术水平的机会，通过比我晚来系里的李心合教授的努力，实现了理论与实务的良性互动，逐步赢得了全省实务界同行对南京大学会计学科的好感乃至认同。"江苏财会高校教师联谊会"，是以江苏省会计学会名义组织，由南京大学会计系作为主体，整合江苏省所有高校全体老师，以开展会计教学改革与创新探索交流活动和尝试统编会计与财务专业主要核心课教材为主要内容，以提高江苏会计教育水平并扩大江苏会计在全国会计界影响为主要目标。通过一年一次的教学与科研交流会，以及骨干核心课程教材编写（最后由东北财经大学出版社公开出版），在江苏各高校会计老师间建立起了非常有效而且具有相当吸引力的"非正式组织"关系，同时不同学校会计教学理念、组织与方式的交流，无形之中从整体上提高了江苏高校会计教育水平，也明显提升了江苏高校在全国的知名度和美誉度。我今天提起这两项活动，似乎是风轻云淡，但在当时，没有江建平厅长的全力支持（几乎每场都来讲话勉励，并给予基本的资金支持），不要说能否取得预期成效，就是活动本身也无法正常开展。

为了扩大南京大学会计学科在全国学界的影响力，我们还承接了中国会计学会和财政部会计司主持召开的全国性学术会议。承接这些会议，承办单位必须负责费用补贴。但在南京大学体制内，这种以系名义承接的全国性专业学术会议，一般不会补助一分钱，会计学科的发展现状也没有资本要求学校为此破例，但会计系账上根本没有承担会议补助的财力基础。我们只好厚着脸皮以学校名义向省财政厅申请召开全国性会计学术会议的补助，每次都是20万左右。说实话，南京大学属教育部直管高校，无论行政还是财政，都与江苏省人民政府以及各部委厅局没有直接关系，我们发展南京大学会计学科需要财务投入，无论从正式制度规定还是从办事的基本逻辑原理上，要求江苏省财政厅补助是不太合适的。但对于当时的南京大学会计系而言，明知不合理还是抱着试试看的侥幸心态，以南京大学名义向省财政厅提出了申请全国会计学术会议的报告。让我格外惊喜和特别感动的是，江建平副厅长在接到我校的报告后，立即就批准同意。并公开说明，南京大学不仅是全国的，首先是江苏的；南大会计能不能发展，不只是南大的事情，更牵涉到江苏脸面，作为江苏全省会计工作的行政主管部门，对南大会计发展也负有重要责任，必须全力支持，给予承办全国学术会议经费补助，就是江苏省拿出的实际行动。为使财政厅对会计系资助的钱，一分不少地全用于会计学科发展上，江建平厅长表现出了会计出身的特有精明，在批示同时要求：江苏省财政厅补助给南京大学会计系的各种钱，不能截留一分钱。如果发现校院截留，则收回全部补助。这样确保了省财政给予南大会计发展的各种补助，全部用于南京大学会计发展的刀刃上。江建平厅长对南京大学会计学科的全力支持，不仅让南京大学领导与商学院领导对会计学科刮目相看，也感动了财政部会计司和中国会计学会的领导，他们也纷纷伸出了援助之手。

4.江苏电力公司领导的配合

回顾南京大学会计起步实现快速发展的历史，江苏省电力公司的长期而实实在在的支持帮助，是无法回避的。我们跟省电力公司，如果从1996年小有合作，作为如胶似漆关系的开始，至今已有23个年头。其间，江苏电力公司领导以及财务负责人，换了一茬又一茬，但与南京大学会计系的血肉关系始终存在并从未出现任何的冷淡。1996年，江苏省电力公司举行财会业务知识竞赛活动，我有幸被当作专家请到现场。或许是江苏省电力公司财会知识竞赛现场壮观的场景触动了我，也许是江苏省电力公司当时一把手顾局长与国家电力部副部长谢松龄亲临现场作了极其鼓舞财会人员的讲话，亦或是从连云港市实际工作现场调至南大后久未与实务工作者广泛接触交流引发的冲动，我在竞赛结束时作了简短而很动情的点评，而这"一鸣惊人"的专业点评，居然铸就了我们南京大学会计系和江苏省电力公司财会管理20多年深度合作的开端。我的点评，引起了江苏省电力公司副总经理兼总会计师王祥富的极大关注。王祥富，这位日后对南大会计发展助力很多的年轻领导，比我小两岁，毕业于当时有"电力行业会计黄埔军校"之称的南京电力专科学校（现南京工程学院），从基层电厂做起，凭自己的聪明、创新以及魄力毅力，仅35岁就担任了省电力局副局长。凭着感觉，王祥富在竞赛活动结束一年后，派省电力会计学会秘书长许春猛找我，希望我及南大会计系与江苏省电力公司财务合作研究财务管理信息化问题。来自省电力公司的诚挚邀请，给了我专业发展的意外惊喜。于是我组织了自己指导的四名硕士研究生，拟定了合作研究方案，得到认可后就开始了针对全省电力行业财务管理信息化问题的实地调研与访谈。这一历时一年半的课题研究，形成了有一定理论深度的课题报告，对江苏电力公司财务管理信息化实践作出了规律性总结，并提炼出具有普适意义的原理与规范，使江苏电力财会改革实践拥有了

"高大上"的形象,其成果列入了财政部1999年重点课题并通过评审,于2002年由经济科学出版社以《管理会计应用与发展的典型案例研究——江苏电力公司财务管理信息系统研究》为书名公开出版。课题合作研究,更加深并牢固了南京大学会计学科与江苏电力公司财会系统的关系,为其举办研究生课程进修班就成了顺理成章的事。接下来,南京大学会计学科发展过程中的进步,都离不了江苏省电力公司各种各样的配合与支持。

与南通供电公司陈启忠副总经理(左三)、金莲淑会长(左五)

5.财政部会计司领导的信任

在江苏省财政厅江建平厅长全力支持南京大学会计学科发展的实际行动感化下,南京大学的领导和财政部会计司的领导,也开始对南京大学会计学科发展有了信心。2001年,鉴于我对内部控制问题有所研究（1996 年 2 月东北财经大学出版社出版的刘明辉教授主编的中国第一本《独立审计学》之第六章"内部控制及其评审"由本人执笔，其内容令人耳目一新，受到好评），并已有江苏电力公司实践研究的基础，财政部会计司根据新修订会计法加强企业会计内部控制的要求，想制定企业会计内部控制规范。为此，会计司司长冯淑萍与副司长兼中国会计学会秘书长刘玉廷共同决定，抽调我到北京，协助会计司研究制定中国企业会计内部控制规范。当年 4 月到 6 月，我北京南京两头跑，以北京为主，全力协助财政部会计司研制中国企业会计内部控制规范。短短三个月，我的研究专长得到发挥，我的收获更大。我切身感受到了财政部会计司从司长到一般工作人员深厚的专业功底，以及不辞劳苦与不分昼夜的忘我工作精神，特别是在研讨有关框架定位和基本业务标准内涵过程中，来自国际顶尖咨询机构包括"四大"精英的精辟见解，凝结了其职业生涯的至纯至精感悟，让我品尝到了一顿又一顿专业大餐，领略到过去学术研究从未达到过的实务经验高度，对我其后的学术研究，产生了直接影响。

这三个月，冯司长与刘秘书长在专业和思维以及做事方面，为我树立了标杆，自此，南京大学会计学科发展遇到问题，我都会向她（他）们发出求援信号，而她们在合情合理、力所能及范围内都会有求必应、全力帮忙。也因为她们如此慷慨帮忙，让我更加努力积极地做好南京大学会计学科发展工作，并带领全体老师力求做出高水平研究成果。北京工作结束回南京后，我组织会计系全体教师，吸收尽可能多的学生参加，动用我所能利用的所有社会资源，开展了以问卷结合访谈为主要方式对中国企业会计实际状况进行调查的大型研究活动。做这次大规模企业会计实况调查，完全出于北京工作过程中方方面面对同一个会计实务说法看法很不一致的困扰刺激。中国企业改革都以清产为起点，中国会计研究看来也应该以清楚认知中国会计实务为前提。在对中国会计实务缺乏一致认知背景下开展会计学术研讨，必然出现牛语马说困局，最终表面上认识分歧，学术热闹非凡，结果对解决中国会计发展实际问题可能毫无效用。正是怀揣着对中国企业会计实况家底有个正确认知，以切实提高中国会计研究质量和效率的梦想，我与南京大学会计系师生启动了极其艰辛的中国会计实况调查活动。此项半年多的访谈调查分析研究，写出了颇有份量的研究报告，通过《会计研究》以南京大学会计系课题组名义，发表6个子报告，对中国企业会计一些主要领域（例如会计职责与作用、预算管理、成本控制、绩效考评等方面）的实际做法、效果以及我们的分析，一一向社会公开，并于2002年2月通过东北财经大学出版社公开出版《中国企业会计实况调查》一书，向国内公开发行。现在，此书已成为国内外研究中国会计实践发展尤其是管理会计实务发展现状的主要参考文献。

（四）人才策略

南大会计学科发展产生的张力影响，也感动了学校领导。处于校领导层的洪银兴教授与施建军教授，一直支持着我会计系主任与会计系工作。分管人事的谢立校长更是对会计学科发展给予了一个又一个预想不到的全力支持，在会计学科人才引进方面，谢校长突破南京大学制度的框架，一再给予会计系相对其他学科更多的支持。

例如我们在短短的几年内引进王跃堂、李心合、陈冬华、冯巧根、李明辉老师，这5人中，李心合教授与冯巧根教授发表论文有好几年了，在国内会计界已有相当知名度，但陈冬华、李明辉两位在当时只是刚评的副教授，王跃堂在扬州大学还是一个正在评的副教授。当时为引进他们上报给学校的方案都建议给予教授职称。这给学校领导出了难题，何况即使职称平调，就已经碰到了他们本科学历不达学校引进人才要求的门坎。当时南京大学用人要看引进人才本科学校是不是名牌高校。但这几位老师恰恰都不是首批985工程的学校，有的甚至是非211学校毕业、第一学历非本科。说实话，当时的南京大学会计学科对同行的吸引力很小，凡有点名气和略有高校任教经验的专家学者，根本不会看上南京大学会计学科平台，但南京大学会计学科发展必须在短时间内引进几个像样的教师。为此，我只能把眼光放到身处比南京大学会计学科平台差的高校但个人科研成果显著的同行身上，一些由于各种原因想离开原来较高会计平台的高校科研强者，我也会积极动员来南京大学。于是，就先后形成了上述南京大学会计系引进人才的名单。令我感动的是，学校领导对我提出的引进名单，并没有拘泥于他们不符合学校引进人才本科学历背景，而是很相信我对他们学术能力与水平的判断，并高度赞誉我引进他们后在南京大学会计学科发展大局中发挥具体作用的定位与设想。我当然会把引进这些人才，给南京大学会计发展的美好前景描述得激动人心，虽然没有天花乱坠地吹嘘，但说实话当时对他们真来南京大学后，会计学科能不能真正实现引进他们时我向学校领导描述的目标，心中还不是很有底气。因为，他们来南京大学后，能不能发挥积极作用，除了系里尽可能给其好的环境与条件外，关键还取决于他们愿不愿意为南京大学会计学科的发展尽心尽力。学校当时的谢立副校长和继任的闵铁军副校长,充分保护了我做好南大会计学科的满腔热情,不但全力支持我引进人才的超常规流程,还在这些人才报到的当天,就特批给他们属于教授才能享有的住房。这让我感动莫名。事后证明,这几位关键人才的引进,确保了南京大学会计学科实现了令国内同行公认的超常规发展。

(五)亲密战友

我在系主任岗位上能立足、站稳,并迅速摆脱困境、打开工作局面,除了以上校内外领导、专家、同学、朋友的全力支持外,还与会计系陈丽花老师与特聘叶伯成老师直接有关。

1. 能干热情的陈丽花老师

我接会计系主任,学校任命陈丽花教授(当时是副教授)为系副主任。从当副主任那天开始,让我看到了一个本科、硕士、博士都是南京大学培养的标志性人才的综合素质。从陈丽花老师上课、培养学生、组织科研、待人处事等方面,会让人明白什么叫"巾帼不让须眉",尤其是她疾恶如仇和刚正不阿的性格,让同事敬重的同时更敬畏。她在系副主任岗位上,分担了很多本应由我作为主任面对并处理的烦人琐事,使我能集中精力时间做好会计学科发展的对外拓展和引进人才等大事。尤其是在我被借用到财政部协助工作的三个多月时间,会计系行政所有工作全部压在她身上,她毫无怨言、不计名利、踏实努力地做好了系正副主任两个岗位工作。她在会计系极其困难的时候,与我一起承担行政领导职务,并竭尽全力为系主任工作，更为南京大学会计学科彻底摆脱困境、走上正轨并快速发展，毫无保留地贡献了自己的聪明才智。就这一点而言，我与当时会计系的所有老师（朱元午、张朝宓、陈丽花、郭荃、张艳、苏文兵，后包括陈志斌、熊焰韧），实属"患难之交"，而陈丽花老师更是我在南京大学工作事业上的"患难知己"。我任会计系主任后，无论是重大教学改革尝试（如本科三年级结束时的综合专业实训），还是各项大小学术活动，甚至是琐碎的人情往来和业务接待，以及国内外同行专家尤其是一些老前辈来访，几乎都是交由她去具体实施。那时候会计系雷厉风行、高质量、低调办事的风格，很大程度上是陈丽花老师全心投入工作的结果，以至于兄弟院校来南京大学会计系交流回去后，除了对我自然熟悉外，印象最深的是，南京大学会计系有一个能干、热情、善解人意的陈丽花副主任。而正是陈丽花老师带领全系老师努力配合工作，才逐步赢得了国内外同行对南京大学会计学科的好感，并对其良好的发展前景拥有了充分信心。

2. 经验丰富的叶伯成老师

叶伯成老师原是南京大学商学院办公室主任。这位20世纪50年代南京大学本科毕业的前辈，我刚到南京大学不久，就被其热诚待人、办事利人的风格深深感动。在我任系主任时，恰好他因年龄原因而从商学院办公室主任岗位上退了下来。鉴于会计学科发展急需社会资源，而叶伯成老师拥有广泛人脉，同时我们之前相知甚深，我动了特聘叶伯成老师来会计系工作、帮助开拓社会发展渠道并积累社会资源的念头。我的设想首先得到了陈丽花以及会计系全体老师的赞同和叶伯成老师的热情回应，同时得到了商学院赵曙明院长的破例特准。叶伯成老师来会计系帮忙，给他的经济补助非常微薄，事实上那时候会计系也拿不出像样的待遇来聘请到像叶伯成老师那样经验丰富与人脉广泛的专家型行政人才。叶伯成老师是看在南京大学会计学科需要发展，同时同情我任系主任异常艰难的份上，欣然来会计系上班。自此，南京大学会计系办公室，不仅随时有人接电话并处理行政事务、尝试对外拓展，方方面面的社会关系出现了南京大学会计系的身影，并为会计发展发出了各种各样的呼声。如果没有叶伯成老师对会计系的倾心尽力帮忙，会计系研究生课程进修班是不能办起来的。我清楚地记得，为了启动我系第一个交通厅财会专业硕士研究生课程进修班，商学院协调、组织老师做方案、报研究生院批准、跑物价局批收费标准、与财务处商量如何收支、聘请外系专家上课、进行入学考试、确定上课地点和开班时间以及仪式、邀请交通厅与南京大学领导、排课表……这些繁重艰苦又琐碎的工作，叶老师与陈丽花老师两人全部妥妥地解决了，根本不用我操心。以后，我们面向社会开办了多期会计硕士研究生课程进修班，不少学员是叶老师利用个人关系动员过来学习的，还有不少是由于叶老师管理极为人性化而深深感动了学员，他们主动宣传并动员亲朋好友来南大读会计硕士研究生课程进修班的。正是叶伯成老师以会计系为家的辛勤努力，才为会计学科发展打下了坚实基础。事实上，日后会计系引进人才，之所以能在学校经济上零投入的条件下，我们还能轻松地答应引进人才提出的现金补偿要求，完全是由于叶伯成老师的努力而使会计系积累了一定的自有财力。虽然由于年龄原因，叶伯成老师2002年离开了会计系，但我们还是保持着密切联系，逢年过节一定会向他老人家问个好，即使这几年他移居深圳，我还是时不时联系他，通过电话表达我们对他的感谢和尊敬！

3. 乐于奉献的校外朋友

我的一批校外朋友和南京大学会计系的学生特别是研究生，也在南京大学会计学科举步维艰的发展初期，作出了很多的奉献。宁沪高速公司刘伟总会计师、江苏盐业徐长泉处长、江苏省审计厅包汉良副厅长、江苏舜天服装股份有限公司董启彬董事长、南京炼油厂凌松总经济师、江苏省农垦集团孙宝成总会计师、上海财经大学汤云为校长、中南财经政法大学郭道扬教授、东北财经大学出版社刘明辉教授、中国注册会计师协会陈毓圭副会长兼秘书长……要列的名单会很长，恕我只点出几个，他们各自以自己特有的资源与方式，在南京大学会计发展困难重重的时候，无私地为南京大学会计系发展助力发声造势，从而为我们注入了各种动力，使我们拥有了化解各种矛盾、突破各种发展瓶颈的勇气和底气，最终实现了学科发展的历史性突破——2004年，南京大学会计系获批会计学博士点。

1998年，与刘明辉教授（左一）、王斌教授（右一）

（六）发展战略

有一段往事不能不提。1999年初，我们曾对南京大学会计学科发展做过战略分析。南京大学会计学科发展起步太晚，又未能踩着当时中国会计改革与发展的节奏发展。就当时的会计学界态势，会计学科发展主要包括几个标志性领域：会计基本理论与会计法制、财务会计理论与会计准则制定、审计理论与独立审计准则制定、会计教育与注册会计师专门化专业设置、管理会计理论与中国会计创新、政府与非营利组织会计。显然，大多数领域由于历史原因使南京大学会计错失机缘，有些领域已形成了相对稳定的格局，南京大学会计学科再努力也无法挤进"饱和市场"。我们清醒地认识到，挤入已固化的学术市场，南京大学会计学科短期内既无实力，更不明智。何况，一个学校学科发展若建立在对其他学校挤压的基础上，必然会引发原有平台所有单位与个人的不适，这样即使强行进入，我们自己在学界也只能成为孤家寡人，如此，自身学科发展就难以得到同行的基本认同，将来在行业内再求发展就断无可能了。经分析，只有管理会计领域，南京大学会计学科可以一试身手，立足中国实践出一些创新性成果，从而可以异军突起，办出特色，以取得会计行业重要影响地位，从而为南京大学会计学科塑造自身努力可达、行业发展相容且满足整个中国会计发展大格局要求的竞争优势。思路既然明确了，那说干就干。于是，我们在当年10月就承办了中国会计学会"管理会计与应用专题研讨会"。正是这次会议，中国会计学会副会长同时是中国总会计师协会会长朱德惠，与财政部会计司副司长兼中国会计学会秘书长刘玉廷来到了南京大学，感受到了南京大学发展会计学科的强烈愿望和整装待发冲动。会上，我与朱会长、刘秘书长以及孟焰教授一起,分别向与会代表作了主题报告。我在题为"中国管理会计准则制定问题"的报告中,首先介绍了美国管理会计准则方面的情况,提出中国制定管理会计准则现在具有现实必要性。主要表现在以下四个方面:一是国有企业及国有控股企业内部管理包括管理会计应该有一个全国统一的基本规范,管理会计准则无疑是这一规范体系的一个重要组成部分;二是在市场经济条件下,会计不仅要在一个具体单位反映社会资源运用及结果方面发挥作用,更重要的是要能有效地监督各具体单位用好稀缺的社会资源,管理会计准则是实现后者目标的基本保证;三是我国目前企业内部管理普遍混乱,必须有一个宏观方面的约束性要求,使之达到一个基本状态,管理会计准则是必备之需;四是在公有制这种特定的产权结构中,一个根本性的问题是如何建立一个有效的公司内部监控方式,使公司的管理人员对自己的行为和业绩切实地负起责任,为此需要建立管理会计制度,而这一制度建立与运行的前提或基本依据是完善的管理会计准则。按我当时设想,中国管理会计准则应包括11方面内容:(1)管理会计定义及基本活动;(2)管理会计基础工作准则;(3)单位内部实物(设备、存货)控制准则;(4)内部会计控制(制度、流程、业务审核等)准则;(5)会计预测决策准则;(6)预算管理准则;(7)成本会计准则;(8)责任会计准则;(9)会计政策制订与执行准则;(10)会计组织职责准则;(11)管理会计实务评估准则。遗憾的是,那次研讨会对我的主题发言虽然给予了应有的学术回应,但其后学术界与实务界,对中国管理会计准则问题却是尚付阙如。当时会议上,专家们把更多的兴趣倾注在我提交的《中国管理会计作用:现状与基本出路》一文上(具体见《会计研究》1999年11期)。世事无常,当我看到2014

年财政部关于建立中国管理会计体系指导意见文件,以及后来颁发的管理会计实务准则与指南时,不禁感慨万千。这不是我20年前的诉求现实版吗?当然,现在人们根本不会知道20年前我在南京大学的那场报告,相信财政部起草2014年财会字27号文的当事人,不会知道20年前我曾对此强烈而明确的诉求与具体内容,但我还是对自己在学术研究上的前瞻性深感自豪,这证明了自己20年的那种思考,对中国会计发展具有相当的预见性。

2005年中国会计学会财务管理研讨会

1999年我国会计法作了第二次修订,从而引发了业内外对企业内部会计监督管理的空前重视。财政部因此着手对企业内部会计监督管理起草规范性章法,因此抽调我去北京协助工作。在北京协助工作三个月,对中国企业内部会计监督管理规范的基本含义以及包括的具体内容和如何制订,大致上已有了基本性共识。并且,已拿出了《基本规范》与《货币资金》两个规范的讨论稿。接下来，一些具体规范的起草，我可以带回到南京完成。我带着采购与付款、销售与收款、工程项目三个具体规范起草任务回到了南京。回到南京，为了高质量地完成财政部会计司领导交办的任务，南京财经大学副校长时现教授（当时她在南京审计大学），美女救英雄，积极参与，并与我、陈丽花一起带着近20名南京大学会计系硕士研究生，经过三个多月日日夜夜，终于拿出了三个具体规范的文字稿。我再请求鲍先志总会计师、刘伟总会计师、孙宝成总会计师以及徐长泉处长，在他们单位对我们起草的规范进行实地测试，看是否可行、有无遗漏？根据测试过程与结果，我们及时完善规范文字，并通过再测试检验，最后顺畅通过了，才达到了可以上交财政部会计司讨论的文本标准。结果，我们提交了规范文本，又提交了规范起草的完整说明以及实际应用测试报告，共三份材料，供财政部会计司组织业内权威专家讨论审查。财政部会计司当即在南京召集全国20多名内部控制专家，集中两天时间，逐字逐句审查我们提交的有关采购与付款、销售与收款、工程项目三个内部会计控制规范的讨论稿。在认真阅读了我们提交的说明与测试报告基础上，与会专家围绕三个规范的核心要点作了深度讨论，我们在现场实时回答专家们提出的各种问题，最后又对有关内容作了进一步完善，专家们一致认为可以通过南京大学起草完成的三个内部会计控制具体规范文本。在这样的会议上，南京大学会计学科第一次真实完整地展示了自己的学术价值取向，也向同行证明了自己的学术攻关能力，得到与会专家的一致好评，也为他们日后全力支持南京大学会计学科发展，提供了充足的理由。

三、蓄力聚能

（一）打造南大会计系文化

在极其严峻形势下接手南京大学会计系主任，对我而言，当时真的没有任何兴奋，更多是压力。想到南京大学破格引进并如此开放地信任、使用我，感恩之心告诫自己：非常时期南京大学把我当非常人用，我应该非常努力做出非常的业绩。

南京大学会计学科发展，首先要凝聚既有师资的人心。为此，我与陈丽花商量，以为朱元午教授举办从教三十周年纪念仪式为起点，使南京大学会计系老师切身感受到同事互相关心欣赏，逐渐形成组织认同感。对于南京大学会计系而言，由于没有什么悠久历史，前辈老师实在不多。张世瑾教授与王美韵教授是南京大学会计学科意义上的源头老师，我到南京大学时，他们已退休多年。在岗的会计教师，朱元午教授最年长，2000年56周岁。在我心目中，他确实是学术长辈。我刚对会计学术产生兴趣时，朱元午在中国会计界已有响当当的名号了。他的会计论文，有理论深度，体现着极强的思辨能力，充满着逻辑性与哲理，而且文字优美，一直是我会计科研写作的榜样。到南京大学会计系工作，有幸成了同事，很快发现，他还有一个很好的习惯：每天仪表都很讲究，极有风度，加上其高挑身材与英俊脸容，是名副其实的帅哥。他1982年先在吉林财贸学院任教，是日后曲晓辉教授的本科专业课老师，在会计界发表了多篇很有理论深度和学术影响、也对我学术极有启蒙意义的论文，后调至南京审计学院当会计学科带头人，南京大学为了发展会计学科，就把他从南审挖到了南大。他早我两年到南大，到南大后又写出极具特色而且很有理论深度的《财务会计通论》，得到业界高度评价。当时会计系，我只是一个刚上岗不久的教授，他早在1996年就评上正教授，是会计系唯一的"资深教授"。我相信，为他从教30周年举行庆典活动，可以向会计系现有老师发出必须振奋团结的信号，可以尽快清除弥散于会计系老师情绪中的悲观空气，从而积攒起南京大学会计学科发展当时唯一所能依赖的精气神。于是，我们一手张罗，热热闹闹地为朱元午教授举办了纯属自娱自乐性质的庆祝活动。就在共同欢庆的一刹那，会计系老师其乐融融，感受到我们是一个共同的群体，甚至可以是会计事业的"一家人"。正是那次以后，朱老师一直以一个"老家长"的身份，为南京大学会计学科发展，"求神拜佛"，出谋献策，卖劲流汗，发挥了定海神针作用。朱老师"从教三十"庆典后，我就与系里有关老师一起去拜见了张世瑾教授与王美韵教授，对他们的奠基之恩表达我们晚辈的敬意，也听取了他们的中肯意见。以后每年春节前，我作为系主任，一定会带着一些年轻老师去看望健在退休的会计系老教授，本意只想表明，南京大学会计学科永远不会忘记对我们发展成长有过贡献的各位朋友和前辈。

2010年与朱元午教授

(二) 打破常规引入人才

面对南京大学会计系当时只能"七八条枪"的现实,我拿定主意,首先要进人,而且要尽量进一些厉害的角色,这样才有可能真正走出低谷。我必须面对现实,像南京大学这样的综合大学,不可能把会计系规模做得很大,因此,我们引进的每一个人,都应该是业内精英,这样,我们这支有限师资人数的队伍才有较强的战斗力。主意一定,就立即着手布局。经一年多努力,由于叶伯诚老师与陈丽花老师的有效工作,会计系财务上有了零的突破,不再是一个"穷小子"了。

第二部分 乘风破浪

1. 引入王跃堂

我参加香港理工大学会计学术会议时，结识了尚在上海财经大学读博的比我小三岁的扬州大学年轻教师王跃堂。他当时已显露出一些科研能力，只是尚未被学术同行"价值发现"。我在香港理工大学会计学术会议上认识他，感觉到他的科研风格与基础可能比较符合以后国际会计学术主流趋向。而他在中国香港见面时，恰恰又流露出考虑博士毕业后重找工作单位的心思。我当时理解是他婉转向我表达想到南京大学工作的意愿。这样，我们可谓一拍即合。但是，我从自己经历以及南京会计学科发展所需人才层次和形象角色出发，觉得要充分发挥引进人才作用，就必须一步到位解决教授职称问题。这样，对会计系实力形象与他本人专业发展都是有利。如此，我回南京后就启动了引进王跃堂的工作，首先在南大解决王跃堂教授职称问题。我们根据王跃堂本人提供的简历，以及南京会计学科发展所需人才要求，认真地填报了王跃堂南京大学教授职称申报表，并由我亲自到学校特聘委员会上述职。记得那次蒋树声校长主持的特聘委员会会议上，我报告了王跃堂有关情况后，特别强调了南京大学会计学科若要扭转困局，必须作出实际行动，以格外开放的方式，引进一些很有会计科研前景的人才。最后的结语有点咄咄逼人："各位专家如果觉得南京大学会计学科需要发展，那就拜托大家给王跃堂教授申请，投个赞成票。今天的投票，我看作为大家同不同意会计学科发展基本态度的直接表达！"蒋校长也为我的激情感动，表示他个人基本认同我对王跃堂个人学术水平的评价，以及引进南京大学会计学科重要意义的判断。这样，王跃堂就顺利获得了南京大学教授职称。后在谢立副校长全力支持下，王跃堂于2000年顺利走上了南京大学会计学教授岗位。

就在引进王跃堂教授过程中,我自然盘算着一个问题:怎么把引进人才与打造学科特色很好地结合起来。就当时会计系,从全国会计学术格局看,只有朱元午教授和我两人因经常发表论文,在兄弟院校有点知名度,力量显然过于单薄。但引进几位学术成果颇丰的教授后,是不是学科就得到了发展?一些院校会计教授好几个,论文也不少,但在中国会计界就没有强起来。究其原因,就在于在学术研究方面,在研究方式方法上过于单调,在研究方向与内容上也是天女散花毫无亮点,没有深耕细作议题。我觉得南京大学会计学科可以吸取这一经验教训,体现后发优势。于是,我对当时中国各高校会计学科的知名学者,进行了一次存量分析,选取几个已学有专长方向、成果明显但在自己单位未受足够重视的专家,利用南京大学的名校品牌,根据会计系现有自有财力的获取与支配能力,酝酿了挖几个顶尖人才加盟南大会计系的计划。引进科研上已有明确成就或明朗学术发展前景的人才,一旦看准了不惜多付出引人成本,这是我设计计划的核心。幸运的是,学校领导以非常积极的实际行动完全支持我实施这样的计划。

在引人计划顶层,是学科发展特色的正确定位。我认为,一个现代大学会计学科,应该是中外会计知识通行、各种学术观点活跃、所有研究方法并存充满包容的平台。南京大学作为百年名校,其会计学科不仅应当硕果累累,更应该引领行业,影响社会,促进人类文明。这样的原则贯穿了我为南京大学会计学科搭建学术团队的始终。

2. 引入李心合

引进王跃堂后,另一个当时会计学界"年轻老干部"(年纪不大,1963年生,但成果很多)——苏州大学李心合教授,在我校读企业管理博士学位,他的导师正是我们商学院院长赵曙明教授。李心合将于2002年博士毕业,我向曙明院长坦陈了有意截留李心合的意思,他也完全赞成。经赵院长协调,原有意调来南京大学工作的李心合教授也就顺水推舟表达了一毕业就来南大的意向。于是,2002年,李心合教授刚获博士学位,就留在南京大学会计系任教,之后不久接替专心去读博士的陈丽花副教授担任会计系副主任。为了获取王跃堂与李心合两位教授人事档案调来南京大学,我们动用系里的自有财力,全额支付了他们对扬州大学与苏州大学的赔偿,从而保证了他们顺利入职南京大学。

(三)学科快速发展

到2002年底,南京大学会计系已拥有了朱元午、李心合、王跃堂和我四个教授,并分别形成了财务会计与非营利性组织会计、制度财务学与财务控制、实证会计与资本市场、管理会计与内部控制研究方向。我们四人又有相应的商学院其他教授与会计系有关副教授、讲师形成的学术团队。而我们四人学术成果,在国内各自研究方向学界,都具有较大的影响力和知名度。由此,我经与商学院赵曙明院长以及学校洪银兴、施建军等校领导汇报,并征得他们同意和一致支持,组织会计系的全体老师,调动可利用的各种校内外资源，于 2002 年 9 月启动了南京大学会计学博士点的申报工作，并于 2004 年 1 月正式上报国务院学位委员会。结果，在学校领导的大力支持和社会各界尤其是会计同行的帮助下，南京大学会计学博士点与其同时申报的南京大学工商管理一级学科博士点，全部通过了国务院学位委员会的评审并获批准。南京大学会计学博士点的获批，又给南京大学带来了 MPAcc（会计专业硕士）全国首批招生资格。从 1993 年南京大学招收第一届会计本科生算起，仅花了 12 年，若从 1999 年我任会计系主任算起，仅仅花了 5 年时间，会计学科就完成了从零或从难以为继的困境开始，闪亮登场中国会计第一方阵的华丽转身。如此的变化速度与程度，创造了中国大学会计发展的奇迹。

南京大学会计发展在硬件上已具备了快速增长的条件。但如何实现可持续增长，面临着规模型与质量型两种截然不同的增长发展思路。前者是增加教师与学生人数来体现，后者是指提高培养人才质量形成科研特色为目标导向。显然，在南京大学的框架内，会计学科发展只能走质量型增长的道路。

为了最大限度地利用南京大学会计学科硬件条件使之取得最佳效果，我们一致认为，会计学科接下来要重点做的有两条：其一，稳固南京大会计学科来之不易的快速发展成果，使之成为接下来继续快速发展的基础，或为会计系继续发展提供资源方面的保障。其二，在科学研究、人才培养、学科建设、社会发展四方面，全面做出南京大学会计学科的特色，使南京大学会计学科成为受人尊敬、令人羡慕的会计学科。受人尊敬，是指不断推出对会计理论与实践发展有推动作用的学术成果和人才；令人羡慕，是指融洽健康的内外人际关系和稳固的财务资源以及公平合理的激励机制。这既是南京大学会计学科发展战略的重新定位,也是对我这个会计系主任工作的全新挑战。

(四)协调"大我"和"小我"

稳固会计系财务基础,这是南大会计发展的基本前提,也是南大会计发展基本战略落地的重中之重,是我作为系主任迎接全新挑战必须解决好的首要问题。可以说,也是从那一时刻起,我作为会计学者,开始清醒地认识到,必须明确区分并应该投入更充分的精力和情怀,去努力经营好两个自我:南京大学会计系主任的"大我",与作为中国会计学界一员——南京大学会计学教授的"小我"。"大我"解决南京大学会计学科在整个中国甚至国际会计界的地位与影响力问题,"小我"决定我个人在会计界的学术影响与地位问题。客观地说,一开始我认为,"大我"决定"小我","小我"必须服从"大我",甚至可以牺牲"小我"而发展"大我"。但从自己接触法人治理结构的理论与实践后,面对古今中外个体与团体关系的各种现实案例,我不得不承认,"小我"与"大我"永远是两个世界,两个基点甚至是两回事。在学术世界里,这一点尤为明显。学者永远追求属于单个自己的世界,除非大我即法人单元能给小我实现自身利益提供足够的所有,小我才会对大我无限忠诚。一旦有更能满足小我的大我出现,则小我必然义无反顾舍去大我而死心塌地投奔新大我。大我能做的,就努力做好自己,使自己对越来越多越优秀的小我,具有越来越强的吸引力,同时又具有冷酷无情淘汰无能无品小我的能力。这就需要大我的当家人，在做好小我的同时，更要做强大我，同时使自己永远成为大我的精神与实际能力上的领袖。若不如此，大我领导自身忽视小我以更快速度提升，则必然导致大我已拥有优秀小我的悲观失望从而离心离德而弃之而去投奔适合他的另一个大我；或被现有大我中的一些优秀小我，联合起来驱逐出大我，自绝于大我。当然，较差的结果，也可能小我通过强权而让大我削足适履，从而导致整个学科在行业以及社会上的影响力与地位急剧下降。我在南京大学会计系主任岗位上18年，自觉奉行的是做好小我带动、推动其他小我，努力做好会计学科这一大我的路线。

努力做好小我，就是自己在做事与做学问两个方面，做出让人无可争议的业绩。这一点我在后面将作专门介绍。如何带动、推动其他小我，一起去尽快做强做好南大会计系，则是我系主任工作的难点和痛点。我已说明，我刚任职的南京大学会计系师资，就小我而言，经过一段时间共同努力，已经比较融洽，整个大我无疑是和谐的。但是，我实施了引进已有成果各有神通的小我后，这些新增加的小我，不仅与南京大学会计系已形成的大我未能自然一体，就是跟我这个小我也时有冲突，整个南京大学会计学科由于引进的都是有过一方诸侯经历的牛人，而变得不如以前那么顺畅和谐了。

事后看来，这种由引进多个强人而引发强力摩擦现象，对组织发展具有两重性。协调得好，可以成为组织持续发展的动力；整合无力，则往往导致组织的灰飞烟灭。中国传统上，有一山难容二虎之说。而我在南京大学会计学科发展中，引进的岂止二虎，何况我与朱元午教授，何尝不是带有虎气的学者。如此，怎么实现众虎合力而不出现众虎闹市？我从切身体验中，感到唯一的出路，是做对众虎都有挑战性的同一件事。这样虎头虎脑就向一处看，劲往一处使，从而出现虎腾龙跃局面，把整个大我推向更高的层面。南京大学会计学科真正做到让同行与社会刮目相看，恰恰是在2002年以后出现的结果。这表明，我们在那段时间，找到了让众虎齐心协力的魔方。

这个魔方即让各位教授都面临同一挑战的绝招，就是会计博士生的国际化项目。当然，所有创举进行的前提，都是会计系必须拥有稳定而雄厚的财务资源。而这个问题的解决，需要我有足够的耐性去跟商学院与南京大学领导去讨个对会计学科发展有利的财务体制。我们全国首批MPAcc招生资格的取得，也为我与学校、学院两个层面，就对会计系实施有利于会计学科更快发展的体制进行谈判，提供了时间窗口。

四、会计博士生培养的艰难曲折

（一）博士生国际化培养计划

2005年，南京大学会计系终于招来了第一届博士研究生。虽然我与朱元午教授分别于2002年与2003年在南京大学借助于企业管理博士点取得了博士生导师资格，同时已招收了好几批博士生，但那时有种强烈的在他人田地种庄稼的感觉。会计系取得独立的会计专业博士生招生资格后，对于我而言顿觉有了自留地，可以自由自在种起自己喜欢和需要的"庄稼"了。

为了招到与我们培养目标相适应的博士生，我首先在博士学位研究生招生考试命题环节，送达了会计专业相对独立的信号。在入学考试命题的具体科目上，工商管理学科认为两门考试课目，应该是一门管理学，一门会计学；在会计系内部，有人以会计研究内在要求出发，认为要考一门经济与管理学，再考一门会计与财务学。我力排众议，认为专门考经济学与管理学，并没有正确体现财务与会计学及其研究的内在要求，应该考财务管理学、会计学两门课。事实上，财务也好，会计也罢，真正理解并充分发挥作用，不只是管钱算账制度与技术，而且也是经济学、管理学甚至是法学、社会学、政治学、心理学等学科的综合应用。因此，考财务管理学与会计学两门专业课，实质上也包括了考经济、管理、法律、社会、心理学有关知识，就看我们怎么命题。当时学校研究生院常务副院长许钧极为赞同我的观点，并说这是他听到的对财务与会计专业所作的最令人满意的解释，不然他无法理解会计学为什么能成为一个专门的博士学位招生专业。我的这种说法，也得到了工商管理其他专业方向大多数教授赞同，"财务管理学"与"会计学"两门课，就成了南京大学会计学专业博士生入学考试课程，从而与兄弟院校会计学博士生入学考试科目产生了很大不同。

会计学博士生如何培养，各学校做法并不一样，没有共识性模式。南京大学会计学博士生培养，我认为应该做出南大特色。但什么是南大特色，南大已有其他学科博士生培养也是做法不一，事实上不存在一个明确的有具体内容的南大特色，会计学博士生培养所谓南大特色只是做出与兄弟院校会计博士研究生培养并不一样的特色而已。如此的南大特色，当然要立足南大会计系具有的内外条件。当时，作为中国比较公认的青年才俊陈冬华教授已以教授职称从上海财经大学引进我校，冯巧根教授恰好结束湖南大学兼职博导而又不想再回原工作单位杭州商学院，而加盟南京大学会计系。这样，南京大学会计学系，除首任系主任施建军教授兼任会计专业博导外，已有我与李心合、王跃堂、陈志斌、冯巧根五个专职博导，陈冬华也会很快成为专职博导。如此格局下，在研究风格上，我、李心合、陈志斌、冯巧根四人属规范研究，王跃堂、陈冬华二人属于实证研究。南大会计现有包括刚临近退休停招博士生的朱元午在内的所有教授，立足整个中国会计学界，规范研究已具有无可置疑的优势，但实证研究却尚未显现出令同行公认的优势。当时我的判断，实证研究力量强弱，将对我国高校会计学科在未来中国会计学术舞台上地位和影响力产生决定性影响。因此，立足南大会计发展百年大计，必须尽快让实证会计这条线强起来。我不惜代价引进王跃堂与陈冬华，并都首先破格解决了他们南京大学教授职称，目的就是为了让南大会计在实证会计研究这一新天地，赢得领先同行的地位。作为实现这一目标的起步尝试，在实证会计研究领域树立起南京大学形象，试图通过博士生培养方案来落到实处。为此，我在借鉴会计学术国际化做得比较早的上海财经大学与清华大学、中山大学等高校会计学博士生培养方案基础上，立足南京大学会计系当时具备的现实条件，拟定一个从中国香港、中国台湾、澳大利亚以及美国等高校在国际顶级财务与会计杂志上经常发表论文的精通中英文的专家中，遴选部分我们熟悉或我们朋友圈有人熟悉的一批专家，按财务管理、财务会计、管理会计、审计以及计量经济学等方向，归类为南京大学会计学专业博士生课程师资的备选对象，然后一一联系，征询其愿不愿意参加我校会计专业博士生培养国际化项目？得到肯定的回复后，我与陈冬华教授起草了南京大学会计系第一届博士生培养方案，当时命名为"国际化项目"，经会计系全体博导的多次讨论修改达成基本共识，就迈开了会计学博士生培养的脚步。

应该说，我这样的理念与判断，一开始并没有得到当时会计系所有博导的赞同，尤其是规范研究的教授，因这样的方案一旦实施，意味着未来几年也是刚从学校里好不容易争取来的财务资源，将几乎全用于扶持实证会计研究方向，所以对我提议的方案表达了强烈的不满。但是，规范研究的几个博导，完全出于会计系发展的大局，当然也出于不愿意与我撕破脸皮的私人情感，最终稍作修改，同意了我提出的方案。就此而言，对于为南京大学会计系取得博士点以后的快速发展，而从学术研究与会计系财务资源使用上深受损失的南京大学会计学系擅长规范研究的几位博导，我至今怀有深深的歉意。但令人欣慰的是，这样的牺牲换来了南京大学会计学科的快速发展。我希望南京大学会计系的后辈们能记住这几个教授的名字：李心合、陈志斌、冯巧根、朱元午、施建军以及我本人。

正是这样的情怀，我个人对会计系培养博士生尤其是招收的第一届博士生，充满着期待。在2005年9月10日会计系专门为第一届博士生组织的小型开学仪式上，我对会计博士生通过培养达到的目标作了以下描述："（1）思维上开放型，克服'左脑子'；（2）行为上诚实型，对人对事对学问负责；（3）学术上研究型，独立精神，自由思想，批判性思维；（4）精神上领袖型，健康阳光公正勇敢的精神境界，包容一切的胸怀。"希望博士生们真正具备国际化视野，学术能力与成果上要尽快超过自己的导师，读博及以后的人生要有目标，有过程，有成果。

（二）博士生培养的艰辛

在博士生培养创新方案实施中，我们碰到了难以想象的各种困难。首先是请境外教师来南大上课，若按规定层层报批，必然手续繁琐，而且遭致境外专家反感，最后拒绝来上课，从而使我们的方案无法实施。为此，我们把所有的课程改为讲座性质，而境外老师来上课也是利用到境内其他学校访学时顺便来南大交流，即使是我们请来的境外专家也在南大讲课后到境内其他高校交流，这样，境外专家来境内也是数所大学共同请的，不是南大为上博士生课程专门请来境内，既达到了南大会计博士生培养改革方案的要求，又协调了南大会计与兄弟院校会计同行的关系，让境内一些高校共享南大会计请来的境外专家资源，体现了南京大学会计的大度包容。其次，境外专家在上课时间、内容以及待遇报酬问题上，由于境内高校间政策并不一致，南大自身有框架要求，尤其在财务开支口径与标准上，会计学科不可能超越南大框架去实施博士生培养方案，由此我们给出的课酬标准可能低于一些兄弟院校，从而引起了境外专家误解。出现这种情况，需要我进行极其艰难的协调沟通。所幸的是，大部分境外专家经我开诚布公地交流，都消除了误解，愉快地来南大认真地为全体博士生授课。

这种外校专家协调之辛苦，我可以2006年11月16日与某教授的沟通函为证：

尊敬的××教授：

您好！恕我写信打扰您。听张娟说，您对我们请您来给博士生上课的诚意可能有所误解。特说明如下。

关于我校博士生课程，有两点需向您报告：

（1）我校会计学博士培养已经国家教育部立项审批，成为中国高校博士生培养国际化模式的探索项目。为此，教育部及学校给予高度重视，对我们提出更为规范、严格的要求。具体课程及其基本内容、授课时间及教学组织、任课师资将接受校研究生院的统一管理，并要求我们一定要认真实施，出人才出经验。

（2）会计学博士生课程所有外聘教授都由我系教授及有关方联名提出，校研究生院资格审定，上课酬金及有关费用补助均需按学校聘请国外专家来我校讲学的标准执行。经我们争取，会计学博士生课程外聘老师的讲课酬金及补助标准，已执行我校最高水准。这样一来，可能与我们事先与您谈的标准有所出入。但我们财务都在校统一掌控下，我们只能执行学校的规定。

我与您虽未深交，但凭直观，我觉得您是一个性情中人，是一个值得交往的朋友。情义无价！为此，我希望您能把上南大博士生课作为对我事业的一种支持，也请您相信南大会计学科过几年一定会做得有声有色，届时我们一起分享成功的喜悦。只要我当一天南大会计系主任，我会坚持每年请您来我校上博士生的"财务"课程。南大也算一所名校，这个平台值得我们展示自我。我恳请您把南大会计系作为您在内地的一个学术与教学基地。当然，对于您的付出，我们以后会以各种方式和途径予以回报。我之所以这么坦率地与您讲这些，完全是出于对您人格、学术的信任，我相信我们会成为既有很深的私交又有共同的事业的朋友的。一切都是限的，但我们的友谊应该是无价的。话已至此，我殷切地期待本月18日能在南京大学接待阁下。

南京大学会计学系主任：杨雄胜
2006 年 11 月 16 日

我们的以上努力，自始至终得到了南京大学研究生院的大力支持，并于2016年初纳入我校《研究生培养机制改革》上报教育部，并于当年4月获批为"研究生教育创新计划项目"，从而使我系博士生培养国际化项目的实施，在内外有了一个名正言顺的名号。

（三）博士生国际化培养模式的效果

关于2015年开始的会计博士生培养国际化模式的效果，我引用首届博士生中期考核论文集序言作说明：

呈现在读者面前的，是南京大学会计学专业首届博士生通过中期考核的成果。

南京大学会计学科1993年开始招收会计学专业本科生与硕士生，1994年建系，1998年增招财务管理专业本科，2004年招收会计学专业博士生，同时与其他20所院校会计学科一起，首批获得MPAcc（会计专业硕士）的招生资格。2006年评为江苏省重点学科，成为江苏所有高校会计学科中唯一的省级重点学科。十余年来，在南京大学校院各级领导的关心支持下，在财政部、中国会计学会、江苏省财政厅的扶持下，南大会计学科取得了长足发展，其科研成果及其影响，其师资队伍及其研究特色，其整合资源能力及其社会贡献，其诚实做人做事做学问的一贯作风及其良好的公共关系，均得到了国内同行的高度认可。

会计学博士点的建立，使南京大学会计学科发展获得了崭新的起点。博士生的培养，不仅体现南大水平，更体现中国高层次人才培养的水平，道义和责任，使南大会计教授们在国际化方向上实现了共识。

为此，我们制定了南大会计学博士生培养计划，要求会计学博士生原则上脱产学习四年。第一年聘请中国香港著名大学的一些知名教授来我校开设计量经济学、信息经济学、财务会计研究、管理会计研究、审计研究、公司财务研究六门课，后四门专业课均有确定的阅读文献，每位博士生在每门专业课学习过程中必须完成40~60篇学术文献的认真研读。每门课学完后均进行严格考试。六门课考试通过后，进入中期考核阶段，每位博士生在规定时间内完成一篇论文。中期考核论文报告采取匿名评审，聘请5~7名校外知名会计教授，对博士生所提交的论文按优劣作出排序，汇总后排名处于后20%的博士生，属于中期考核不通过。不通过中期考核的博士生，参加下一届博士生中期考核并排队。通过中期考核的博士生，才能进入博士学位论文的开题准备阶段。第一年的培养，希望解决博士生的理论基础和研究方法问题。因此，从第二届博士生开始，我们要求所有博士生中期考核论文必须均采用实证研究的方法。但对于学位论文，我们提倡多种研究方法并存，以适应会计研究对象的现实需要。

我们之所以把第一届会计学博士生的中期考核成果印制成册，不仅为了展示我们国际化模式的初步成果，更重要的是为了接受同行专家及领导们的评判。我们庆幸拥有南大如此自由宽松的学术环境，更感激给予我们一贯支持的南大暨研究生院、商学院的各位领导。我们不会忘记南大研究生院许钧副院长和卞清主任对会计学博士生国际化培养模式自始至今的热情扶持、鼓励，使之成为国家教育部研究生培养创新计划的子项目。我们尤为感谢澳大利亚蒙纳士大学的谭安杰教授、香港科技大学的王苏生教授、陈福生教授、香港理工大学的俞伟峰教授、陈世敏教授、香港城市大学的陈杰平教授、苏锡嘉教授、上海财经大学的周亚虹教授,他们为我校会计学博士生精心授课,为南大会计学科带来了真正具有国际前沿水准的理论和研究方法,使南大会计学博士生培养的国际化模式成功地走出了关键的第一步。第一届会计学博士生中期考核论文的展示,我们已经进行了公开报告的形式,现在再结集公开,希望在南大会计学科的发展史上留下一个应有的痕迹。

我们感谢会计系全体博导的自我牺牲、积极配合和全身投入,感谢为第一届博士生培养顺利完成第一年任务不懈努力的陈冬华教授和张娟博士,也感谢即将为项目作出贡献的薛清梅博士,当然更感谢会计学第一届博士生们的认真努力。尽管第一届的博士生中期考核论文在形(研究方法)与神(科学精神包括思维方法)方面均存在着诸多不足,而且我们不能保证第一次中期考核通过的论文一定比不通过的论文质量高。但是,这毕竟是我们会计系共同努力的结果,敝帚自珍。我们决心继续努力,力争一届比一届好。相信大家看到第二届博士生的中期考核论文,会比第一届有所提高。

我们期待,我们承诺,纵然前途荆棘丛生,南大会计同仁也将义无反顾,勇往直前。

南京大学会计学系
2006年12月12日

第二部分　乘风破浪

会计博士生国际化项目，进入学位论文阶段，我们面临的挑战更激烈。我们对所有提交正式答辩的博士学位论文，要求通过会计系组织的匿名评审。这项极其艰难的工作，我委托张朝宓教授实施，会计系其他教师一律不予插手。为保证此项工作的质量，我们拟出了代表中国会计一流水平、涵盖财会审各主要领域的33名专家名单。由我起草了一份致专家公函，诚挚聘请他们为我们系博士学位论文的外审专家，要求每位专家本着对南大会计和自己学术声誉双重负责的原则，严格把关。对自己觉得未达到博士学位论文质量要求的论文，一律如实给出否决票。南京大学会计系不会对各个专家施加任何影响，若遇为此打招呼现象，哪怕我本人打招呼，专家可以断然拒绝提供评审意见。张朝宓教授德高望重，做事历来以认真严谨著称，而且从不徇私，从而保证了这样的制度要求得到切实公正执行，其结果是南京大学会计学博士生学位论文质量，明显优于同期兄弟院校博士学位论文的质量。这样严格培养出来的博士，受到了社会各界的欢迎，毕业后，或去其他高校任教，或去大型企业做分析研究，大都得到单位与内业的好评。

当然，会计学博士培养过程也充满了波折。无论是学生的学习热情，还是外请教授的讲课质量，以及导师们日常指导和系行政管理，均在不同程度上，反复产生这样那样的问题。为了解决这些矛盾，增加了系很多工作量，也人为制造了会计学科内部的不和谐，加上来读博士学位的学生存在着不尽相同的诉求，对系里比较严格的管理要求和一些超出学校对博士生培养统一标准要求，时常表达出一些不满。这些，或多或少影响了会计系内部以及外界对会计学博士培养国际化项目实际效果的完整客观评价。就我本人而言，对于自己学术发展，会计学博士国际化培养模式无疑是不利的。因为，我做的是规范研究范式，与倡导的实证研究范式并不相容，结果自己这几年招来的博士生，他们读博后研究的议题和写作方法，几乎都与我自己研究方向无关，其研究风格，更不是我所能接受的。因此，对这几年我所招的博士生，作为导师产生了严重的失落感乃至失望情绪。但是，看到南京大学会计学科因此成长发展了，我又觉得自己的这种损失算不了什么，也就心甘情愿了。我的这种心态，或许代表了南京大学会计系几位以规范研究见长教授的共同感受。在第二届博士生中期考核通过的论文集前言书尾，我基于两年多时间的艰苦奋斗，写下了如下一段话："南大会计学博士生的国际化培养模式已经坚毅地走过了两年。两年来，困难与希望，认同与分歧，坚持与放弃，始终困扰着我们。庆幸的是，我们克服一个个难以想象的困难，消除各种分歧，抵制了一次次的放弃，坚定地认定开始设定的目标而顽强地前进，并且取得了大家认同的客观效果。今后的路，还会有诸多曲折，南大会计同仁将团结一致，义无返顾，勇往直前！"我感到，只有经历了南京大学会计学博士国际化项目风雨全程，才能深深地领会这段话的含义，这何止是对南大会计发展艰难的一种由衷感慨，更是一批对南大会计发展赤胆忠心学者的心灵呼喊。

在南京大学，会计系博士生培养模式，具有独创而领先意义。现在，会计系培养博士的一些做法，已经为商学院甚至整个南大研究生院所复制推广。南大会计系博士生培养，其探索意义几乎是在一片沙漠中建起了一座楼房，前无古人，但却后有来者。相信南大会计系的后生们会记住南大会计创业者们这段筚路蓝缕。

与此同时，南京大学会计系为了把自己学科发展紧密融合于中国会计发展的大局，2006年配合财政部会计司，由陈冬华、陈丽花和我带领全系30多位硕士与博士研究生，牺牲了整个暑假，完成了对新颁发企业会计准则实施效果，以中国上市公司为对象，实行逐日盯市的方法，测定试行新会计准则对企业财务状况带来了什么样和不同程度的影响。至9月20日，利用当时1400多家上市公司公布的中报，形成实施新会计准则重新编制观察具体财务影响的详细报告。这样一个个公司的观察分析报告以及所有公司实施新会计准则发生具体影响的总分析报告，装订成几十册，成为见证中国会计发展实现历史性跨越的证据材料，至今仍存放于财政部会计司。作为2000年协调会计司制订内部会计控制规范一样，这次新会计准则对上市公司会计报表具体影响的测试工作，在财政部会计司面前，又一次证明了南京大学会计系是一个服从国家经济与会计发展大局、能在科研与实务两方面都能打硬仗的集体，从而赢得了中国会计最高行政管理部门的高度信任。2007年9月10日，财政部会计司和中国会计学会联合发来了带有感谢性质的对南京大学会计学科的高度评价意见如下：

对南京大学会计学系人才培养模式及学术研究影响的评价

南京大学会计学系成立至今，以其快速的发展速度，良好的人才培养质量，一批批高质量的学术成果和较大的学术影响力而享誉中国会计界，成为中国会计教育界的一个奇迹为同行瞩目和认同。从1999年开始，南京大学会计系与财政部逐步形成多层面比较紧密的合作关系，并成为财政部会计制度改革与内部控制制度建设重要的理论研究基地和依靠力量。

近年来是我国会计准则与会计制度的大变革时期。南京大学会计学系亲身参与了这一历史性的会计发展进程，在理论研究与实务指导方面给予我们大力支持，不仅为会计准则制定和国际趋同提供了切实有效的咨询服务，更是直接参与了新企业会计准则实施前的测试评价工作。2007年是新企业会计准则实施的第一年。为确保新旧会计准则平稳过渡，2006年，财政部特聘请南京大学会计学系对国内上市公司执行新准则的情况进行模拟测试，分析新准则对企业可能产生的经济影响。南京大学会计学系在时间紧、任务重的情况下，克服了种种困难，顺利完成了测试任务，为我部实施新会计准则提供了重要的参考素材。充分展示了这支队伍能打硬仗，素质较高，团队意识强，治学严谨，作风务实。

南京大学会计学系在我国内部控制制度建设过程中也发挥着重要作用。2000年以来，以《会计法》修订为契机，财政部和中国会计学会加快推进内部会计控制制度建设及相关理论研究。南京大学会计学系以其扎实的理论功底和高度的社会责任感，成为我国内部会计控制制度建设的重要智囊，承担了财政部、中国会计学会的内部控制科研课题，直接参与起草了销售与收款、采购与付款、工程项等一系列内部会计控制规范，为我国政府政策制定和企业会计监督水平提升作出了重要贡献。2006年，根据国务院领导指示精神，财政部会同有关部门发起成立企业内部控制标准委员会，联合推动企业内部控制标准体系建设。考虑到南京大学会计学系严谨的治学态度和踏实的工作作风，我们特聘其作为委员会的成员单位，代表和反映理论界的声音。南京大学会计学系不负重托，在企业内部控制基本规范和具体规范的起草和征求意见过程中作了大量卓有成效的工作，得到了委员会内部和社会各界的一致认可。

鉴于南京大学会计学系在我国会计制度改革发展和内部控制制度建设中的突出表现，及其学生良好的社会评价和认可度，我们常年连续选拔南京大学会计学系中的优秀学生来我部实习、工作。从实习情况看，南京大学会计学系的学生无论是在理论功底、工作能力、国际前沿业务知识方面，还是在工作态度、待人处事及英语水平方面，都有着十分优异的表现，充分说明了南京大学会计学系在人才培养工作中的全面性、独特性和长远性，其国际化人才培养模式已显现成效。

总之，南京大学会计学系已经成为我国会计学术界的一支重要力量，在会计本科、硕士、博士各层次办学方面已形成鲜明的国际化特色，深获国内同行所认同与赞许，成为我国会计改革与发展过程中理论研究界的生力军，为中国会计行业培养了一批具有国际视野的优秀业务与理论研究和会计教育骨干。

财政部会计司
中国会计学会
2007年9月10日

（四）学科发展遭遇瓶颈

我把财政部会计司与中国会计学会对我们系这样充分肯定的评价，看作为对我们以后更好发展的一种鼓励，也视同对自己坚持的南京大学会计学科发展战略实际效果好坏的真实检验。但南京大学会计学科发展，其只是商学院与管理学院下一个具体系的建制，已根本满足不了会计学科发展的实际需要。无论是对学术交流，还是整合社会资源，仍至进一步引进高层次人才，均碰到了不是学校一级建制的障碍。为此，我感到有必要努力把南京大学会计系建设成会计学院。早在 2005 年 1 月 24 日，新加坡南洋理工大学商学院就与南京大学商学院签订了"关于会计学科合作的原则性协议"。根据该协议，南洋理工大学将投资 200 万新元，南京大学提供 2000 平方米教学办公用房，成立"南京大学–南洋理工大学中新会计学院"，南京大学于当年 9 月下文决定筹建"中新会计学院"，明确由施建军、张大良两位副校长负责，教务处、人事处、学工处、外办、商学院各出一位领导参加，会计系牵头实施。当年 9 月，南洋理工大学商学院直接从南京大学会计系大三年级学生中选取 5 人，直接进入南洋理工大学会计专业三年级学习，2006 年与 2007 年又连续两年分别在南京大学会计系大三学生中选 3~5 名学生赴南洋理工大学继续会计大三以后的学习。但是，这一新加坡方很感兴趣的合作项目，由于最终未获教育部批准而中止，南京大学"中新会计学院"也就胎死腹中。

（五）学科发展战略研讨会

2006 年，南京大学在商学院框架内进一步成立经济学院和管理学院，会计系自然成为管理学院的一个系。出于尽快实现会计学科发展战略目标的考虑，我说服学校领导，放弃了对我管理学院副院长的任命，全力推荐王跃堂代表会计学科就任管理学院副院长。但自此，成立南京大学会计学院以让会计学科发展具有基本的组织保证，成了我努力奋斗的目标。

为此，南京大学会计系于2005年9月与2006年12月，分别邀请南京大学领导与商学院领导出席，全系老师参加的"南京大学会计学科发展战略及措施研讨与论证会"。当时会计系老师人数由2000年的7人增加为20人，其中：教授8人（6名博导），副教授2人，讲师与助教4人。会计发展战略研讨会，校领导施建军常务副校长、周宪校长助理，商学院领导赵曙明、陈传明、范从来参加了会议。由王跃堂主持，我作总体汇报，陈冬华、冯巧根、李心合和我分别报告实证会计、管理会计、制度财务、内部控制四个南大会计学科在全国会计学界富有竞争优势的专业研究方向，李明辉、李翔、林树三名年轻教师谈对会计学科发展前景的信心。最后校院领导一致认为，没有一流的会计学科，就没有一流的商学院和管理学院。一流的会计学科必须要有基本的发展与实现平台，这样的平台最合理的形式当然是成立专门的会计学院，这是两次会计学科发展战略研讨会所形成的共识，从进一步端正了南京大学会计学科发展的思路，当然也向校领导当面表达了会计学科发展的基本诉求。

五、会计与财务研究院以及重点学科

（一）为建立会计学院与申报国家重点学科所做的努力

2005年，南京大学会计学科招收了首届博士生与MPAcc，从而拥有了新的起点。建立会计学院与申报国家重点学科，成为会计学科发展此时急需解决的组织与平台目标。从2006年开始，我们有意识地展开了这方面努力：其一，在科研成果与项目上作出导向。对发表在《中国社会科学》《经济研究》《管理世界》《会计研究》的论文，实行财务奖励，对国际权威期刊上发表的论文给予重奖。上述奖励对象包括南京大学会计系全体师生。其二，在研究方向上有所规划，以内部控制、制度财务、实证会计、管理会计这四个南大会计已有明显学术优势的方向，实行成果集聚，使每个方向有相对固定的学术团队、国内业界公认的权威学术带头人、成形的论文专著与项目以及清晰可行的进一步发展方向与目标。借以明确未来时期会计学科财务资源的配置思路。其三，构筑制度化学术研讨平台，采取请进来走进去方式，让南大会计学科不断吸收国内外学术新进展，使国内外同行全面了解南京大学会计学术的发展与水平，从而在内部以及与外部的学术良性互动中，显著提高南大会计的学术影响力和社会认同度。

思路一经明确，陈丽花教授带领理财小组重新规划修订完善系财务管理制度，从而使各项活动基本的财务资源得到保障，年底向全体教师公开系年度财务收支，由大家评价年度财务支出的实际效果，对进一步改进系财务配置工作提出建议。

会计学科各学术方向带头人组织自己团队，在摸清国内同行学术进展以及了解国际学术动向基础上，找出或打造南京大学会计发展的学术优势，并提出相应的理由、措施、所需资源和具体目标。从而为整个会计学科形成合理、先进、体现南京大学特色与水平的长短期尤其是短期发展规划，提供充分根据。这方面工作于2006年下半年完成。但在汇总各方面材料时，我隐隐约约地感到会计系快速发展后的现状与格局，与各位学术带头人所期望的尚存在很大的落差。这股自然而生的怨气，完全来自于学校对会计学科基本定位，是我这个系主任无力解决也没法解释的。

于是，我觉得应抓紧向领导报告南京大学会计学科快速发展，需要学校成立会计学院予以组织保障。12月11日，我约定时间，向陈骏校长当面汇报了会计学科的发展思路，汇报的核心是：无论从已取得的业绩、现有资源、整合行业资源能力和社会发展对南大会计发展的现实要求看，还是从会计系现有人数、成果、学科方向和影响力来看，成立会计学院实属必需。有了会计学院平台，有利于南京大学会计学科进一步争取社会资源、发展新增长优势、做精现有战略，也让各学术带头人拥有了各自发展的天地，对南京大学整体发展，百利无一害，请求领导给予支持。陈校长很认真听取了我的汇报后，欢喜之情溢于言表，脱口而出："会计系快速成长，领导特别高兴！"他建议会计系正式开一个发展战略研讨会，他有空一定参加，他若抽不出时间，一定会派常务副校长和分管文科的校长助理来现场，并请商院与管院主要领导参加，会计系全体老师到场。根据陈校长指示，我组织系有关老师认真准备，12月26日，施建军常务副校长与周宪校长助理代表陈骏校长召集，商学院赵曙明院长、范从来书记、管理学院陈传明院长出席，会计系全体教师参加，专门召开一次南京大学会计学科发展战略研讨会。

  领导们从各报告人的汇报中，隐约听到了会计学科快速发展以后，各贡献当事人诉求与南大会计所给予现实之间存在越来越大反差而带来的那种无奈和抱怨，深深理解我这个系主任所承受的巨大压力。全体领导会上一致表示：会计学科发展理念领先，引进人才卓有成效，国际化模式培养人才树立了南大品牌。陈传明教授会上表态与提醒："完全支持成立会计学院。但是，快速发展注意和谐，认知冲突会导致感情冲突。组织需要认知冲突，但要防止认知导致感情冲突。"文绉绉的提醒，让我醍醐灌顶。

  时运不济，由于商学院成立经济学院与管理学院后，引起了南大校内诸多议论，所以尽管领导们认为很有必要成立南京大学会计学院，但在强大的校内外议论面前，成立会计学院的诉求只能尚付阙如了。

主持人：王跃堂

汇报流程：

一、总体汇报：杨雄胜

二、学科方向汇报

1、陈冬华

2、冯巧根

3、李心合

4、杨雄胜

三、年轻教师发言

1、陈冬华

2、李翔

3、林树

4、李明辉

四、领导讲话

1、校领导讲话：施建军常务副校长、周宪校长助理

2、院领导讲话

(1) 赵曙明院长

(2) 范从来书记

(3) 陈传明院长

五、结束

研讨会目录

（二）建立多个科研合作平台

会计学科成立学院短期无望的现实，加剧了老师们尤其是我破格引进的那几个教授，对未来发展前景的信心不足。为此，我确实萌生了退意，但2007年4月11日，学校再次任命我为会计学系系主任，又开始了四年任期。在这样的背景下，我觉得必须对全体教师开诚布公地宣明自己作为会计系主任对不利于学科健康发展的情绪与现象的立场，在2008年7月5日全系老师会上，我非常认真地提出要重视会计系文化建设："每个人个性、爱好、自由、权利应得到尊重；互相之间应尊重，反对窝里斗，反对对外作一些不负责任的评论；每个人都应检讨自己为南大会计学科发展作出了哪些实质性贡献？"与此同时，我不得不调整思路，改张易弦，以曲线做法缓解一些教授们因学科快速发展带来焦虑。具体途径是不改变会计系现状，另谋成立"南京大学会计与财务研究院"。

2006年李明辉教授（当时副教授）从厦门大学调至我系。对成长性的年轻教师，我一般会在力所能及范围内给他建一个可以充分作用的平台。为此，他到南大后，我先出面牵头，后幕后支招，召集全省排名靠前的九个会计师事务所负责人，与南京大学会计系联合成立审计科研合作平台，李明辉任平台召集人。这个平台成立后，打通了我系几名以审计研究见长的老师与实务工作者紧密联系和合作的通道，从而使双方相得益彰。他们建立了经常性联系的制度，每个会计师事务所主动投入一定的资源，用于会计系教师与他们的合作研究与互动交流，从而实现了会计系财务资源零投入，但审计研究方向得到了快速发展。为使会计学科审计研究方向得到更快更健康的发展，我特地把实践经验丰富、理论水平高，已有很多研究成果的刚退二线的常州市审计局局长曹慧明请到南京大学，并用我个人暂时不用的一套原南大分给我的80平方米住房解决他南京住宿生活问题，专门协助李明辉教授，把南京大学会计系审计研究方向做起来，并做出水平和特色。曹慧明局长是我在审计系统工作结识的知心朋友，他对破产审计、企业成本价格审计、基建项目审计以及审计如何为政治经济服务等领域，都有很丰富的实践经验和很深的探索感悟，并且都有高质量的论文、专著发表出版，是中国审计系统不可多得的全能帅才。我与他1988年因共同参加省审计局理论研讨会认识，并一见如故，听了对方会议发言后相见恨晚。此种相知相同的感觉，一直延续到现在。曹慧明局长未计较任何待遇，出于我们的真诚友情，带着嫂子一些来到了南京大学会计系。在两年多工作中，曹局长把他德高望重积累的审计机关资源，毫无保留地贡献给了南京大学会计系，帮助我们协调好了与审计署、中国审计学会以及江苏省审计厅、江苏省审计学会的关系，也密切了南京大学会计系与江苏省各市审计局的关系。这些通道的建立，加上与会计师事务所的有效互动，以及"四大"会计师事务所精英的来访业务交流，2007年12月3日，南京大学批准成立了"中国审计研究中心"，中国注册会计师协会副会长兼秘书长、南京大学兼职教授陈毓圭博士，专程现场致辞祝贺，并就中国会计师职业化问题，向与会的专家学者和南京大学会计系师生，作了一场生动、翔实的学术报告。如此，使南京大学会计学科审计研究方向，三年不到时间就做得有模有样。最终，使南京大学会计系拥有了中国第一批申办审计专业硕士招生资格的条件和实力，结果当然毫无悬念地取得了审计专业硕士的首批招生资格。

2007年中国审计研究中心成立大会

2007年，林树博士以心理学特长背景从复旦大学毕业到我系任教。为了让他一开始就拥有一个自由发挥研究专长的通道与平台，我把会计系与澳大利亚蒙纳什大学谭安杰教授的学术合作通道，交给了李翔与林树这两个研究专长可以互补、性格又相投的年轻教师去经营。谭安杰教授是一个国际知名度很高的学者，对公司治理有独到的见解，并在国际顶尖杂志上发表了大量论文，已有广泛的学术影响。由于他的一个弟子原因，把他纳入了南大会计博士生课程的国外教授队伍，来南大给会计学博士生上课，我们接触后双方产生了良好的感觉最终转化为感情。让他对我刮目相看，是我帮他完成了一件对于中国很多学者几乎是无法完成的事。2008年5月，他来南京，突然向我发出紧急求助信息。他必须在这两天内完成对在南京三家央企一把手有关公司治理的当面访谈，每位访谈需2小时。请我帮忙找三家央企并落实访谈时间。我一下子懵了，要的都是一把手，而且这两天必须完成，这怎么办？但谭教授当初来南大给博士生上课，可是唯一一个不跟系里提任何具体条件的教授，而且来讲课后跟我说，不仅课酬可以不要，就是往返交通费与在南京住宿费，他也可自己负责。这样一个白求恩式的教授，真的让我感动不已！现在他有求于我，我只能还以照办落实。苍天不负有心人！我平时认真用心交往的社交关系，这个时候开始显现威力。几个北京南京的铁杆朋友，仅几小时的电话衔接，把两天后谭安杰教授访谈的对象与具体时间一一落实。我与李翔、林树陪着谭教授走访了航天晨光、苏美达、南化三个央企董事长，每位董事长都极认真地配合回答谭教授各种提问，每位都足足两个小时。若恰好到吃饭时间，还热情招待。事毕，谭教授感动莫名，我们不用言语的感情加深了很多。因此，当我提出他帮我系带带李翔与林树两个年轻老师，以使他们按国际标准快速成长的要求时，他非常爽快地答应了，并提议合作成立一个"中国机构投资者研究中心"，他可以资助一些经费。于是，谭安杰教授出钱，林树与李翔干活，我与谭教授分别任中澳方主任，双方愉快地合作了四年，取得了双赢结果。林树由此定期编制机构投资者基金回报指数，为研究中国资本市场与机构投资者行为，提供了很有价值的基础数据和分析框架，提升了南京大学会计学科在行为金融学界的影响力。李翔与林树，根据合作科研所得，分别围绕资本市场与机构投资者为议题，申报并获批了多项国家自然科学基金项目，从而为南大会计学科冲刺国家重点学科增加了有生力量。

中国机构投资者研究中心（CCII）筹备会议备忘录

时间：2007年12月14日 上午9点~12点

地点：南京大学商学院安中大楼1203

与会人员：谭安杰教授
　　　　　杨雄胜教授
　　　　　李翔讲师
　　　　　林树讲师
　　　　　熊焰韧副教授
　　　　　曹洋讲师等

会议主题：中国基金公司治理评级研究的第一阶段成果总结与汇报
　　　　　协商有关成立中国机构投资者研究中心的工作

会计简要记录：

1、由南京大学会计系教师林树总结与汇报中国基金管理公司治理评级研究第一阶段工作。已经完成了评级报告，并列出了四个研究主题供下一步的研究。

2. 会议商讨了关于成立中国机构投资者研究中心的事宜：

(1) 名称：中国机构投资者研究中心
　　　　　China Center for Institutional Investor（简称 CCII）

(2) 发起机构：澳大利亚蒙纳士大学商学院
　　　　　　（Faculty of Business and Economics, Monash University）
　　　　　　南京大学会计与财务研究院

(3) CCII 的宗旨：
　　以中国机构投资者为研究对象，依托前沿理论，借鉴先进经验，结合中国转型经济的特殊背景，客观、独立地开展研究，出版与发表标志性的学术成果，促进中国机构投资者规范管理与内部控制，服务于中国资本市场健康、有序运行与可持续发展。

(4) CCII 管理架构：
- ◆ 主任：谭安杰教授（Onkit Tam，澳大利亚蒙纳士大学）
- ◆ 执行主任：杨雄胜教授（南京大学）
- ◆ 顾问委员会：将由谭安杰教授确定人选，主要为国内外知名学者、官员、行业内人士担任。
- ◆ 下属其它机构、人员待商讨后确定

中国机构投资者研究中心（CCII）筹备会议备忘录（一）

关于 CCII 的运作费用的问题

CCII 成立的前三年由南京大学与蒙纳士大学共同承担，双方各承担一半。

工作目标：
- ◆ 近 3 年内较完整地研究中国国内的基金公司，包括证券投资基金、股权投资基金、风险投资基金等。长期的研究范围会涉及到更多的中国境内的机构投资者，包括保险公司、社保基金、企业年金、住房公积金等。
- ◆ 每年发布中国基金管理公司的治理与业绩评级报告并举行论坛，出版中英文评级（白）皮书。
- ◆ 每年着重提出并进行 1~2 个科研项目。
- ◆ 近 3 年内发表若干篇学术论文，中国大陆具有影响力的学术期刊为第一年 1 篇、第二年 2 篇、第三年 3 篇，国际期刊争取 1~2 篇。
- ◆ 3 年内邀请 2~3 名学界与业界权威人士来 CCII 演讲。

近期要做的工作：
- ◆ 编制 CCII 日常办公经费预算表
- ◆ 澳大利亚蒙纳士大学商学院与南京大学会计与财务研究院签定合作协议。
- ◆ 筹备 CCII 的创立，拟于 08 年 4 月首届中国机构投资者论坛暨中国基金管理公司治理与业绩评级指数发布会。地点拟定上海。
- ◆ 更新与完善评级报告（数据至 07 年中或 07 年底），争取 08 年 1 月底完成。
- ◆ 就四个研究主题开展研究，争取 08 年 4 月完成工作论文。
- ◆ 将治理评级报告整理扩展形成书稿（中英文），准备出版。
- ◆ 联系 Wind 公司，协商合作事宜，争取 CCII 可以免费使用 Wind 数据。
- ◆ 设计与建立 CCII 的网站

中国机构投资者研究中心（CCII）筹备会议备忘录（二）

（三）成立会计与财务研究院

为了拓展南京大学快速发展会计学科的平台，我经与学校有关部门反复协调，也不断向学校有关领导提出诉求，并在南京大学领导层广泛传递财政部会计司与中国会计学会对南京大学会计学系人才培养模式及学术研究影响的评价书，南京大学终于在2008年4月21日宣布成立"南京大学会计与财务研究院"，明确挂靠商学院，由商学院解决人员编制、经费、用房等问题。商学院根据学校文件，任命我为研究院院长，李心合、陈冬华、李翔为副院长，并在商学院新楼层提供了604与606房间约70平方米专用办公房和10万元启动经费。南京大学能明文成立实体性质的"会计与财务研究院"，对南大会计学科发展绝对是一个好消息，更是一个新起点。我把这个消息告诉了财政部当时分管会计工作的王军副部长。王部长知道后很高兴，专门回信如下：

中华人民共和国财政部

杨雄胜教授：

您好。

因近来赴四川忙于抗震救灾工作，迟复为歉。

欣悉南京大学会计与财务研究院的成立，谨致以热烈祝贺！南京大学是直属国家教育部的重点综合性大学，为社会培养了大量的栋梁之才。贵校会计与财务研究院的成立，是我国财会研究领域的一件可喜可贺的大事，相信对于繁荣我国会计理论、推动我国会计事业进步和财政经济发展都会有积极的作用。

我同意您关于当前我国会计学科发展的看法。希望今后贵院在扎实做好会计基础理论研究的同时，加强会计研究方法的创新，做到既满足我国社会主义市场经济建设需要，又能融入会计研究的国际先进行列。相信在你们的不懈努力下，南京大学会计与财务研究院一定能做大做强，为我国会计走向世界提供更好的平台。

关于邀请我主持国际论坛事宜，我将尽可能考虑，届时根据工作安排另行确定。

顺祝，

夏安。

二〇〇八年六月四日

时任财政部副部长王军回信

为了凸显会计与财务研究院对南京大学会计学科发展的里程碑意义，我提议当年底，以南京大学会计与财务研究院名义，召开一次国际研讨会，得到全体老师一致同意和积极参与。更出乎我意料的是，当我跟时任中国会计学会会长金莲淑与时任财政部会计司司长刘玉廷汇报设想，并希望他们参加会议时，金会长提议，这个国际研讨会，可由中国会计学会与南京大学会计与财务研究院联合主办，这样会议的规格、档次与号召力就大大提高了。

（四）成功举办第一届会计与财务国际论坛

2008年12月6日，经南大会计系全体老师的精心准备，由中国会计学会和南京大学会计与财务研究院联合主办的"中国会计与财务国际论坛"（第一届）在南京大学鼓楼校区正式开幕。来自国内外120多位专家教授，齐聚一堂，围绕"会计的社会价值、公允价值、金融危机与会计、财务报告准则国际化"等议题，展示深入而有益的讨论，从而有力地推动中外会计学者的交流，推进了中国会计理论的健康发展。中国各高校会计学科的学院院长与系主任以及成果丰硕的知名学者，都参加了全程两天会议。时任中国会计学会会长金莲淑、时任财政部会计司司长刘玉廷全程指导会议并亲自致辞、主题报告和主持圆桌论坛，全国人大常委、南京大学陈骏校长与江苏省财政厅常务副厅长江建平以及南京大学商学院赵曙明教授在开幕式上分别作了热情洋溢的讲话。美国会计学界颇有影响力的伊利诺伊大学香槟分校阿卜杜拉·凯利克教授、加州大学尔湾分校何莲芸教授、亚利桑那大学艾尔登伯格教授三位著名美国会计学家专程从美国赶来南京参加会议,中国香港的一批大学会计学者也闻讯赶来参与研讨,中国内地一批青年会计才俊在会上大放异彩,会议取得圆满成功。更令我们振奋的是,厦门大学葛家澍教授亲笔签发了贺信,表达了对这种高规格研讨会的良好祝愿。

贺 信

中国会计学会

南京大学会计与财务研究院

  欣闻"中国会计与财务国际论坛"在南京大学隆重举行,我谨向会议及与会学者表示衷心祝贺。希望通过这次论坛架起中国会计与美国及世界会计交流的桥梁,为中美两国加强财会领域交流,加深美国以及世界对中国会计的了解,促进中外合作研究,创造高水平的、对世界有影响的会计学术成果建立起高起点的平台。相信本次大会必将为中国会计研究注入新的活力,且将为中国会计走向世界展开宏伟的篇章,预祝大会圆满成功。

葛家澍

2008年12月6日

葛家澍教授亲笔签发的贺信

会后，我们很用心地为每位代表，制作并寄送中英文对照、寓照片与文字一体的精致而简朴的会议纪念册，深受与会代表好评，给同行专家们留下了深刻印象。南京大学会计与财务研究院，因此一举成名。更重要的是，南京大学会计学科前段时间快速发展，资源过于向实证会计领域倾斜，带来的部分教授的心里怨气一扫而空，研讨会实证与规范同时并举的导向，让他们看到了会计系似乎已开辟了有利于他们发展的新通道，从而对会计与财务研究院开展工作给他们带来的满足感充满着期待。

会计与财务研究院成立后，博士生培养与制度化学术论坛，成了其主要工作。前者直接培养南京大学会计学科最高端人才，后者与校内外同行广泛学术交流。通过研究院的有效工作，在校内外广泛的学术交流中开拓南大会计发展的新天地。为此，研究院指定陈冬华与李翔负责这两项工作，尤其是对学术交流即学术论坛工作，要有计划、有目标、有措施，力戒形式化，树立南大严谨务实的学风。我希望通过研究院的工作努力，能开始平衡规范与实证两个领域各位教授的利益，让前阶段会计学科快速发展中具有失落感的那部分教授，融入会计学科发展过程中。

（五）学科发展两难选择

2009年春节后一开学，正好是我们为期三年的博士生国际化项目至7月到期了。接下来怎么做，需要集思广益，达成共识后再出台新方案。于我而言，会计系在博士生培养模式国际化方面已投入了很多人力与财力，也积累了一定的口碑。但说实话，对此的一些感觉和评价仅止于一些表面。我更在乎的是，会计系博士生是不是因此真正提升了科研品质与能力？面对这样的问题，说实话，我当时并没有得到一个我自己想要的明确答案。因此，对这样的以讲究形式为主要追求的博士生培养方式，产生了一种必须要进一步改进的念头。但经一对一交流，一些老师居然提出废除我们已进行的探索，回到学校博士生培养的现行轨道上。这是我绝对不赞成的方案。因为，按学校现行做法，博士生培养几乎处于放羊状态，对学科发展极为不利。我开始寻求试图在我们改革基础上，适当去形式化而逐步以求质量为主的博士生培养方案。我理解部分教授对过去博士生培养改革过于形式化的愤怒，但更不屑于目前学校那种放任自流的博士生培养方式。若非要在两者之间选其一，我宁愿选择我们尝试的那种形式化。如此，毕竟让博士生们能静下心来好好读些文献。思来想去拿不出有效对策，心里很是彷徨。这种彷徨开始迁怒于学校，对南大慑于社会舆论而不敢把该成立的会计学院成立起来产生了极度不满。由于前段时间因国际会议与陈骏校长以及他的秘书交流较多，可以实话实说，想到自己毫无私心杂念，于是提笔奋书，一气呵成了以下文字：

尊敬的陈骏校长：

  作为南大校长，您实在太忙，故只好选择写信的方式向您作书面汇报。

  作为南大一名教师，我对南大有种无以言之的报效情怀。南大破格引进、使用了我,让我有了一个专业成长的平台,即使我付出终身的努力,可能也难以报答南大一二。今天写信给校长,不是为了表达这种言之无物的态度,而是出于对南大会计学科发展的极度忧虑。

首先,我认为,在中国所有综合大学中,南大会计学科发展还是比较快的,学校确实给予了较为宽松的生存发展环境。这几年,无论是专业设置、人才培养、科研成果,还是社会发展和服务国家经济建设等方面,南大会计均取得了业内公认的成绩。但是,南大会计发展,也有令人心酸的一面:

(1)知名教授的引进,几乎都是个人努力的结果,学校从未因此而在具体政策上给予会计学科以实在的支持和肯定;

(2)会计博士点的取得,几乎是会计系自身努力的结果,学校在科研经费与奖励方面未能给予应有的扶持;

(3)首批会计专业硕士(MPAcc)学位授予权的获得,也是会计系孤军奋斗的结果,凭南大会计学科的实力、规模及影响,很难争取这一资格;

(4)江苏省"十一五"重点学科,更是会计系争取得到的,学校当时根本未作推荐;

(5)南大会计博士生培养大胆尝试了国际化模式,取得了良好的办学效果,受到国内外同行高度关注和肯定,明显提高了会计专业博士生的培养质量。会计系为此投入了大量财力和人力,从2005

年至今,很少受到校方应有的鼓励和肯定;

(6)会计系在完全自筹经费条件下,异常艰辛地为南大会计积累发展必须的社会资本,取得了较好效果。但在校内,发展好与不好的学科,区别不大。

因此,会计系虽然经常得到南大各级领导的肯定,但这种肯定基本上停留于形式上,缺乏实在的鼓励作用。突出表现在:我校会计专业有好几位教授,论资历、学术水准与地位、社会影响及贡献,丝毫不比兄弟院校同行差,但是,在目前会计专业师资队伍中,没有国家级名师,没有学科评议组成员,没有国家级奖励及重大项目,甚至连行政提拔的机会也没有。没有这些,不是我校会计专业教师不行,而是学校没有给予我们应有的考虑和机会,加上这两年会计老师晋升教授职称不顺,会计与财务研究院成立后未给予应有的工作平台(研究院领导班子未得到校方正式确认),无意中在外界造成了南大骨子里还是不重视会计或视会计为可有可无的学科之假象,事实上,到目前为止,南大会计还没有一个把学科做大做强的基本平台。凡此种种,累积作用,使南大会计学科冲击国家重点学科缺少了应有的力度和内在冲动。

尊敬的陈校长,南大会计学科的发展,得到了社会各界的大力支持,他们对南大会计学科发展寄予着厚望。现在,您到国内稍有一点知名度的高校同行中去打听,他们都会对南大会计学科发展有着非常好且高的评价和肯定。但是,看着这种厚望可能落空时,我心里很不是滋味。

值得向领导说清楚的是,南大会计发展,欠财政部很多,欠江苏省财政厅很多,欠江苏省电力公司更多,当然欠最多的,是南大会计系的各位教师。如果这些个人亏欠能换来南大会计的健康发展,那么个人所欠再多也值得并毫无怨言。但是,若南大会计最终还是发展不起来,无力冲击国家重点学科,那对于我个人而言,这种亏欠不只是愧疚,而将成为千夫所指的"骗子"。假如这种结果是由于我们会计学科自身不争气造成的,那我作为学科负责人就只能忍受并承受这一切后果。如果我们真的很努力,而且社会所有方面都对我们作了肯定,只是由于学校学科的偏重而导致南大会计只能如此,那么我真的无法接受。我所从事的专业告诉我,人生与公司是一样的,即使苦心经营,但负债过多而长期亏损,则最终必将破产。我不愿也不甘得到人生破产之悲惨命运,因此,在破产前向校长慎重提出破产保护的申请,希望得到校长的同情。南大会计的发展来之不易,我实在不希望最终南柯一梦,我相信校长也不愿看到这样的结局。

由于南大会计学科发展至今所面临的种种困惑,我经常受到会计系老师的质疑,一些教授已开始有所不满。这种不满情绪一旦在校内外扩散,对南大会计发展将产生致命的打击。目前的我,似乎是一个行将颠覆之舟的船长,苦苦支撑着。但个人能力与修为真的很有限,这只小船最终能否逃脱倾倒命运,现已由不得我了。

回顾我1994年来南大至今的历程,有失误有成功,问心无愧,有点悲壮,面对现实,困难重重,危机初现,有点悲观,希望南大会计的结局,不要让我、让会计系全体老师及对南大会计发展寄予厚望的方方面面悲伤。我实在不希望南大会计学科在中国大学会计学科中成为"来得快去得也快"或"昙花一现"的一幕悲剧。

南大会计的现状,可能跟我平时缺少经常汇报有关。尽管我有很多话要讲,有诸多具体建议和要求,这样信会写得很长。南大有很多更重要的事情需您操心,故只好讲了上述一些本质性问题。我的感受和看法不完全对,但完全出于对南大会计发展的真心,我不怕因此受到批评。

春节刚过,我代表会计系师生,向陈校长拜个晚年。愿新的一年里,您带给南大更多的辉煌,当然也希望您能给南大会计带来惊喜。

此致
敬礼

会计学系:杨雄胜
2009 年 2 月 10 日

我无法想象当时处于什么心态写给校长如此愤懑之信,我也不知道陈校长看到我信后会不会怒火万丈。陈校长对我的信很重视,2009 年 2 月 25 日,专门委派学校党委常委、宣传部长王明生教授,来会计系了解情况,并希望会计系老师们能明确提出需要学校解决具体问题的诉求。后来,学校专门给了会计学系"思源教授"校级资源,以及在教育部"长江学者"推荐上给予支持,最后使我系王跃堂与陈冬华教授在 2014 年与 2015 年分别获得"长江学者"荣誉,增强了会计学科发展的硬实力。事后看来,其实在学校领导层面,当时陈校长面对的难题比我可能要难上百倍千倍。学校所有的学科与部门,都虎视眈眈学校那点可怜的资源,怎么分配大家都不满意。现实往往是,把现有资源给其中一个学科、部门或个人,那这个学科、部门或个人，还嫌不够。中国改革开放极大地改善了人民群众物质生活，但一部分人的私欲也膨胀到无以复加的地步，以至贪婪到连自己不知道需要什么，给其再多的任何东西也不知满足。知识分子阶层可能也是如此。这些道理，是我经历了以后的过程才明白的。借此机会，向被我无端冒犯的陈骏校长致以深深的歉意。

给校长怨气冲天的信发出了，但会计学科发展面临的两难选择并未随信而去。静下心来细思，还是我们自己不争气。如果我们教师队伍很强，如果我们科研水平国际公认，如果我们学生中出了好多跨国公司CFO，如果我们拿到很多国家基金项目，如果我们一些科研成果得到国家大奖，那么不用我们说，会计学院牌子早已挂起来了。何况，我们现在连国家重点学科还不是呢，凭什么要成立会计学院？因此，还是上了国家重点学科后，再谈要不要成立会计学院问题吧。何况，我从其他高校挖到南大会计系的几位教授，在原单位都是核心人物，来南大任教，他们之间，或他们与我之间，在某些事情看法与处理上，认识并不完全一致，有时候可能完全相反，而这些事情的看法与处理，完全没有根本性对错。如此，当我决策只能采取其中之一时，难免对与之不一的其他教授是一种伤害。这种伤害会轮流发生在各位教授身上，其原因恰恰由于会计学科发展过程中在每件事情上都无前例参考，只能自定招数。天长日久，有些被挖到南大会计工作的教授，自然会觉得不如原单位工作那般以自己为中心，由此莫名的怨气自然而生，这种怨气累积形成了一种憋屈，从而导致行为表现上对会计学科改革举措的本能抵触。应该说，这是一个完全可以理解的心理现象，借以时日，教授们慢慢磨合互适后，这样的矛盾就迎刃而解了。而这种磨合，只能在南京大学会计学科以更快速度和与众不同方式发展，让各位教授得以各显神通后才能得以实现。对南京大学会计学科发展中面临的挑战作了以上解读，我心里也就释然了。所谓世上本无事，庸人自扰之。这种由短时间把各学校"称霸一方"的学术精英，汇集到南京大学会计学科，以非常措施实现快速发展过程中出现的心理不适乃至行为冲突，我不应该将之看作为一个问题。

（六）确定学科发展目标

2009 年 3 月 11 日，我专门召集全系老师开会，特邀施建军常务副校长参加，会议明确未来两年南大会计学科发展的目标只有一个：国家重点学科！我在会上详细分析了我们自己的优势与不足，从学术梯队、学术影响、标志性成果与业绩三个方面，明确了需抓好的各项具体措施；表明了会计系评价老师与资源配置的具体标准与原则，让全体老师对自己在会计学科未来发展中所担负的角色与行为有明确的预期。会计系每位教师发言，一致认同会计学科这一发展目标定位以及具体思路，对自己能作努力的方面提出了设想。施建军副校长最后发表了鼓舞人心的讲话。他认为，南京大学商学院目前事实上已形成经济、管理、财会三足鼎立，会计学科发展势头很好，现在必须考虑如何创建南京大学财会学派，当务之急是要加强团队建设，拿出优质学术成果。会议结束时，会计系把会上取得共识的应采取的行动，一一落实到各有关教师，并建立了各项措施落实及其效果的定期检讨制度。如此一来，我系各位教授都有自己充分发挥作用的空间，从而打开了让各位教授舒心活血的窗口。到了当年6月，会计系全体老师已纷纷行动起来了，在学期总结会上，朱元午教授很高兴地评价这段时间的会计系："目标明确，认识统一，工作有序，氛围很好。"2009年10月，会计系博士生培养出台了具有过渡性质的改进模式，以体现南大会计学科发展优势（有研究专长的会计系老师，都要介入博士生培养过程，改变过去所有课程全请外教做法，但请外教做法还要坚持）、招生与培养模式多元化（尊重导师与学生意愿，国际化模式与南京大学通行模式并行）；提高硕博连读与直博招生比例；以南京大学会计与财务研究院为办学主体；陈冬华为具体负责人。从而形成了如下文件：

南京大学会计与财务研究院博士生培养改革模式管理制度

南大学会计与财务研究院博士生培养分两个模式，即现行模式与改革模式。

现行模式的课程设置、日常考核、中期考核、开题、预答辩、学位论文答辩等环节，均执行南京大学研究生培养现行相关制度，会计学科不作任何另外规定。改革模式借鉴国际培养博士生的经验做法，对现行做法作必要的调整，从而形成以下操作性规定。

南京大学会计学专业博士生导师有权决定（在每年招生报名前，以书面形式向研究院提出申明，若无书面申明视同选择改革模式）自己招生适用哪种模式。一经选择，其招收的博士生在过程中不得改变培养模式。

南京大学会计学博士生培养改革模式除遵守南京大学及商学院现行的各项制度之外，还应遵守南京大学会计与财务研究院以下专门规定。

一、基本学制与形式

南京大学会计与财务研究院博士培养时间为4年，包括两个阶段：

第一阶段，以博士生知识厚度和宽度及研究规范、方法为主要目标，采取集中的课程学习方式，由代表国际水准的师资讲授培养计划有关课程。博士生完成计划课程学习研究并通过各课程考试，接受研究院中期考核。这一阶段由研究院负责。为保证博士生集中精力完成第一阶段学习任务，博士生导师其间不得指派自己所带博士生承担研究院计划规定学习研究以外的事务。

第二阶段，中期考核通过后进入博士论文阶段，由导师负责直至毕业的全程指导。每位博士生在正式录取前，必须出具出所在单位签章保证前两年时间集中在南京大学学习研究的书面承诺交研究院，研究院收到书面承诺后才能决定是否录取。

二、课程

1.博士生除学校的公共课外，必修课程还包括科学哲学、经济学、会计学、财务学。

2.博士生必须参加上述各课程学习并获得及格以上考评，才能视同通过课程学习，具备参加中期考核的资格。部分课程包含多个模块时，课程的通过指参加所有模块的学习并均获得及格以上的考评。对于必须获得学分的课程（或其某一模块），缺席一次及以上（无论病假、事假），或迟到、早退两次及以上，即取消该门课程的考核资格。各课程学习考核由任课教师实施并于课程终了时书面报研究院。无法获得必要学分的学生，不得参加中期考核，必须参加下一年度未修得学分课程（或其模块）的学习及考核，补足必要学分后，参加当年中期考核。

3.大部分的专业课程，上课前都有专业文献的阅读任务，博士生应该在上课前完成指定文献的研读，撰写简要的读书笔记，记录自己对各篇文献的内容、结论和方法的认知、理解和疑问，研究院安排教师对读书笔记进行检查，以便确定该生是否具备参加听课的基础。凡不具备听课资格的博士生，由教师书面报研究院。不具备听课资格的博士生，该课程上课成绩无效。

博士生应该在每次课后及时独立完成课后作业（要求合作完成的除外），交班长或学习委员检查登记，以保证继续听课的质量。

对于须获得学分的每门课程，无论考核形式为考试还是论文设计，发现抄袭者，一律取消考试成绩。被取消考试成绩者，视同课程学习不及格。

4.所有课程学习必须在第一学年完成。

三、中期考核

1.博士生通过各必修课程学习合格后,方可进入中期考核。中期考核在第三学期的最后一个月进行。

2.会计与财务研究院采用闭卷考试与实证论文相结合的方式进行中期考核,具体做法是:(1)研究院将开列若干本参考书,根据这些书的内容出卷进行闭卷考试;(2)中期考核书面考试通过的博士生必须写一篇实证性学术论文,匿名送请七名以上海外学者对论文质量进行排序。中期考核时,只有通过(1)中的考试后,才可参加(2)中的中期论文排名。中期论文汇总排序后以末位淘汰的方式决定中期考核是否通过。中期考核通过率为80%(以送审论文总数剔除往届二次及以上送评论文数为基数)。对往届二次或以上送评论文,若总评列总送评论文总数的后20%,为不通过。

3.对于中期考核排序在后的20%的博士生,必须参加下一届中期考核的论文排序程序。

四、论文阶段管理

1.中期考核后一学期为开题准备。开题通过到预答辩之间必须有至少一年时间准备论文。预答辩到正式答辩之间正常进行有三个月间隔,其中一个月由学生根据预答辩意见对论文进行修改;修改完成后提交论文进行外审。匿名评审由研究院专门负责,于商学院学位委员会正式投票时间前40天为每次匿名外审的最后截止日。全年组织四次匿名外审。每篇匿名外审费用600元人民币,由博士生本人或导师负担。外部匿名评审的结果由经办人书面通知所有博导，通过的论文才能进行正式答辩。

2.外审意见书最后等级为四项（a.符合博士论文要求，可以参加答辩；b.少量修改后参加答辩；c.重大修改后参加答辩；d.不符合博士论文要求）。每篇博士论文聘请三名外审专家。如果三名专家中有两人给出"c"，则必须作重大修改，应至少在一个月后方可正式答辩。如果三票都为"c"，即视同为没有通过外审，不得答辩，应该对论文作重大修改，6个月后向全体博士生导师报告修改情况，三分之二多数通过方能参加答辩。如果三名专家评审意见出现一个"d"，则需要重新履行上述规定的博士学位论文程序，包括重新开题、预答辩、匿名评审等。

博士生与导师均不得为匿名评审问题与外审专家以任何方式联系，如果发现和外审专家打招呼的现象，该博士论文以等级"d"处理。

评审结果若未出现上述情况，视作"匿评通过"，由其导师负责进行正式答辩。

博士生论文打印、预答辩、正式答辩所需费用，由该博士生所支配的学校拨给相关经费开支，不足部分由博士生与导师协商处理。

五、学术研究

1.博士生应该积极参与会计与财务研究院的各项学术研讨活动。研究院应考察博士生的表现，并由博士生秘书严格考勤，每学期予以公示。对其中有突出表现的博士生给予适当奖励。

2.会计与财务研究院鼓励博士生参加国内外高水平会计学术会议，并给予资助（资助范围与额度参照同期"南京大学会计学系财务管理制度"）。前提是论文被学术会议接受并报告，报告人为该博士生，作者第一单位署为南京大学会计学系或南京大学会计与财务研究院，在论文附注中标明"本论文受南京大学会计学博士生培养改革项目资助"。一篇论文原则上只资助一人次。

3.会计与财务研究院鼓励博士生在高水平的学术期刊上发表文章。奖励标准按研究院现行制度执行。

4.倡导博士生在论文开题前组织学术报告会，广泛听取意见，研究院给予场地、组织及必要的经费支持。每位博士生学位论文开题经费支持以1000元人民币为限，经费支持的前提是，必须有本系5位以上教师及10名以上博硕士生参加开题活动。

六、学术道德

博士研究生在就读的任一阶段，一旦被发现有违学术道德的行为，将被取消博士研究生资格。这些行为包括：抄袭、剽窃他人成果；弄虚作假、捏造研究发现；一稿多投，造成恶劣影响；以及其他经研究院学术委员会认定的有违学术道德的行为。

有关出勤、考试抄袭由会计系委派相关老师认定，为保证公平、公正，该结果必须及时公开。论文抄袭由学术委员会认定。

七、集体服务

对于不承担或很少承担博士生项目服务工作的博士生，以及作出有损南大或南大会计学科形象行为、严重阻碍南大会计学科发展的博士生，取消其申请南京大学、商学院及会计与财务研究院奖学金、学术性及非学术性资助的资格。

本管理制度解释权在南京大学会计与财务研究院。

随着2016年学校与商学院其他学科博士生培养制度实行了与我们上述做法基本一致的改革，上述制度自然完成了历史使命。但这种改革对南京大学会计学科发展的里程碑意义是不容抹杀的，张娟副教授、陈冬华教授、薛清梅副教授、张朝宓教授、李明辉教授先后为此的倾心而卓有成效的付出，更值得南京大学会计学科后来者们感恩。

博士生培养与定期学术论坛组织，成了会计与财务研究院的主要工作，也为南京大学会计学科发展搭建了一个可观察并检验充分展示自己学术能力与水平以及效果的平台。

不久，至2011年1月，南京大学会计学科在治理与管理方面，总体上形成了相对固定的人事格局：李明辉教授主管博士生工作，陈冬华教授主管学术型硕士生以及学术论坛工作，李心合教授主管本科生工作，李翔副教授主管研究院以及学术论坛工作，陈丽花教授与苏文兵教授主管学科全部财务资源管控工作，我直接主管MPAcc工作。每条线都有操作性相对合理可行的流程与标准，并且都有成文的制度，从而确保了会计学科各项工作可以顺畅进行。

六、专业品牌与学科核心竞争力和社会影响力

（一）确立MPAcc财务体制

2004年4月，我们接到我校获全国MPAcc首批招生资格的通知，而且得到50个招生名额，当年10月要实行全国统一的招生入学考试。可以说是时间仓促，任务繁重。但是学校与商学院就是不明确财务体制，因此我也不好贸然开展相关工作。当然，赵院长曾多次要我系着手招生准备工作，但由于财务体制不明确，我们就无法在课程体系、任课教师、教学组织、社会资源利用等方面，提出具体可执行的方案。学校出于惯例，先下文成立南京大学MPAcc教育中心，由我任中心主任，李心合、王跃堂任副主任，李翔任办公室主任，这样框架似乎暗示南京大学MPAcc交会计系承办，不过财务上是什么体制未作任何明确，我还是不敢盲动。学校下正式文件成立MPAcc教育中心一周后，赵院长专门找我，要我抓紧开展南京大学首届MPAcc招生宣传和组织发动工作。但我表示，在财务体制不明确的前提下，会计系无法做此事。赵院长明白了我的意思，当即明确，学校已经有现成针对MBA财务体制了，MPAcc肯定与MBA一样的财务体制。我一听，态度就更明确了："赵院长，那我就明

白了，我们会计系肯定不能做MPAcc，按学校对MBA财务体制，MPAcc是商学院层面直接做的，不是由商学院的某个系去做的。"赵院长批评我了："雄胜你这话不对。会计系不是商学院的？会计系做就是商学院做。"我辩解道："会计系是商学院的，但会计系做与商学院层面直接做是不一样的。"赵院长是一个很有智慧的领导，他已完全明白了我的意思，就明确表态："这样，你们起草一个方案，商学院首先与会计系围绕学校分成给商学院的收入部分，确定一个分成比例。"我们随即提出了一个方案，最终商学院领导集体研究同意，南京大学留给商学院的收入部分，会计系可留用现金性开支的70%，经费性开支的30%。综合测算MPAcc总收入的52%~58%左右全留在了会计系。我们认为这样的体制对会计系拥有稳固的财务资源提供了可能，就愉快地签订了协议。当时协议是试行两年，结果商学院领导看到财务资源留在会计系取得了非常明显的快速发展效果，就一再延期，以至于直到2017年我卸任系主任时，虽然商学院领导已经历赵曙明、范从来、沈坤荣三位教授，但由会计系承办MPAcc的财务体制始终未变。

我不得不说，会计学科的快速发展与2005年后拥有了稳固的财务资源直接相关。在这一点上，商学院的历任所有领导给予了我人格上的充分信任，为我在会计系放手去做一些颇具挑战性的尝试之举，提供了极大便利。这种领导与被领导之间的相互信任与理解，带来了学科的快速发展，是南大会计发展背后决定性因素的重要方面。事实上，也正是在为发展学科过程中，与各位领导为发展会计学科"斗智斗勇"并屡获支持，而会计及时作出积极呼应的良性互动中，我与南京大学以及研究生院、商学院所有领导，结下了深厚的友情，以至于这些领导离开岗位后，再有任何事来找我帮忙，我都会竭尽全力去做好。

（二）争取首批招生的额外50个指标

在学校争取了有利的财务体制，并不等于会计系就自然拥有了稳固的财务资源。因为，我们2005年首批招收MPAcc只有50个名额。而且就这50个指标，如果宣传发动不到位，在MPAcc没有社会认知度的前提下，极有可能招不满。因此，总体财务体制一经确定，我的工作重心迅速转到招生宣传上。就在此时，江苏省电力公司费圣英总经理与国家电网华东公司王祥富总会计师，在整个华东地区电网公司的财务骨干中，选拔了100多人来报名参加MPAcc入学考试，加上社会上自由报名者，第一年就有了近300人的考生。这样，50人录取指标肯定没问题。但另一个问题冒出来了，将来由于名额所限一些高分考生不能录取，将直接影响以后年度考生报考南大的热情。但由于是试办招生第一年，教育部明确，下达给各学校的招生指标，不管合理否，一律不作调整。因此，不能指望教育部会给南京大学增加MPAcc招生指标。然而，考试结果让我陷入了极大的困境。当年报考南大的考生成绩都不错，按高分到低分确定面试名单，电力系统只有10人录进来，一批相比其他学校考分高得多而且肯定能录取的电力行业财会骨干，我们无法录取。若这样我和南京大学会计系以后真的可能无脸面对电力同行了。我非常难过的神情，深深地打动了学校研究生院办公室张巧林主任，他暗示我不妨孤注一掷，以MPAcc应多招已是财会业务骨干且适宜办行业班为理由，争取教育部破例再增加一些招生指标，以解燃眉之急。

我是抱着死马当活马医的态度，首先向时任财政部会计司司长刘玉廷求援，刘司长很热情负责地帮我们联系落实，并通知尽快来北京当面汇报，带上以行业班为充分理由的南京大学增加招生指标的报告。为了显示我们诚意，省电力分司财务资产部主任夏俊与法务总监周建海受费圣英总经理委托，张巧林主任受南京大学研究生院常务副院长童星委托，和我一起紧急赶往北京，向国务院学位委员会办公室招生办几个领导，当面汇报了因招生指标严重不够，而导致我们以行业班招生办出特色的培养方案难以实施，从而背离了MPAcc制度的初衷。教育部招生办领导完全认同我们对MPAcc教育制度的理解，认为面向行业招收已是财会骨干的考生，再予以培养，确实非常符合我国发展MPAcc教育制度的基本要求，事实上南大考生已考出了很高的分数，因此他倾向给南京大学增加50个招生指标。他的建议也得到了教育部相关领导的批准，这样我们增加了50个专门招录电力行业财会骨干的指标。正是第一年，我们实现了把不可能的事情变成了可能，所以我以为，只要脚踏实地努力，合情合理不违反现行法律的事情，不可能办不成的。这在一定程度上，也大大增强了我把南京大学会计学科做强做好的信心。

因为江苏电力的积极响应，南京大学MPAcc一开始就办起了像模像样的行业班，这种办班模式居然成为日后南京大学MPAcc一个得到校内外公认的成功范例，也成为南大会计人才培养的亮点。

（三）收费环节防范浪费指标的风险

因为第一年招生名额太紧而考分偏高，为了不浪费招生指标且让想读MPAcc的学员都能如愿，我们又在收费环节打破了惯例，做了一些安排。

按学校制度，学生要在入学的当时或一个月内把学费交学校。按惯例，学生入学是指学生报到学校时，而非学校录取时。学校录取与学生报到一般差3个月。这样带来的问题是，一些被学校正式录取的学生，到正式报到上学时，绝有可能由各种各样原因而放弃上学，有的考生其实在录取时就已决定不上学了。若MPAcc也这样，本来极其紧张的招生指标可能会有浪费的风险，而很想读书的考生却不能如愿以偿。我考虑再三，决定按内部控制的严格要求，完善招生录取制度。具体做法，在征得学校财务处同意前提下，在工商银行开设MPAcc收费专设账户，这个账户只有对南京大学财务处一个出口，在招生环节，先向考生发拟录取通知书，并要求在规定时间内把第一年学费交南京大学MPAcc专设账户，汇款时注明拟录取通知书号。这样，到规定时间，银行会打出收款流水，我们工作人员一核对，发现放弃名额，立即补录其他考生。这样做以后，南京大学MPAcc从未出现过浪费招生指标的现象。我的专业知识似乎也发挥了一些作用。

（四）确定财务支出标准与流程

夯实了会计学科财务资源的平台底盘，我认为可以在人才培养与学科特色方面，做一些自己想做的事情。不过，由于我在连云港市审计局工作8年，接触了很多是是非非，深知学校给了会计系很大财务支配权，既给我为南京大学会计学科超常规发展、充分施展拳脚提供了极大的方便，更为我及会计系快速发展必然会出现一些棘手问题变通处理以后面对各种各样检查监督留下了很大的隐患。因此，学校给予我系较大财务空间，既是权力，更是责任。于是，我让会计系全体老师从教授、副教授、讲师三个群体中，各公推一个代表，组成系理财小组。陈丽花教授被大家公选为理财小组组长。理财小组成立后，首先对学校分给系里MPAcc收入部分的开支，包括日常讲课、论文指导、学术交流、各种教学案例研发、学术讲座、科研奖励等费用的标准与流程，作了详细规定，全系老师通过后，就形成了理财小组工作依据。系里所有资金开支，全部由理财小组先审核签字，后才由我统一批准列支。这样，没有我与理财小组的全部签字，财务不给出账。如此，我把自己的特权也剥夺了，我在系制度以外根本无法作出任何开支。这套制度，贯穿于我任系主任全过程。事后证明，在会计系面对外界误解非议以至各种检查监督时，这样的组织、制度以及财务开支流程，确保了我自己不会陷于解释不清而无地自容的困境。

（五）办出行业班特色

全国首批MPAcc招生资格的取得，南京大学暨商学院让会计系自主开办MPAcc教育的体制，为会计学科办出特色与水平，提供了有利条件。其根本点，是首先要办好南京大学的MPAcc，不然会计系发展所需资源保障就不具有可持续性。对这一点，会计系全体老师具有高度共识。因此，对做好MPAcc的各种努力，全体老师都会全力以赴参与。正由于这种齐心协力，我们才在行业办班这一难度挑战极大的探索上，取得了令同行有口皆碑的赞誉。

MPAcc首届招生，我们以电力行业班破例让教育部增加50个录取指标，这需要我们以毫无先例的创举来呼应，关键是让行业班办出特色。为此，我们充分利用了这几年与江苏电力在财务管理方面合作研究取得的一批既有理论创新又能指导实践的学术成果，把这些科研成果转化为上课的教材，从而在教学组织、课程设置以及教学内容上，充分体现了电力尤其是江苏电力的财务管理改革创新的具体要求与内容，使人才接养素质提高与行业发展自然一体。为了解决好这一问题，我们选择江苏电力公司与南京大学会计系共同主编、中国财政经济出版社2005年出版的《企业财务管理探索丛书》为教材。

《企业财务管理探索丛书》

这套丛书含四个专题：现金流量、成本管理、风险审计、内部控制，恰好涵盖了财会审专业核心课程，要求电力行业班学员重点研读，教师在课堂围绕书中有关内容，从基本理论、准则惯例、技术方法、成败案例、探索创新五个方面，引导学员运用广泛阅读、作出笔记、课堂报告、集体讨论等形式，逐步消化这四本书所涵盖的传统与创新内容，从而使学生感到授课内容与方式，与他们的实际工作一致，理性能力得到快速提高。第一届入学第一学期，我们的课就深深吸引了学员，从而赢得了好评。以后，江苏电力连续四年分期分批组织他们的财会审业务骨干报考南京大学 MPAcc。到 2012 年，我们前后为江苏电力培养了 320 多名会计专业硕士，占培养学生总数的 30%。

开弓没有回头箭。既然我们以行业班为 MPAcc 招生培养赢得了一个良好的开局，紧接着我们在江苏盐业、江苏移动分别组织了行业班。在江苏省国资委周建强主任、黄佩华与唐华副主任的热情关怀与全力支持下，我们开办了省国资系统 MPAcc 行业班。连续几年的行业班，使南京大学在全国举办 MPAcc 院校中声名鹊起。这一过程，会计学系李翔副教授牺牲了自己的科研与家庭生活时间，为此全身心努力并克服了各种难以想象的困难，终于树起了南大会计专硕教育的金字招牌。我希望南京大学会计学科后继者在充分享受 MPAcc 丰厚回报的时候，千万不要忘掉为此发挥奠基作用的贡献者们！2010 年 10 月，为使"专业学位研究生教育更好地适应经济社会发展和满足人民群众的多样化需要"，经专家评审，教育部批准全国 64 所高校每所三个专业硕士点进行综合改革试点。会计专业硕士改革的试点仅有南京大学与中央财经大学。

第二部分 乘风破浪

在南京大学已有的硕士专业学位教育中，MPAcc办学时间短，规模也不算大，但由于坚持行业班办学特色，短时间积聚了良好的社会口碑，得到学校与研究生院领导高度认同，从而成为南京大学力推进行综合改革试点的专业。为了通过综合改革试点专家评审，我与李心合、王跃堂教授一同上北京，向评审专家们当面报告了我们进一步改革的思路，最终得到了与会专家的好评与肯定，从而通过了评审。得到教育部正式批文后，我们即展开了以下进一步探索。

其一，行业班新突破。为使南京大学在MPAcc教育上探索出具有真正创新意义和普遍推广价值的模式。我们在获得综合改革试点资格后，即启动了面向中国人民解放军系统的MPAcc行业班组织设计工作。在以往研究生课程进修班与全国会计知识大赛活动中，我与当时南京军区联勤部副部长兼财务部长陈照明（财政部首批全国20个杰出会计人才之一，也是军队系统唯一获此殊荣者）结下了深厚友谊。基于这样的感情基础，更着眼于军队财会人才的培养以及南京大学MPAcc教育品牌的精准打造，我们一致认为，可以尝试办一个以军队财会骨干为对象的MPAcc军队行业班。初步意向50人规模，南京军区组织筛选生源报名并进行考前辅导，南京大学负责办班前培养模式与具体方案的设计。为此，2011年6月20日与9月6日，我先后两次约请南京军区财务部领导和召集南京大学会计系主力老师参加专题讨论会，解决了办班基本原则与思路、实施方案并落实了双方负责具体操办的责任人。为有条不紊地开展军区行业班工作提供了保障。南京军区财务部领导高度重视，组织了140多名营职以上符合报考条件的财会骨干现场报名，令人感动的是当时军区财务部副部长李智威大校带头参加了报名。经过南京军区认真的考前辅导，最后有数十名军官达到南京大学当年MPAcc面试分数线并通过了严格的面试。招考工作还得到了研究生院常务副院长许钧教授和南京大学副校长兼研究生院院长程崇庆教授的大力支持。现在，尽管许钧教授已就职浙江大学，但我仍把他视为恩人，时不时电话短信问好致意。经过大家的努力，南京军区行业班就这样办起来了。在隆重的开学典礼上，专门从北京赶来现场指导的时任财政部会计司司长杨敏与副司长欧阳宗书，看到台下53名身穿军官服的新学员，惊喜和感动溢于言表，对我们所作的如此壮举作了充分肯定，此后南大会计学科发展一直得到了他们大力支持。

其二，培养过程在具体内容上实现实质性创新。从招收MPAcc第一届开始，我就认为，在几门主要专业课程前面冠以"高级"两个字，就作为MPAcc专业主打课的方案，不符合MPAcc教育宗旨，最起码不符合一开始招收已有丰富财会实践经验的学生对实际知识的需求，更严重脱离了经济社会尤其是科技发展对财会职业知识结构与能力的现实要求。因此，我们在行业班的探索中，一直在建设满足实践发展需要的MPAcc教育知识体系、组织形式和实现路径等方面，进行了各种各样的尝试，取得了一定认识。借助于综合改革试点开办南京军区行业班，我认为，我们已具备了探索符合中国现实需要的MPAcc教育南京大学模式的基本条件。我提出具体方案是彻底打破"高财、高管、高审"的老套把式，以课题攻关研究贯穿于两年培养过程始终，最终把学位培养与行业发展财会难题攻关融为一体，充分体现专业学位的本质特征。作为探索试行，我们把53个学员，按我系校内外导师力量和南京军区财会管理发展的现实需要，分13个大课题，再经反复论证细化为53个子课题，原则上形成了一个学员一个课题的格局。每个课题成立一个由校内外导师以研究专长对口组成的导师组，然后由53个学员按各自工作岗位需要和个别职业发展规划以及军区财务管理发展总体战略，选择适合学员自身学习提高的子课题，从而把53个子课题一一落实到53个学员。这样整个MPAcc学习过程，分为三个板块：课题研究攻关、课程学习、各种讲座，以课题攻关为主线，从而带动整个学习。学习期间，每学期要每个学员提交课题攻关进展，表现比较好的学员，让其向全体学员报告，以示激励、鞭策和示范作用。功夫不负有心人，当这样的培养过程结束，老师与学生都有明显提升，老师更加深刻了解了实务，学生更理性地认知了实务，学员毕业后无论是理论水平还是业务境界都得到了显著提高，受到了南京军区领导的好评。时至今日，我与该班学员一直有着良好的往来关系，大家都特别怀念一起学习攻关的那两年时光。

作为顶层设计，课题攻关的题目与内容很关键。南京军区首先开出清单，经双方认真讨论确定实施方案，每个学员开学典礼不久就收到任务单。

各校内导师，联合若干名校外实务专家导师，组成导师组，再对各学员课题作出细化大纲，提交MPAcc教育中心，作为实施考量依据。这样，行业班培养就有了明确目标与思路，教师与学员以及用人单位都有了明确的预期。

其三，寓学与研、理（理论探索）与实（实务改善）、现（现在传统经典做法）与新（创新探索举措）、中与外、论（理论创新）

与术（技术方法改造）于一体，充分体现南大会计专硕"国际化视野、信息化背景、复合型思维"的人才培养模式特征。这一过程中，南京大学领导也高度重视并支持我们的探索。著名经济学家、我校党委书记洪银兴教授与时任学校党委常务副书记后任书记、著名哲学家张异宾教授都亲临行业班课堂，作极其有趣生动和很有思想深度的报告，让行业班学员充分享受到南京大学各种优质教学与科研资源。

其四，重过程，严出口。第一年，边学习边观察边思考，学生在校内外专家导师组指导下确定调研课题和具体目标以后研究报告框架，提出调研提纲。这样教学、日常指导、学生听课与平时自学、平时教育管理四位一体，在良性互动中充分调动教、学、管三方积极性，出现了既协调一致，又互相竞争的学习局面。第二年，第一学期完成调研报告选题与内容要满足日后学位论文要求，篇幅不少于2万字。第二学期，学位论文开题，写作并完成答辩。学位论文选题，必须与调研报告保持一致，学位论文中不少于50%的内容必须来自于调研报告。通过查重和论文格式、文字、标点符号与基本结构等形式性审查后，进行正式答辩。答辩通过，授予硕士学位。

我们在南京军区行业班严格按照以上改革要求实施，取得了良好效果，在综合改革试点结束验收检查时，得到了专家们一致肯定和高度评价。为会计专硕培养，提供了一个具有普遍推广意义注重内涵质量的具体模式，从而进一步提升了南大会计专硕的品牌形象。

整个过程，南京大学MPAcc教育中心周俏纨、蒋寒卉、张海云三个行政管理人员的积极主动而富有创造性的日常管理工作，确保综合试点行业班在军区班试点过程中圆满地实现了预期目标。后在苏亚与瑞华CPA班上复制了这样模式，使我们的模式固化为可视可控可监督考核的流程，而具有普遍的应用价值，从而在MPAcc教育领域，创造了一个清晰可复制、较好也较完全体现硕士专业学位教育制度目的的南京大学办学模式。

2007年MPAcc校外导师合影

（六）会计本科国际化教育模式探索

在南京大学会计学科发展过程中，本科人才的培养也倾注了个人不少精力。刚到南大不久，我就任系副主任，按南大商学院当时的惯例，系副主任就是一个主管本科生教育的角色。南大会计系1994年刚建系时，只有会计学一个本科专业，1998年又增加了财务管理专业。如何实现会计与财务专业的协调发展，是会计系本科专业建设的瓶颈。在这一层面，作为系主任，以国际化为目标，竭尽全力作了多方面尝试。

2000年，南京大学与马来西亚教育部尝试建立战略合作关系，当时签了一揽子合作协议，包括会计学科在内的八个学科，被指定进行本科专业国际化尝试。为此，我奉命与马方进行合作谈判。一经接触，我了解到马来西亚方会计，是以英国ACCA来作为合作项目。具体做法，让我系把本科专业培养方案，全部译成英文，报英国ACCA总部审批，获取九门专业课程免试资格。为了兑现学校已签的协议，我系组织有师生，把南京大学会计本科培养方案各主干课程，严格按ACCA格式要求完整译成厚厚两大本材料，提交后很快获批。但接下来谈判时，我遇到了难题：南大不给国际化合作任何补贴，会计系又没有足够的现成财力，但要合作，会计系必须委派本系专业教师去马来西亚，进修ACCA 14门课中除免试以外5门课程，并承担发生的往返交通与在马期间住宿等费用，而且这笔费用累计起来还不小，对当时一贫如洗的会计系而言，确实无力支付。如何解决这一难题，我充分发挥也自己的专业技能，让我系不增加任何经济负担的前提下，顺利地启动了合作前派教师去马来西亚进修的工作。具体做法是，我以充分理由让马来西亚相信，派老师去马来西亚肯定是为了以后合作，而合作的内容与目标是马方决定的，因此发生的各种前期费用包括外派老师发生的各种费用，应由马方先承担，在将来项目实施后取得的收益中弥补。马方觉得我讲得很有理，愉快地答应了我的要求，因此首先委派陈丽花教授去马来西亚进修，我系未承担任何费用。只是陈丽花老师为此在马来西亚很辛苦学习刚过四个月，南大与马来西亚合作双方都面临了一些难以继续项目的困难，马方主动提出中止合作，我系本科教育国际化尝试就这样首次出师不利。我系老师为此项目启动付出了很多努力，也寄予了厚望，但最终无疾而终，大家都深感可惜。唯一可以自我安慰的，是由于我在项目启动一开始财务支出上的精明谈判，而使我系没有蒙受丝毫的财务损失。

此后，我系又尝试与新加坡南洋理工大学合作成立"中新会计学院"形式，来真正地实现当时会计本科教育的国际化。但已如前所述，也因教育部未批准而折戟沉沙。南京大学会计本科教育国际化，又一次惊动全校的轰轰烈烈尝试，再一次以空欢喜收场。

与此同时，在中国积极推广洋会计证书的英国"ACCA"与加拿大"CGA"也曾来我校与我热情接洽，希望在南京大学会计本科培养方案中注入他们的元素。但是由于他们已跟中国大陆一些没有研究生教育的院校甚至是二本高校进行了合作，跟南大合作给出了与这些院校一样的方案和优惠政策，为维护南大的学术声誉与尊严，我断绝拒绝了这种只求形式化而毫无实质性内容的国际化做法。

其间，我们见识了兄弟院校的国际化主要是课程教材用英文，或教师上课用英文，或教师上课PPT用英文，学生考试用英文。通过这些不尽相同且程度不同的形式，表达了中国大学对教育国际化的具体理解。但这样的国际化，由于各课程有的是中文，有的是英文，学生接受的各课程内容之间缺乏应有的内在联系，加上部分课英文部分课中文，形成了体系与内容上都不配套的专业课教育，使会计专业学生毕业也不知道完整的会计是一个什么样的知识体系。我对这样的国际化很不以为然。2011年始，我校薛清梅副教授与美国伊利诺伊大学香槟分校（UIUC）逐步建立了良好的学术交流关系，我拜托她联系协调，希望双方会计建立战略合作关系。我系分期分批派年轻教师去该校访学，把UIUC 5门会计主干课原汁原味学到手，最后全面复制到南京大学会计本科课堂上，实现南京大学与UIUC在会计教育上的无缝对接。薛清梅副教授不负众望，通过有效沟通，UIUC商学院同意了我们方案，并2014年正式签署了合作协议。其实，我们从2010年起，已先后指派张艳、张娟、李翔、吕伟、薛清梅等老师，以访学名义前往UIUC学习1至2个学期，完成对两门会计专业主干课的听课学习，从而保证每门UIUC会计专业主干课在南大会计系能有两个以上老师胜任以原版教材全程英文授课，而且每门专业主干课几乎都保持与UIUC本部同步。这样培养出来的我校会计本科，只要我系教授给出推荐信，可以直接申请UIUC会计硕士研究生，UIUC一般全盘照录。按我当时设想，如此精心组织，打造一支能直接高质量移植UIUC（真正一流的美国会计本科）会计本科的师资队伍，加上经常被美国与意大利几所大学邀请去英文讲学或讲授国际财务报告准则的薛清梅副教授，南京大学会计学科的国际化程度与水平，绝对可以领先于国内任何大学的会计系。这样的国际化，比简单地以教师中海归数量和请海外学者来本校讲座报告来衡量，更具有实在意义。这样做，既快速显著提升南大会计国际化水平，又增强教师对南京大学会计学科的归属感，最终有效保证了我系会计教师的校内外竞争力。我们踏踏实实地这样做了，会计系毫不吝啬承担了每位老师外访发生的各种费用（每名教师投入8万元左右），而且回来给我们会计本科上UIUC专业课，酬金标准是中文专业课的1.5倍。我原本很自以为得计：会计学科因举办MPAcc积累的自有财力，在切实提高年轻教师水平与能力和职业发展潜力方面，以及快速提高会计系国际化水平方面，发挥了关键作用。遗憾的是，我这样的国际化思路，当时并不为其他学科和兄弟院校理解，后又由于整个国际政治经济环境的变化，我的坚持受到了冲击。以至到了我离任时，南京大学会计本科教育国际化模式跟中国高等教育一起仍在探索。

2012年与伊利诺伊大学签约仪式

（七）南大会计学科的核心竞争力与社会影响力

现在单纯以发表文章多少、获得国家基金项目以及科研经费、教授规模、海归数量来评价一个会计学科，我认为存在着很大片面性。南京大学会计学科之所以为同行瞩目，恰恰不在于以上各点。主要由于以下方面，南京大学会计学科创造了一个兄弟院校不一定能复制的业绩，说是奇迹也不为过，我姑且把其称之为南京大学会计学科的核心竞争力。主要表现在：（1）南京大学会计学科拥有的几位教授都很有个性和能力，李心合的制度财务，冯巧根的管理会计，王跃堂与陈冬华的实证会计，我的内部控制和会计基本理论，我们都在各自领域，乃至整个中国会计学界都是掷地有声的人物，其实我们的性格脾气和行事风格甚至学术观点存在严重冲突，而且每个人都较强的整合社会资源能力，都有很强烈的在会计学科发展中证明自己存在感的愿望和行动。因此，我们经常产生分歧以至给外界造成并不和谐的印象，但又能相容地办成了在其他人看来根本无法办成的好多事。在会计系教授偶尔争吵的同时，更多的是每个教授都在学术研究与社会发展方面拼命地努力，以凸显自己的存在和试图证明自己高于他人的独一无二价值，其结果是不断涌现出了颇有影响的高质量学术成果。虽然我们每个人都有抱怨，但对会计系这个集体始终不离不弃。我们的意见分歧，并没有改变一旦系里作出决定后，尽最大努力在完成系工作中做好自己本份的基本原则。正是由于这样，在南大会计学科内部产生了强大的竞争与制衡双重作用效应，从而确保会计学科发展具有持续动力。这样奇特的现象，在中国所有大学会计系找不出其二。（2）南京大学会计学科对财政部会计司和中国会计学会毫无诉求尽了不少义务，体现了高度的社会责任。例如对中国内部会计控制规范建设，2006年与2007年新会计准则试行测试以及应用后果的具体分析，都是在事前事中未向财政部要任何补贴的前提下，倾一系之力而积极认真奉献，这可能不是每个单位都能做到的。学术研究与国家民族会计行业发展需要有机结合，体现了南京大学会计学科具有高度使命感。(3) 双轮驱动的学术发展格局。以王跃堂、陈冬华为代表的实证研究，和以李心合、冯巧根和我为代表的规范研究，都在中国会计学界拥有了不可忽视的一席之地。这在中国高校会计学科中也是罕见的，表现了南京大学会计学科在协调发展方面取得了显著成效。(4) 南京大学会计学科在积累社会资本方面形成了非常与众不同的特点。其与江苏省电力公司的长达20多年的科研紧密合作关系，与江苏省财政厅和国资委以及一批省属企业的联系，有效地支持了会计学科的整体发展和学者个人价值目标的实现，会计学科整体品牌建设与各学者个人利益实现得到双重满足，这也是在中国高校会计学科中少有的。(5) 南京大学会计学科对曾予我们发展支持的社会各方，永远心存感激，即使他们离开了社会舞台，我们也还会以各种方式来表达感恩之心。以上是我个人很感性的总结，尽管我要求并力求自己做到公正而全面，但我毕竟也是一个个性极强的学者，而且置身其间难免会有这样那样的偏激。不过，我始终奉行"我绝对不赞成你的观点，但我会誓死捍卫你说话尤其说我不爱听话的权利"。正因此，我才坦率地公开自己以上总结，而且认为正是这些，使南京大学会计学科发展到现在，拥有了一些多多少少让同行敬佩的品质。我有幸在这些品质塑造过程中，当了18年系主任。

关于南京大学会计学科的社会影响力，除了以上财政部会计司与中国会计学会给予的评价外,我还可以国内较有影响的会计公司——信永中和会计师事务所2007年11月29日给我校陈骏校长的一个公函为例。当时信永中和想与我系在内部控制方面进行深度合作,但最终由于定位冲突,而未能践行合作。他们当时给我们陈校长的接洽函全文如下:

接洽函

南京大学陈骏校长台鉴:

我们是信永中和会计师事务所,一家国内领先的审计与财务专业服务机构。我们希望籍此函就合作进行内部控制研究事宜与贵校接洽并建立联系。

在西方,内部控制体系是企业的成熟管理工具之一,在企业的运营过程中发挥着重要的作用。内部控制概念在九十年代导入我国,但是,如何将在西方的商业与文化背景下形成的内部控制理论与我国的具体实践相结合,使其在企业的管理过程中发挥重要的作用,我国所进行的研究和实践尚不是很充分。因此,学术界、企业界和服务企业的中介机构近年来对内部控制在企业的应用一直都在从各自不同的视角进行着研究与探讨。

我们从多个渠道了解到,南京大学会计系对企业内部控制有深入的研究。我们还解到,该研究领域的学术带头人,贵校的杨雄胜教授对企业的内部控制有独到的见解,对内部控制理论在我国的应用研究起到了积极的牵引作用，受到了相关政府部门与学界的赞誉。在征询了财政部会计司领导的意见后并承其推荐，我们和杨教授进行了初步的接触。

过去的几年间，信永中和会计师事务所对内部控制在我国的应用进行了深入、广泛的研究，并通过为我国的大型国有企业和上市公司进行内部控制建设咨询服务，积累了大量的企业内部控制应用实践经验，对内部控制体系在我国的具体应用起到了积极的推进作用，获得了国资管理部门的认可与企业的认同。

内部控制建设是未来一段时间内我国企业提升管理水平的重要途径之一，也是国资管理部门和上市公司监管部门十分关注的防范企业风险的重要手段之一。我们判断，在未来的几年内，内部控制体系在我国的应用研究和企业的内部控制建设，将在我国企业界、管理学界和会计学界走出一轮研究与建设的热潮。有鉴于此，我们希望能够与贵校在内部控制研究与实践领域进行合作，借助贵校会计系的学术平台与信永中和的丰富实践，合作建立内部控制研究中心，整合南京大学的理论研究成果与信永中和深入、广泛的实践经验，形成切合我国企业实际的内部控制应用成果，从而满足企业不断提升管理水平的需求，并能部分地解决国资管理部门和政府监管部门的风险防范问题，推动内部控制在我国企业界的应用。同时，我们也希望，通过合作能够提升南京大学会计系在国内学术界的影响，增强信永中和对企业提供服务的能力。如果校领导们认为我们的倡议可行，并希望与信永中和进行内部控制的研究合作，我们将择日造访贵校，抑或贵校领导莅临本事务所，对合作事宜进行进一步的磋商。

此致
敬礼

信永中和会计师事务所
2007 年 11 月 29 日

这些信息,多少证明南京大学会计学科发展,已产生了一定的社会影响力,成为中国会计学界不可忽视的学术力量。

第三部分 人生港湾

一、大师专家的关注与扶持

回顾我过去的学术人生,南京大学会计学科的发展成了我割舍不去的重要组成部分,也是成就我学术人生的一个重要方面,感谢1999年以前有施建军、陆正飞两任系主任的铺垫,1999年以后有会计系全体同仁的一路同行,我有幸做了一些自认为必须要做好的工作,而且这些努力得到大家的认可和支持。我深信,不管南大会计将来走向何方,只有不断强化这些优势特点,才能赢得大家对南大会计学科的继续和更多认同。如果有一天抛弃了这些特点,那么他就不再是一个大家认同并接受的南大会计系,其多多少少赢得的那份同行尊重也将不复存在。以上个人学术人生,主要回顾自己在南京大学会计学科发展过程中,所做的一些自认为体现自己学术意志和人生价值的努力及其效果,对于一个学科发展而言,我们既可以认为某个个人的作用可以忽略不计,那全是南京大学各级领导重视支持和会计学科全体老师共同努力的结果,不管谁当这个时期的系主任,南京大学会计学科发展成现在这样,具有客观必然性。这样的说法当然是有道理的,而且更符合南京大学会计学科发展的本来面目。但是也无可否认,个人在其间所作的努力,主观上也发挥了一定的促进作用。乘势而为,这是我对以前人生努力的总结。只要社会稍给我们一点机会,我一定会抓住机会充分发挥主观能动性让社会看到并无法忽视我们的存在。南京大学会计学科成长发展，正是充分体现了这一点。而会计系主任的岗位，恰恰为我践行这种理念提供了付诸行动的平台。虽然，这种努力过程，伴随自己的欢喜和快乐，也有无以名状的痛苦、纠结乃至愤怒，作为自己的学术生涯回顾，我无法也根本不可能抹去我任南京大学会计系18年主任那一段历史，这一段的记忆留给我的岂止是刻骨铭心。但我的自述，还是刻意在"剪不断，理还乱"的记忆中，尽可能选取可供大家共享的缕缕阳光和朦朦细雨。以下我要回顾和感恩，是对个人学术生涯影响的人和事。

（一）我的会计学术引路人——王庆成教授

中国人民大学王庆成教授，运用他敏锐的专业观察力和循循善诱的耐性，把我这个不是他门下的弟子，引上了会计学术轨道。对王老师的这份提荐之恩，我曾在《财务与会计》以"我认识的王庆成教授"为题，敞开了我的心扉。

会计学术人生的精神高地
——我认识的王庆成教授

王庆成教授从童年到退休后生活各个方面，让我们品味王教授精彩人生的同时，对中国高校财会老师的职业使命产生了诸多思考。改革开放30多年，中国的会计教育事业突飞猛进。时至今日，没有

第三部分　人生港湾

会计专业,已不好意思称自己是大学了。会计专业一反过去那种小家子气让人瞧不上的样子,即使不能说全是"白骨精",但整个行业真的很"高大上"。过去,我们在星罗棋布的电线杆上可以看到低端"会计培训班"的广告,现在我们在社会公众必不可少的网络上看到了高端的"财务第一教室"。作为会计教师,由辛苦板书,到一张张的投影,再到一个个的PPT,从讲概念定义公式为主,到现在编故事讲案例才能拢住学生;学术研究也从依据权威本本条条论证问题、发表见解,到现在假设、模型、数据、软件同时并举方有资格谈论学术。会计人才培养和学术研究的社会生态、技术环境、现实需求均正在发生颠覆性的变化,会计教师面临的挑战,已绝对不能用简单的"教书育人"来概括,准确地说是职业精神的重塑!试想,以急功近利为行为准则,并以谋取个人名利为基本目标,这样的会计教师,怎么能培养出具有人文情怀的会计人才呢?王庆成教授为代表的老一代会计教师,在这方面的所作所为是值得我们好好学习的。

与王庆成教授及夫人

1981年初，刚从学校毕业的我，被分配到中专学校当会计老师，担任财务管理课程的教学任务。真是学到用时方恨少，走上讲台，既无理论功底又无实务经验的我，每次100分钟两节课，怎样才能讲得饱满，简直就是一种折磨。我很想请教老教师，但遗憾的是我们所在的中专学校财务课方面的老教师一个也没有。初生牛犊不怕虎，走投无路的我一下子把眼睛瞄向中国会计界的几位权威。当时全国公认的教材只有王庆成教授、余绪缨教授、谷祺教授分别主编的三本《工业企业财务管理》。于是，我分别给三位教授围绕我看到各自教材的一些问题，很唐突地提出了自己请教的要求。令我感动的是，三位教授都很认真地给我回了信，而且在以后的学术生涯中，我很庆幸地得到了三位教授多方面的指导。说实话，三位教授中，通信最多的是王庆成教授，而且王教授大都的亲笔回信都较长、今天当我自己也是一个教授后，回想起王老师当时能做到这样是多么的不寻常。我几经搬家，旧物品基本无存，但王老师给我所有回信，至今我一直保存着，我视为极其珍贵的精神财富。1981年12月21日，我给王老师写了第一封信，请教财务管理方面的一些理论问题。当时写了什么已记不清了，但从1982年2月1日王老师整整5页的回信中，王教授分别从"财务概念""财务管理同其他课程关系""财务课程体系""财务课程的性质"四个方面给了我详细的指导。并肯定我"对财务管理课程作了比较好的分析，有自己的见解"。毫不夸张，是王教授的这封回信，激发了我对学术研究的兴趣和自信。时至今日，我一旦看到那封回信，看着王教授清秀的笔墨，读着王老师研究方向的指点和高屋建瓴的概括，那份感动无以言表，可以说刻骨铭心!今天，当我碰到年轻人需要我帮助时，我会尽量做好。我深知，有些事对我可能只是举手张嘴之劳，但对年轻人的影响可能是一生的转折。当然，相比于王老师对我的付出和尽力，我这方面还做得很不够很不好。后来，我对会计研究的兴趣日益浓厚，在王老师的鞭策与鼓励下，1984年，我在《会计研究》《财政研究》发表论文上取得了零的突破。1985年，赖杨纪琬、阎达五教授和丁平准老师关注，我被邀到北京京西宾馆参加中国会计学会年会，我抽空上人民大学林园专门拜见王老师。第一次见面，王老师和师母那种亲切慈善和无微不至的关怀，我现在还是历历在目。那次见面，使我明白能成为一个会计名师，不仅学术精深，更要胸怀天地、热忱助人、真诚处世，游弋并领略了会计学术应具备的精神境界：个人的个体学术必须带动并感动更多的会计同行甚至要对社会文明进步有所担当。

在其后交流中，王老师对我提交的任何文章，几乎都一一提出修改意见。例如，1988年，我写了《论会计理论丛林》一文，试图对当时乱七八糟的会计基本认知分歧作一相对严密的理论梳理，期望为取得共识做些努力，以便于减少会计准则与法制建设中的分歧从而提高中国会计制度建设的质量与效率。这样的研究探索无疑是有意义的，但我们当时毕竟见识有限，很多分析无论理论还是实务在深度、广度、精度上均存在很多瑕疵。我寄给王老师后，王老师对论文逐字逐句修改并回了整整9页的说明信。文章中多处内容已完全是王教授的观点，但当我正式发表时想署上他名字时，他坚决不同意。这样的风格使我到现在都不敢因自己修改完善某文后而署上自己名字。此文定稿发表后，赢得会计同行较大反响，我知道这里边有王老师的努力，而我真有点贪天已功。

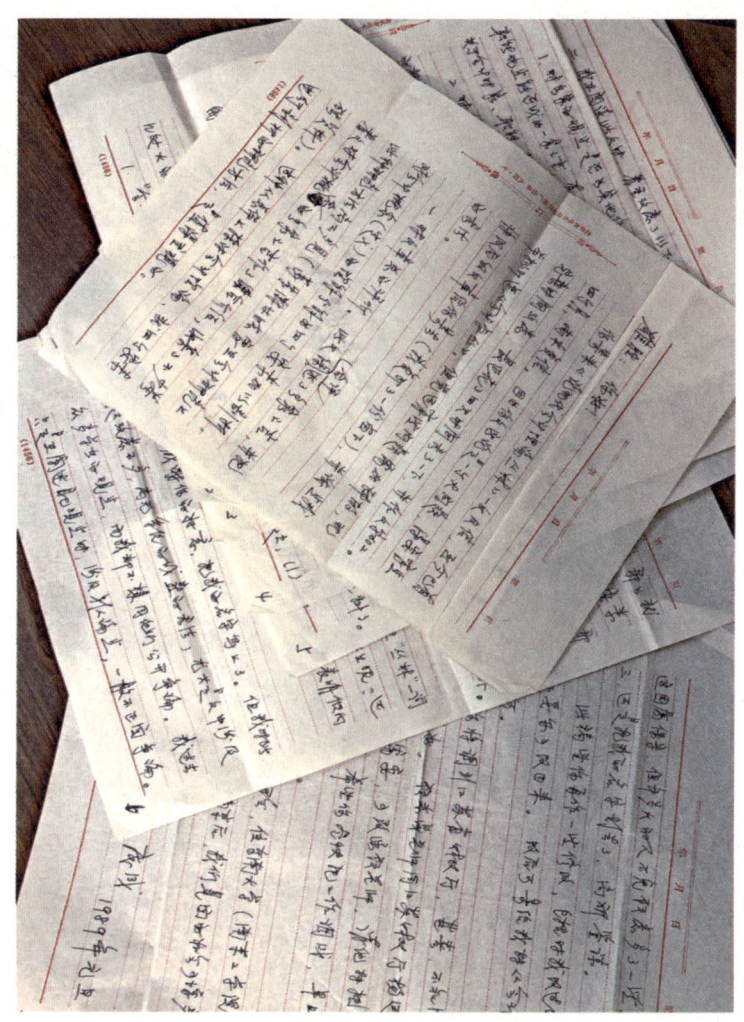

王庆成教授修改论文的说明信

第三部分 人生港湾

我任教南大后,王教授多次来南京指导学科建设,并把他拥有的江苏社会资源积极地融合到南大会计学科发展中。南大会计学科组建较晚,缺少必要的社会资源,但在短短十年中,齐备了本科、硕士、博士所有会计人才培养层次,拥有首批MPAcc试办权,科研和服务社会方面均取得了较好的业绩。如此进步,除了南大领导的高度重视和社会各界支持的外,一批会计界领导和学术权威的全力扶持,则是一个重要因素。在这一过程中,王庆成老师作出了突出贡献。而王老师对南大会计的支持,主要出于他对我个人的信任和深厚感情。当我《财务基本理论研究》一书在中国财政经济出版社出版时,我希望王老师写个序。他欣然同意,仅三天就寄来了他自己写的序言,对我和著作作了充分肯定,认为我的《财务基本理论研究》一书,"分析框架自成体系、研究思路深邃清晰、内容立足中国实践、观点注重开拓创新",并由衷发出如下感慨:"雄胜同志是一位奋发有为的中青年财务学者。他的学习基础并不高,但他勤奋好学,刻苦钻研,博览群书,精益求精,以惊人的毅力实现了一个又一个飞跃,终于从一名中专教师成长为名牌大学的会计系系主任。他在繁重的教学和教学行政工作之余,如饥似渴地开拓自己的学术领域,弥补自己知识方面的短缺,孜孜不倦地进行理论探索,写出了一大批学术论文,经常在《会计研究》等核心刊物上发表文章,成为中青年财务会计学者中的多产作家。他给我国会计界泰斗杨纪琬教授所写的关于我国会计理论研究建议的信件,振聋发聩,切中时弊,深刻地阐发了我国会计理论研究方面存在的问题和改进的方向,在《会计研究》上发表以后受到会计学术界的高度重视。我同雄胜同志早在八十年代初就结识了,二十年来我们通过各种方式,交流观点,切磋学问,探讨问题,争论歧见。我同他在年龄上相距三十有余,但我们却结成了推心置腹的忘年之交,我们在学术上的交往彼此都有所裨益。我深深地为他在科学事业上的成长而感到高兴。现在，雄胜同志这本在中青年财务理论著作中堪称上乘的《财务基本理论研究》专著即将问世，我更是倍感欣慰。"导师般的关爱之情溢于言表、跃然纸上。我也格外珍惜这点，把自己在南大会计发展中任何贡献的作出，看作为对王老师等前辈信任的一种回报。会计是讲究受托责任的，王老师那种于会计、民族和国家以及年轻一代的高度责任感，使我通过与他的经常交往中深深感染，受益终身。

王庆成教授对我30多年的倾情扶持，不仅使我学术上有所进步，更重要的是精神层面给了很多至为珍贵的东西。这种精神财富，正是我们会计教师所应拥有的，也是培养年轻一代符合时代发展要求实现中国梦的会计人才所需要的品质。

值得一提的是，当王老师看到我在学术上发表多篇论文后调到审计局工作后，以一种非同寻常的方式提醒我不要在学术道路上戛然而止！在我刚从连云港财经学校调至审计局工作，他担心我因此放弃学术，于是建议我写一个这几年研究写作的心得，交当时中国会计学会主办的《会计学刊》。我认真归纳，把自己学习研究所得写成了《当你对财会理论研究发生兴趣以后》一文，从要奠定一个扎实的专业理论基础、要有一个质量观念、要注重研究现实问题、要有确定的研究目标、注意专业写作能力提高、要求得一些名家经常指导七个方面，详细地阐述了个人对财会学术研究怎样取得进步的体会，并全文发表于当年2期。这份体会发表后，我顿时感到，这哪里是谈什么体会，主要的是自己做学术的一种自律宣言，是个人对整个业界的一个承诺。这样，我既不能不再做财会学问，也必须好好做财会学术研究。所谓润物细无声，王老师就是这样，不仅以自己的成果与热情为我们树立学术大家的丰碑，更通过让我们时常作自我检讨与表白的形式，来让我们拥有必要的学术坚持和学术精神。正是这一点，使我至今一直充满着对财会学术道德与精神的崇拜，研究过程不敢有丝毫的懒惰和马虎，每篇论文必须是自己思想的忠实表达。

（二）我的导师——谷祺教授与欧阳清教授

谷祺教授是我博士导师。我认识谷老师，还是始于1986年5月江西财经大学，财政部科研所黄菊波教授与中国人民大学陈共教授、阎达五教授、王庆成教授共同主持的全国财务理论专题研讨会。以后就有了通信往来。1988年中国中青年财务成本研究会成立后，我与东北财经大学会计学科就结下了不解之缘。从而，谷祺教授由于是当时会计系主任，而产生了更多的学术交往，我们双方都日渐亲切。后我到南京大学任教，他觉得我应该读个博士学位，我觉得若能成为他的弟子必定会使自己学术研究"策马扬鞭"。于是，我2001年报考了谷老师的博士生并被录取。自此我这个谷门弟子得到以谷老师为首的众多师兄师姐的关心照顾，更增强了自己做好学术的勇气、信心和责任感。谷老师对我也是情有独钟，倾注了大量心力，不断地鞭策自己在学术道路上勇往直前。有些时候，谷老师让我这个弟子诚惶诚恐，他会时不时向我提出对某个观点有无思考的问题。有些时候，他也会让我对他产生无限的依恋，有一次，我接到谷老师电话，很尊敬地问："谷老师，您有事请吩咐？"谁知，谷老师在电话那头："其实我什么事都没有。打你电话，就是想听听你的声音。"谷老师这句话，顿时让我双眼充满了泪水，以至于老师虽然已离开了我们多年，但这句话一直萦绕在我耳边，衬托着导师的音容笑貌，激励着我这个弟子做好一切，以告慰导师的在天之灵。

与导师谷祺教授

对导师的万般情愫，在导师离世周年之际，我通过《会计研究》2010年8期倾诉：

导师学者学界导师
——深切怀念谷祺教授

2009年8月31日，谷祺老师永远离开了我们。他走得如此突然,以至于作为弟子来不及到医院去探望,为老师医疗尽应有的学生义务,从而使我遗憾终身。在东北财大为老师举行的追思会上,我作为弟子代表发了言,寄托了学生们对突然失去导师的无比悲痛、惋惜和不知所措。会后,同门学子希望我代表全体弟子写一篇纪念导师的文章,但这一神圣的使命我反复思量也不知如何很好地完成。作为一个学生面对导师的突然离去确实有很多的悲感。这些悲感作为个人心灵震荡可以无拘无束地记录下来,但作为寄托对导师的哀思而向社会公开陈述,则必须有所择。我担心个人情感放纵流露,变得过于感性表现出不理智,从而有违导师生前严厉要求我等尽可能低调的教导。虽然,作为弟子的我,对导师的学术地位、影响及思想有充分的自信,但若把这种学生对导师的尊敬和学术认同作为一种评价而公诸于众,恐怕既不自然,更不合适,无论恰当性还是公正性都会遭人质疑,弄不好会贻笑大方。看来,导师的离去不容弟子沉浸于万分悲怆的精神渲泄中,我只能以一个谷祺教授弟子的身份,写上追随导师给自己带来心灵震撼的至深感悟,并把这种感悟作为导师学术思想的精神遗产一部分予以公开,让中国财会同行分享这份精神财富的不朽价值,这才是悼念导师并充分尊重导师意愿的较为恰当方式。

任何人物都是社会历史的化石,其言行思想无不打上所处时代的烙印。导师在学界以研究财务而著名。但是,必须承认,导师活跃学界的年代,正值中国改革开放的探索时期,这段期间的财务理论可以说是前无古人,后无来者。回忆这段经历,顿时有种"念天地之悠悠,独怆然而涕下"的感觉。如何把导师置于那个特殊时代背景下,作为一代财务研究群体中一员而考察其独一无二的学术贡献所在,这是本文作者试图努力完成的任务。限于个人见闻及判断,我的下述评述恐难允当,好在老一辈财务学家还有健在者,同龄中也有诸多佼佼者，我对导师的下述追思自愿接受学界同行的严格监督和批评。

我认为，中国20世纪最后20年的财务理论，应不能忽视四位杰出学者的贡献：其一是中国人大王庆成教授，其二是厦门大学余绪缨教授，其三是财政部科研所黄菊波教授，其四是我们的导师（东北财经大学）谷祺教授。当然，若就学术思想而言，可以还包括西南财经大学郭复初教授。这五位学者，王庆成教授、余绪缨教授、谷祺教授均以编写高水准或改革开放后首先出版系统的财务管理教材而在学界产生广泛影响，而黄菊波教授则以其国家对国有企业财务调节理论的开创性研究并对当时财务制度的关键性影响而成为财务界自成一派的大家，郭复初教授虽比其他几位教授成名晚些，但其令人耳目一新的"本金论"及"财务分层调节管理"理论，较为独到地系统总结了社会主义中国当时的财务实践，而为中国财务学界瞩目。相比之下，谷祺教授在财务学界的身份比较特殊。他不同于王庆成教授与余绪缨教授。

1981年，王庆成教授主编的人民大学出版社的《工业企业财务管理》以其观点鲜明、理论严谨、体系完整、概括全面、内容丰富而广受好评；余绪缨教授因中国改革开放后主编了第一本《工业企业财务管理教材（中国财政经济出版社，1979年出版）而赢得学界的尊敬。谷祺教授则是改革开放后财政部第一本统编《工业企业财务管理》教材的主编（1981年中国财政经济出版社出版），从而奠定了他在财务学界无可置疑的权威地位。在他那个年代，不像现在学界如此开放，不管什么人只要有一定销量都可以编写出版教材，因此，现在编写教材在很多学校已不算成果，更不代表什么水平。何况事实上现在各种大同小异的教材还不是互相转抄，最终什么新意也没有，大不了在章节上做些微调，只是现成既有内容方面的不同排列组合而已。真正有实质性内容且与众不同的特色性教材就目前而言已实在找不出几本！但是，在谷祺教授那个年代，能出版教材，本身就是一种水平的代表或肯定，一般人是没有资格写教材的。只有在学术方面已有众所肯定地位的专家，才有资格写教材；如果能成为全国统编财务教材的主编，无疑等于肯定了其在这一领域的领军人物地位。因为，参加统编教材编写的都是各高校的知名专家，能成为这些知名专家的灵魂性人物，必定是在学术与人品诸方面得到大家的认同。例如，当时作为谷祺教授主编《工业企业财务管理》教材编写成员有：湖北财经学院（现中南财经政法大学）马明元与方正生教授、山西财经学院（现山西财经大学）杜英斌教授、辽宁财经学院（现东北财经大学）欧阳清与夏乐书教授。这些学者皆为当时财务学界翘楚。我是这样解读自己导师的，作为改革开放后第一本财政部统编财务教材的主编，其在财务学界的权威地位是无可替代的，也是那个时代对谷祺教授学术身份的一种充分而确切的肯定。

面对失去的导师，我认为最恰当的称呼是：他是一位真正优秀的学者。如何评价一位离开了我们的学者？我认为，主要看其贡献！那么，如何衡量并评价一名学者的贡献呢？是学术论文？是学术专著？是教科书？这些都应该是，但好像又都不是。因为论文、专著、教科书都难免打上时代的烙印，最终为时代淘汰，这样学者充其量可能只能算是颗流星。当然，可悲的学者连流星都不是，因为其所谓论文、专著、教材并不代表任一个时代。我相信，真正的学者不可以成为流星，他（她）应该是颗恒星。那么，能成为恒星的学者究竟向社会贡献了什么？古往今来表明，真正的学者向社会贡献了一种独特的文化或文明：学者精神与良知。学者精神是什么？很简单：视真理为生命，不论什么环境从不放弃学者的良知。而学者的良知就是以发现、坚持真理为己任,为人类福祉而进行科学研究。事实上,一个真正的学者,他(她)若真的有千古不朽的论文、专著、教材,那不仅仅是其理论观点,更主要的是其理论观点背后所体现的东西——学者良知和学者精神。柏拉图的《理想国》如此,培根的《新工具》如此,斯密的《国富论》如此,凯恩斯的《就业、利息和货币通论》如此,甚至于牛顿的万有引力、哥白尼的日心说、爱因斯坦的相对论等,这些学术大师留给人类并为人类至今念念不忘的,不只是他们的理论,更重要的是这些理论背后所充分体现着他们身上闪闪发光的学者精神与良知。一名学者离开世界,人们惋惜不只是人类智慧丧失了一些动力,更主要的是因为人类为数不多的学者队伍因此变得更为单薄。每当我们失去一位学者,都会寄予深深的眷恋和哀思,除了对失去学者的不甘外,更主要是对学者精神与良知的仰望和召唤。学者可以离世,但学者精神和良知应该永驻人间。我们悼念学者、缅怀学者、追忆学者,不是为死去的学者歌功颂德,死者已绝对不需要这些表面文章,而是希望整个社会对学者精神与良知给予更多的关注,希望健在的所有学者更加珍惜自己的精神和良知。评价一位学者的贡献,我看应该从学者精神和良知这一基本面去判断,这样的评价才有深度,才能为还健在的学者们树立丰碑,从而激发他们做真正学者的豪情壮志。我正是本着这样的认识,来评价我们的导师谷祺教授,其学术遗产的精髓所在恰恰就在于充分体现了学者精神和良知。

让我们把时空切换到谷祺教授活跃于中国财务界的20世纪90年代。那时,我们对企业的认识极其简单而肤浅,反正都是而且必须建立在国家前提下。此时,所有资产都是国家的。因此,一谈企业财务必然是作为国家财政的基础存在甚至是附庸,其实质内容,那时只能称之为资金及其体现的经济关系,财务管理的具体内容不外乎向国家要多少钱?如何用好国家的钱?企业财务在实务中无非仅仅是国家财政下派到企业的一个出纳。更令人啼笑皆非的是,我们当时出于对资本主义的极度恐惧和排斥,而在财务理论中不敢甚至拒绝使用"资本"概念。就是在这样的背景下,谷老师主编的财务教材,还是非常肯定地提出了"企业资金筹集"概念,然而这种概念的表述却非常的独树一帜:"国营工业企业是国家统一领导下的独立生产单位,它的资金筹集,最初是由国家以货币形态供给,国家根据企业生产经营的实际需要,以财政方式通过国家预算或以信贷方式通过国家银行向企业供应资金。"(教材第3页)这种提法,今天读者看来已非常不可思议,但确实反映了当时我国的现实。平心而论,那时的企业事实上不存在"筹资问题"。然而,"谷老师们"还是很牵强地定义着"筹资"概念。虽然这种概念离西方财务的筹资含义已风马牛不相及,但却反映了作者的良苦用心。他们在努力尝试着把现代市场经济的理论带给中国,尤其是年轻代。可以说在1980年就能认识到企业存在并应关注筹资问题,在当时是一个了不起的进步。同样的用心良苦在这本教材的修订版中得到再次体现。1989年,谷老师主编的《工业企业财务管理》教材出了修订版,作为全国最权威的"财务管理"统编教材,在"总论"中特别增加了"资金的时间价值和财务管理中的风险"一节,这一内容占居了整整10页的篇幅。就其内容来看,只不过是西方财务"时间价值和风险价值"内容的中国式解释,谈不上什么创新。但是若从当时的中国现实背景看,政治上在反资产阶级自由化,对西方的制度、文化和理论我们持否定的态度多。中国理论上认同市场经济概念实质上是1992年党的十四大以后的事情,虽然之前理论界对此已有诸多讨论和突破,但在作为全国通用的教科书中大张旗鼓地宣扬现代市场经济的理念,谷祺老师主编的财务教材可以说作出了开先河的贡献。

在当时异常严峻和复杂的现实环境下，能有如此勇气大胆宣扬西方财务理论中的一些基本理念，除了作者具有学者的敏锐和胆识外，还离不开他所拥有的一个优秀学者的基本良知和强烈的历史使命感。这种为在中国推广现代市场理念而不遗余力的勇气、胆识、智慧和策略，值得我等后辈在学术研究上坚持追求真理和弘扬科学精神时作为楷模。在谷老师那一代学者身上，长期的政治与学术禁锢已带给他们太多的创伤，人云亦云、千遍一律的学术风气也使他们格外循规蹈矩以外已别无它求，一再的政治冲击深深地扭曲了他们本来很挺直的脊梁，这是一个比较特殊的时代赋予了知识分子很不济运的生活今天，我们作为后辈，我们所能感悟的，是我们前辈即使那样的"曾经沧海"，仍然不失"青云之志"，稍有机会，还是本能地体现着那份知识分子的"情怀"和"骨气"。真正做到这一点，是那样的不易和艰难。应该看到，并不是所有的知识分子都能做到，除非是知识分子中的"精英"。而社会的良知承续和文明进步，大多寄希望于社会知识分子存量中"精英"的比重。说实在话，经过"反右"等暴风骤雨式的运动，我们上一代知识分子能真正守住自己品行的人不多。一些刚性较强的知识分子，选择的不是"忍气吞声"，而是"以死相争"。在财务界，有一个知识分子的名字不能不提，这就是中国人民大学的邢宗江老师。我作为晚辈既不认识也不了解他多少，但我看了他主编的新中国第一本财务教材（1964年版）和所写的有限的几篇论文，就相信他一定是一个很有冲击力的大学问家。但遗憾的是，可恨"文革"残酷地冲击了他，他最后选择了自绝的方式来表达自己的纯洁和清白及不容侮辱。据说，他去世时才40出头，中国财会界的一名大家就这样过早地退出了历史舞台。试想，他若不是那样去世，中国财会理论界一定会增加一颗耀眼夺目的泰斗明星。个人于时代是怎样的无可奈何，由此可见。

第三部分 人生港湾

我写以上这些背景，无非想说明，对谷祺教授这样的知识分子而言，不要妄谈什么学术创造，他们能生存下来就已很不容易了。而这种自我保护，一旦遇到稍有希望的环境，他们那种知识分子本能会陡然恢复，不惜冒学术乃至政治的风险，而把自己认同的理念通过文章尤其是教科书传播给更多的人们（特别是年轻的一代）。对于谷祺教授主编的改革开放后第一本全国财务管理教材，我们应该从这本教材所倡导的理念，对中国企业财务改革与发展的先导、促进和示范作用方面，来正确地予以评价并给予恰当的应有的历史地位。可以这样认为，没有这本财务教材的广泛作用，中国经济改革的若干重大理论进步很难会如此顺利地得到广大财会界的自觉接受。

事实上，中国30多年来的经济改革，财务与会计的改革一般是走在前列的，起到了领先改革的作用。我是否可以这样分析，有了谷祺等老一辈财务学家对现代财务理念的积极倡导，才有财政部审时度势的系列财务改革措施，尤其是1993年试行的《企业财务通则》和《企业财务制度》，更是把现代财务的一些理念固化为中国企业财务的规范要求。我们不能说，谷祺教授等老一辈的《工业企业财务管理》教科书对现代财务理念的广泛传播触发了财政部的企业财务改革。但是，财政部倡导的企业财务改革，肯定受到了谷老师等财务教材的影响，而且正是年轻一代学了谷老师主编的财务教材，才能对财政部的一系列企业财务改革如此的心领神会，从而大大地提高了中国企业财务改革的效率和质量。谷祺教授主编的《工业企业财务管理》教科书，对中国成千上万活跃于企业财会界的各类人士，起到了积极的教化作用，为中国继后的财务不断深化改革起到了铺路石和奠基的作用。我觉得，与现在充斥市场的各类财务教材相比，谷祺教授主编的财务教材，对社会各界尤其是年轻一代财会人员的影响是无以伦比的，而那时介绍西方财务理念的难度，并不是今天我们所能想象的。我们在庆幸自己赢得今天如此好的宽松、开放的学术环境时，一定要深深地体察谷祺教授那一辈学者在中国经济改革与转型初期，尽力介绍西方现代市场经济财务理论，尤其是通过教科书实现这一点之艰辛和困难，同时看到这种教化作用对中国经济市场化发展至为重要的社会心理重塑的意义，而这种历史作用与地位恰恰是今天所有的财务教科书所无法企及的。

当我们对中国走过30年改革开放历程充满尊敬和崇拜的时候，不应忘记对这一历程发挥奠基性作用的理论先贤们，这批理论先贤中包括了我们敬爱的谷祺老师。因此，作为谷祺教授的弟子，我不敢妄论自己如何去继承先师的学术遗产并发扬光大，但可以特别确定表态的是，我会竭尽全力承接老师的那份学者应有的良知、智慧和历史使命感与社会责任感，这份精神遗产值得我辈珍惜，希望通过我们的孜孜努力而发扬光大，以告慰谷祺老师的在天之灵。正是本着这样的精神，本文在记述我们对导师谷祺教授无限眷念、崇敬的同时，也表明着我们自己对目前财务学界的一些忧虑，以及在如何客观公正评价学术前辈这现实难题上作些探索。所以，本文虽是一篇纪念性文章，但主要目的还是试图阐述作者对学界现状的一些看法和建议。这样做是否恰当，笔者敬候同行批评。当然，我希望本文阐发的理念及分析学术前辈贡献的历史视角，能得到社会的认同，得到同辈的响应，得到我们下一代的尊重，也得到老一代学者的鼓励，更应该成为谷祺教授门下所有弟子的严格自律和自觉行动！

欧阳清教授与谷祺教授，都是我硕士导师。对欧阳教授名字我早已知道，但见面是1988年中国中青年财务成本研究会成立大会，他作为我们这批草莽学术青年的铁杆支持者，亲自站台，为我们作报告，从而与他熟识见面。以后的学术生涯，欧阳老师给了我很多帮助，他与师母给了我慈父母般的关爱，每隔一段时间，不是我就是他，会互相打电话，我们通电不管谁先说，第一句话总是："您身体怎么样？"欧阳老师对我更是关怀备至："一定要保重身体。身体没有了，还谈什么学术！"老师每次生活社交给我的提示，总会与他给我专业指导一样直白而富有哲理。他主编了《会计大典——成本会计》和《成本会计学》，一定要与我一起写作，甚至在后者出版时，还把我和他名字署在一起，一同作为主编，对我的学术偏爱之心暴露无遗。我自当领会老师的一片苦心，只能以格外认真学问行动，来面对欧阳老师随时可能对我的检查监督。欧阳老师对我深情厚谊，我年初曾充满激情地写了一篇记忆性短文，主要内容发表于《财务与会计》，全文如下：

光般温暖的会计人生
——我认识的欧阳清教授

我满怀深情阅读了欧阳清教授最近送来刚由上海交通大学出版社出版的《会计教育人生——欧阳清回忆录》一书，欧阳老师的会计情怀令我感慨万千，与欧阳老师的种种交往顿时浮现眼前。在我的记忆里，欧阳老师的形象是立体的：学术上，他是一位严师，更是一位倾心全力扶持我成长的前辈，他的谆谆教诲令我刻骨铭心；做人上，他是一位令人肃然起敬的谦谦君子，更是一名令后辈愿意倾心交往的慈祥长者；行事上，他处处率先垂范、毫无客套，自然流淌着刚正不阿，表现出年轻人才有的纯真。在中国会计面临转型与超越两大挑战并存的时期，回忆与欧阳清教授交往感人至深的闪光片断，可以为我国年轻一代会计人积极迎接挑战、在未来世界会计之林中为中国会计谋取一片繁盛之地，积累必要的精神能量。

我认识欧阳老师，是1985年在连云港财经学校任教期间。当时我所任课程是《企业经济活动分析》，而时任东北财经大学教授的欧阳清老师就是国内这方面的权威专家。我内心非常想在遇到专业难题时得到他这样的学术大牛的指点。但是，作为中专学校的年轻教师，在这门专业课方面还未有任何深刻的学术见解，更遑论拿出象样的学术成果，故自己实在没有底气联系欧阳教授。这样的矛盾心态也促使我对经济活动分析一些基本问题作出深入的钻研与思考，并就当时占主导地位的主要技术方法——因素分析法的应用难点，集中精力作了系统梳理，写出了有关因素分析替代顺序怎样安排才较为科学的体会性文章，而且很幸运为《会计研究》摘要发表。于是，我把论文的原稿和对"经济活动分析"其他一些理论问题的认识论文，一并寄给了欧阳老师。令我感动的是，欧阳老师在收到我论文后，就回信充分肯定了我思考的价值，提醒我关注这方面已有的各种研究，并概要提示了他了解到的这方面已有研究结论，鼓励我继续作出创新性研究。

正是在欧阳老师的鼓励下，我在1986年组织学生认真编写了《"因素分析法"研究摘编》打印稿。此书虽只作为校内教材，并未正式出版，但自此我开始养成了一个习惯：对任何问题学习研究，必须对这一问题的学术脉络有个完整清晰的了解和把握，以确保所研究的内容具有学术贡献价值。事隔数年，对学界特别强调每篇论文一定要有理论学术观点回顾这一点，我是很自然接受并深以为然。

更令我感动的是，1988年我到大连参加中国中青年财务成本研究会成立大会暨第一次学术讨论会期间，研究会秘书长刘明辉教授告诉我,在前几年欧阳清教授的研究生课上,欧阳教授把我寄给他的论文打印稿,让全体研究生看,说"这是一位中专学校老师写的论文,钻研精神值得大家学习",勉励研究生们珍惜学习机会,更加努力学好专业,多出成果。我听后诚惶诚恐,欧阳教授对我这般看重,给了我巨大的压力和动力,只有再接再厉做好研究并多出成果,才能不辜负欧阳老师对我的赞赏。

与导师欧阳清教授(左三)及夫人(左二)

其实,我对名利向来不敢有所追求,研究的初衷纯由于教师的责任感使然,但欧阳清教授等一批会计前辈对我各种有形与无形的肯定和鼓励,确实极大地激发了我对学术研究的激情,使我不敢在会计学术上马虎草率和急功近利。我的灵魂深处,一个问题一直在拷问自己:现在如果有一个学历低、工作层次不高、毫无交往、根本不了解的年轻人，突然抱以很大期望下了很大决心给我寄来一些他自认为有学术价值但在我看来非常青涩的论文，我会怎样？欧阳教授已作出了很好的榜样！但是，现在这一行当能真正自觉自愿践行这样做法的会计教授，能有几人？

1988年尤其是1992年后，我与东北财经大学结下了不解之缘。是刘明辉与刘永泽教授发起成立的中国中青年财务成本研究会，团结了全国财务成本界年轻学术才俊，曾经散兵游勇的我有了组织归属感；我成为东北财经大学会计学院在职硕士研究生，开始名正言顺听到了欧阳清教授在内的几位会计名家的讲课，而且堂而皇之地可以自称为欧阳清教授的学生了。以后自然而密切的交往中，欧阳老师与师母给予我万般包容与关爱，使我感到做他的学生真的很幸运。

2008年，我邀请欧阳教授来南京大学作学术报告，但他答应时给了我一个附加条件，必须在江苏为他找几家企业，他要到现场去调研。对老师的要求，我当然只能答应。当我领着欧阳老师去扬子石化、南化、扬州亚星去实地调查时，欧阳老师都会要求接受调研的企业领导和有关专业人员签字并留下通信方法。在扬州亚星，欧阳老师与德国工程师围绕成本问题的忘情交流，把我们完全撇在一边，而德国工程师似乎在中国遇到了知音，居然忘掉下班与晚餐时间，我们只能在一旁间接地感受到欧阳老师听到来自国际大公司成本会计新实务的那种久旱逢甘霖的舒坦。欧阳老师那天的表情，绝对不亚于一个武痴得到梦寐以求武林秘籍时那般兴奋。受调研的企业领导事后向我坦言，学校老师来企业调研要他亲自签字的还是第一回。这样规范的做法，使他感到欧阳清教授作为德高望重顶级会计教授的底气和严谨！我也对欧阳老师上了年纪还如此衷情于企业调研相当敬佩，他细致踏实的工作作风和炉火纯青的学术功底，造就了他学术成果的前瞻性和对中国会计实践指导价值的不可替代性。

在欧阳老师身上，还有一种我们这个时代格外稀缺的品质。只要与欧阳老师交往，你很快会感到，他很会积极地鼓励并引导人，而且对他交往的每一个人，不论富贵平贱，都充满着感恩之心，总是以他最大努力去帮助他认为需要帮助的人。他时刻感恩党和政府，感恩组织，感恩自小到大的各位老师，感恩出版他书发表他论文的出版社、杂志及其责任编辑，感恩同学与同事，感恩自己的学生和退休以后的社区方方面面，更感恩自己的父母与孩子，特别感恩我们的师母。这种全方位的感恩，使欧阳老师身上散发出的爱心，自然流露于他的每一个言行中，这种只想投入付出不计任何回报的交往风格，使我们与他一旦交往就自然会感受到一种愈益强大而奋发上进的磁场，都会情不自禁更多地与欧阳教授交往。我想，感恩与关爱，也是我们现在会计界特别需要的优良品质。会计人如果能更多地具备这样的品质，我们这个行业就会赢得更多的社会尊严，从而大大提高会计行业的和谐程度，使之成为年轻一代就业优先选择的行业之一。

（三）学术巨匠的关怀与鼓励——黄菊波教授与杨纪琬教授

在中国，会计由财政部统一行政管理。这样的体制，决定了财政部会计司和财政部科研所在中国会计理论与实践发展大局中拥有了中枢神经的地位并发挥指挥中心的作用。杨纪琬教授与黄菊波教授，两人都是上海出生，由于他们当时分别担任会计司司长和科研所副所长，加上两人都是有极高理论造诣、丰富的阅历、无人能及的理论与实践紧密结合能力以及高超的组织与整合社会各种资源的能力，而成为中国会计与财务学界无人企及的"双子星"。我的学术成长，很荣幸地获得了这对"双子星"的双双关爱，他们的道德文章，哺育着我茁壮成长。

我与黄菊波教授，始于20世纪80年代初我对黄老师那套独一无二财务理论的崇拜。虽然由于任课的原因，对财务管理教材内容并不陌生，但当我看到黄菊波教授"国家对企业的财务调节与控制"系列讲座内容时，顿时有种发自内心的震撼，这是一种来自丰富实践凝炼又有高超思辨能力才能总结概括出来的理论，对黄老师的崇拜之情油然而生。1984年5月，我带连云港财经学校毕业生到启东县去实习。实习期间，我专门对该县具有代表性的大同乡级财政作了深入调查，写出了"对乡级财政的一些认识——启东县大同乡财政调查的启迪"，受到县财政局领导的好评。我自认为也写出了一些基于中国制度与实践背景现成书本上无法照抄的内容，这种行文风格与黄老师比较接近，于是，就把这个调查报告直接寄给了黄菊波教授。但寄出后毫无回音，我觉得冒昧给大专家寄材料太唐突，加上自己写的东西层次太低，根本进不了黄老师的法眼，得不到回应理所当然。谁知道，至年底，启东县财政局领导告诉我，大同乡财政调查的报告已被财政部科研所《财政研究资料》全文发表在1984年11月10日出版的第76期，而且是头版头条。我飞奔学校资料室，找到了该刊物，看到了自己署名的调查报告真的发表了。崇高的黄老师变成了一个可爱可亲的黄老师，我立即写信给黄老师表达了感谢之意，但是，黄老师仍未给我半点回应。当时，我是初生牛犊不畏虎,对财务与会计什么问题都想提出点与众不同的看法,对现行的教材好像一百个不满意,最先列入炮轰的对象,就是我任教主课——《财务管理》,写出了"财务学科建设问题探讨",这一题目大得吓死人的论文,当时自己还洋洋自得。论文打印出来后,立即寄给黄菊波、王庆成、余绪缨等当时我所知道的各位财务学界大牛。意想不到的是,黄菊波老师这次立即回了信,并充分肯定了我的"革命性文笔":"读稿后总的感觉是,对现有财务管理著作评价较全面深刻。至于体系部分,作为一种设想,亦有见地。"并明确告诉我,已送《财政研究》审稿。第一次收到黄老师信,才知道他写的很多是繁体字,而且是草书,当时看得很费劲,现在想来倒有书法"收藏价值"。收到黄老师回信并得到肯定,这当然是我极度兴奋的事,我与黄老师的学术交往就这样开始密切了。当然,整个过程,我是一个贪得无厌的知识攫取者,而黄老师好像只是一个自甘被剥削的知识奉献者。《财政研究》1985年第3期,刊登了我《财务管理学科建设问题的探讨》一文,从而引起国内同行的高度重视,我也因此名正言顺地进入了财务学界。以后我到审计局,黄老师来信勉励我继续坚持财会学术,并鼓动我想办法调去江苏省教育厅科研所,强烈表达了希望我回归财政系统的愿望。黄老师的这种关心,也成了好好做财会学问的底气,有时甚至不无荒唐地认为,只要好好做财会学问并不断出成果,以后人生碰到再大的难题,黄老师会帮我在江苏财政科研系统谋个固定的工作岗位。1988年,我在审计局工作后,被派到秦皇岛参加专业培训。正是在这次培训班上,我见到了黄老师。第一次看到黄老师很胖,络腮胡子,很大的烟瘾。令我终身难忘的是,那天下午应约去他住处面谈,敲门进去,里面是烟雾缭绕,整个空间除了人,剩下的都是浓浓的烟雾。我这个不抽烟的顿感窒息，但黄老师说，他要写东西，必须让房间里充满了香烟雾，才有灵感，从而思涌如泉。那时我明白，大家一般都有非常人之举。我就在他充满烟雾的房间，谈财务，谈成本，谈固定资产的补偿，谈国家与企业财务体制的改革，也谈经济结构与企业投资行为优选，两个多小时黄老师瀑布式的知识倾泻使我甘之如饴。谈话结束，黄老师不无幽默道："我累了，几个地方弄来的材料，你帮我汇总抄一下，这是你下午听我说话的代价。"我兴奋莫名，当晚就很利索地完成并于第二天一早就交差。黄老师收下我手抄稿一看，又是一番感慨："我原来看你信字写得不错，以为刻意为之。现在看来，写得这样快，还这么工整，字也清秀，误笔处很少，达到了毛主席多快好省要求。了不起！"一个活泼可爱的黄老师就这样深深扎根于我的心中。以后通信、面谈的拘束好像也没有了，在他面前，我是一个小孩，也可以偶然撒娇。我调南京大学，黄老师由衷高兴。1995年，他来南京调研，专门让人通知我去他处，询问我有什么需要他解决的问题，并把在江苏省有关部门领导岗位上他的学生介绍给我认识，拜托他们我有困难要尽力帮忙，甚至要请我跟他一起吃饭，这些场景，至今让我感动不已。2000年，我在北京财政部会计司帮助研发内部会计控制，住德宝饭店。当时，黄老师已从科研所副所长位子上退下来了，我已成了南京大学会计系主任。其间，我要请黄老师吃饭，让他的弟子也是我的同学陈毓圭陪同。那天，黄老师特别高兴，甚至有点调皮，首先问我工作怎么样，不可以因请他吃饭耽误了研发工作。又明确要求，不在德宝饭店吃，不然是吃财政部的还是我的说不清楚，我请客诚意不够。其次，吃的地方他定，我掏钱，但不能开发票，否则不能表达我对他的真诚的私人感情。我和毓圭带着如此可爱直率和可交心的老师，打了一辆出租车，按黄老师的要求一起吃了火锅，仅花了我200元不到。看到黄老师的高兴劲，我暗自思量，以后来北京，只要黄老师身体允许，一定带他出来，上他喜欢吃的地方，一起聊聊天叙叙旧，让他老人家开心。但天不假年，黄老师当年出差到襄樊，竟突发心梗，永远离开了我们。到北京请黄老师吃饭，成了我现在一到北京就会自然产生的心痛！

愧对杨纪琬教授，成了我现在每到北京的第二个痛。对于杨纪琬教授，我与南京大学会计系，都受到很多的恩惠。我调到南大后，1997年6月16日他专门来我校作了一场学术报告，并于17日面向江苏会计界也作了一场报告，为南大会计发展站台。在南京的两天时间，我们陪杨老游夫子庙，他当我们面，把孔子八大弟子姓名以及专长讲得一清二楚，比导游和碑文详介说得更透彻具体，让我们目瞪口呆，充分领略了先生渊博的知识和卓越的见识。报告空隙，也不忘从学科发展方向上给我们实实在在的指点。事后我们才知道，那次杨老来南大，已查出患上不治之症，但还是那样倾情关心我们这些小字辈的工作环境。更让我倍感珍惜的是，杨老来南大看到我主编的《会计学概论》别具一格，把"会计确认"与"会计计量"作为会计原理的两章，各自讲了很多的原理与方法，很是肯定。在该教材正式出版之时，我很忐忑地跟杨老提出想请他为我们的教材写个序言，杨老当即爽快答应，在序言中，他结合自己主编《会计原理》教材的体会，直言不讳地表达了对会计教材的看法，并充分肯定我们的教材"理论起点比较高，内含信息量大，体系结构比较新颖"。可以这么说，南京大学会计学科起步阶段的学术信心，完全是杨老先生全力支持才拥有的。杨老未能看到我们博士点的获得，以至我们现在想给杨老有所回报找不到合适的方式与对象,成为南京大学会计学科体现感恩之心的永远的遗憾。为了表达我个人的这份情感,在杨老诞辰一百周年纪念活动中,我专文如下。

与杨纪琬教授(左三)

鸿儒硕学万壑松风

2017年11月10日,中国现代会计事业奠基人杨纪琬教授诞辰100年。此时此刻,中国近2000万会计人员正分享着《中华人民共和国会计法》带来的无尚职业尊严,中国注册会计师行业因《中华人民共和国注册会计师法》而成为最令人羡慕的行业,中国整个会计行业因会计制度建设国际化而呈现空前繁荣。这一幕幕场景变成现实,并不具有必然性,新中国会计事业奠基者们为此作出了艰辛卓绝的努力。他们筚路蓝缕、殚精竭虑、百折不挠,才赢得了中国会计今天这块新天地。而杨纪琬教授,无疑是这群奠基者中的翘楚。毫不夸张,在迄今为止的中国会计界,能横跨"政府、实务、学术"三界的会计大家唯杨纪琬先生一人而已。今年,中国会计界以杨纪琬百年诞辰为契机举行各种纪念活动,不仅仅为了表达对杨纪琬教授个人的一种缅怀,更重要的是发出了对现在严重缺乏杨纪琬教授那样的会计大家的高度担忧以及社会需要的强烈呼唤!有人曾悲叹"大师远去再无大师",这种失落感和缺失感,我们在纪念杨纪琬教授百年诞辰时尤为强烈。正是这种纠结以及对会计大师的憧憬和期盼,使我怀着崇敬而格外沉重的心情,从与杨纪琬教授生前交往中截取点滴,希望会计大师精神在今天会计界能发扬光大。

杨纪琬先生(以下简称先生)的名字,我学会计的第一天就知道了。我们学的《会计原理》教材就是先生主编的。学生年代,对我等而言,先生只能仰望而已!真不敢相信,我25岁那年,作为连云港财学校的一名年轻教师,竟得到了先生特别关怀,被邀列席1985年中国会计学会年会。而获此殊荣的原因,仅由于我一再投稿《会计研究》,对先生等提出的"会计管理论"作出了很不相同的解释，这样年少轻狂竟能得到先生的包容和欣赏。当时他出于对培养扶持年轻一代会计学人的格外用心，专门嘱咐《会计研究》编辑部，从经常给刊物投稿的作者中选取几个年轻人参加中国会计学会年会。与我一起受邀参会的年轻人，有湖南财经学院李皎予、上海社科院黄辛漪、西藏大学朱鸣皋。正是这次参会，让我直接交往了多位会计大家：北京大学闵庆全、厦门大学葛家澍、中国人民大学阎达五、天津财经学院李宝震、管锦康、上海会计学会夏高波，同时直接拜见了多年通过信件给予我很多专业指导的中国人民大学王庆成教授。更令我感动的是，先生在我报到后，就安排在丁平准老师直接领导下，协助四川财经学院毛伯林教授编写"会议简报"。我从丁平准、毛伯林两位老师提炼学术讨论内容与观点的过程以及成文排印的整整一周中，得到了先生与阎达五教授的直接指导和督促，学到了以前自己怎么也捉摸不出来的学术概括、总结提炼技巧与能力，学习思辨以及研究分析综合能力明显提高。时至今日，那种宏大争论激烈的研讨场面、各位专家踊跃发言针锋相对观点冲突而面红耳赤但不完全听懂的各种不同口音、休会期间激烈争论双方的其乐融融、费心尽力整理出来的内容遭专家全盘否定、改稿过程中各位长辈的耐心配合、在规定时间必须拿出简报的那种焦虑与压力，以及写出初稿后被毛伯林与丁平准老师密密麻麻的文字润色，和最终阎达五教授严格把关时毫不含糊的表扬与一针见血的批评……犹在眼前耳畔。会议结束，我很想跟先生作个道别，但看到很多大牛教授都在围着先生交谈，我就犹豫不决。先生一眼看到了我，虽未专门过来问候，但还是专门向我挥手致意。我现在依然清楚地记得，白衬衣蓝领带儒雅先生：梳理得体的头发、黑边大框眼镜下和蔼可亲的眼神、那充满磁性的话音和利落干脆的肢体语言，尤其是那对我专门挥手致意瞬间的微笑。那时此景至今仍时时鞭策激励着我好好做人做事做学问。

回工作单位后，我的"试论'会计管理'"一文，刊发于《会计研究》1985年第2期。这篇论文改变了先生与阎达五教授以经济活动分成"价值与使用价值"两大基本领域而论证会计是经济活动价值方面管理的分析推论思路，提出只有运用经济活动分成"物质实体流与信息流"这两大基本领域的"新三论"思路，会计管理的概念才能成立，其独立的管理对象是客观存在着反映物质实体各要素作用过程和结果的各种信息。显然，我的观点与先生观点有着实质性分歧，在学术上我这个乳臭未干的年轻人根本不具备与先生观点对话的资格。但作为主编的先生，不仅没有因为我对他们观点与分析思路的曲解而打压我的论文，反而予以公开发表。这种胸怀与肚量，一直影响着我对现在年轻一代新观点与新思路尤其是直接质疑我本人论文的文章，抱以积极扶持、支持和充分鼓励的态度并尽可能为其创造发表的各种可能机会。今天，我可以肯定地表达，1985年面见先生和参加中国会计学会年会受到的学术熏陶，强烈地激发了个人本来处于朦朦胧胧状态的会计科研激情。之后，我工作单位与工作几经变动，会计学术一度被周围尤其是领导视作为不务正业，但即使如此，对会计研究的热爱和追求我初心未改！遥想1985年左右，中国会计界曾有较公认科研成果的几位青年，至今都先后兴趣转移，淡出会计学界了。唯独我至今还游弋在会计学术圈，这种坚守与坚持，与先生1985年的那场年会现场激励是分不开的。

自1985年面见先生后，与先生的通信就不再像以往那样忐忑不定，从而得到先生点化的机会变多了。我投给《会计研究》的文章，首先得到丁平准与楼申光老师的审改指点，在发表环节，先生的最终审阅把关往往使我论文在正式发表前得到实质性修改完善，从而对我个人会计科研和善于思考能力的提高，产生了明显的促进作用。由于个人投给《会计研究》的文章大都属于基本理论探讨，往往是争论很大而又难以取得实质性学术进展的议题，一些文章难免有偏颇和明显的瑕疵，不发表的可能性就大。但先生对我投寄的论文大都还是肯定为主，即使不发表，也会要求编辑部告知我具体原因，并鼓励我继续深入研究。而当时的我，年少气盛，有时会因为个人文章不被录用而对《会计研究》产生怨气。1992年，由于我多篇理论探讨的论文被拒发表，个人对《会计研究》产生了抵触情绪，以至于近一年时间不向《会计研究》投任何稿子。令我不曾想到的是，这点小情绪，居然让先生觉察到了。在1993年北京中国中青年财务成本研究会年会上，先生作为顾问莅临现场作了学术报告，报告之后，专门让他的博士生谢志华教授找我去见他，当着多位同仁的面，很关心也很有诚意地问我：是不是对《会计研究》有意见？我毫无思想准备，压根儿没有想到先生会对我这个毫不起眼的小年轻这么重视和关心，当时真的无地自容，只能很不自在地回答：没有！又不无情绪地说：怎么敢呢！先生很严肃地问：那你为什么现在不向《会计研究》投稿了？我说：因自己觉得写出来的东西离杂志发表要求差得太远，就不丢人显眼了。先生看出了我的情绪，结果拿出了杀手锏。当着众人的面，明确向我提出要求：你回去好好给我写个信，把你对会计研究的所有想法全都写出来，不隐瞒什么，想说什么就说什么！先生的要求是那样的决绝，以至于我除了答应别无选择。我想，给先生不写信是不行了。但写些不痛不痒的空话，不如不写。要写，就把个人对会计研究的所虑所思所想全写出来，宁愿说错全说出来，而不能害怕说错而说一半留一半。于是，我把个人对会计研究一些主要问题的看法，形成了一封长信寄给了先生本人。当时只是信，没有标题，从"关于会计研究现状的评价""关于会计研究的起点""关于会计的国际化""关于会计有无阶级性问题"四个方面，比较直白地阐明了个人对一些会计学术研究与中国会计实务发展问题的担忧。先生8月提出了要我写信的要求，我在9月4日完成并寄出了信。结果更是令我意外！先生收到我信后，高度重视我的看法并充分肯定了我讲真话的勇气，并冠以"会计理论研究问题的讨论"题目，将我写给他的信，几乎一字未改发表于《会计研究》1993年第5期首篇。先生亲自为发表我的信加了编者按。按语写道："信的内容涉及当前我国会计理论研究的一些值得深入探讨的问题……信中难免有偏激之词，立意也未必完全确当，但除对信的开头部分略作删减外，其余全文照录，编者不加改削修饰，以存其真，意图引起大家的关心和争论，并借以稍稍破除近期来会计学界较为沉寂的气氛。"信件发表后，在当时中国会计学界确实引起了很大反响，一些学校还因我个人观点过于鲜明而针锋相对开了讨论会，从而激活了会计学术气氛，也深化了大家对会计理论研究一些重大问题的认识。其实，对于我来说，这封信的公开发表，由于观点极其明朗而等于把自己推上了一些同行甚至权威观点的对立面。另一方面，先生在1993年全文公开我写给他的那封信，对我这个当时无足轻重的年轻人而言只是发表一篇文章而已，但对作为《会计研究》主编在国内外会计界享有崇高威望的先生而言，确实冒着很大的学术风险，这充分体现了作为老一辈会计学家的杰出代表，因强烈责任心使命感而具有的学术担当。祸兮福之所倚，福兮祸之所伏。现在看来，1993年给先生信的公开发表，正是我至今仍对会计学术立足中国实际进行务实性研究的精神支持和自我约束动力，这等于为自己如何做会计研究发表了一个不可违背的自律宣言。之后，我及我所在南京大学研究团队在《会计研究》1997年第11期、2004年第12期、2008年第7期、2009年第12期、2012年第2期，就中国会计研究的一些大是大非问题发表了一系列看法，既是对写给先生信件问题的后续进一步思考，更是对自己在给先生信中对中国会计研究所作承诺的忠实履行。先生虽在1999年远离我们去了天国，但生前对我的这种学术激励一直鞭策着我不敢在会计科研园地有丝毫的懈息。

我的这些论文，也算是对先生曾给我诸多学术期望的一种回报，希望以此告慰并感恩先生。多少年来，当我会计科研面临严峻挑战时：不同学术观点和风格的竞争打压，也有说实话讲真话言语过于尖锐而开罪同行遭受学术误解，更有较为严重的实证范式的排斥性不容，学术创新创造在中国会计界的氛围越来越紧张，做作业式的"西方模型＋中国数据＋连估带猜的制度背景分析"论文模式已成了时尚和几乎唯一标准。面对明显的以国际化为名而行形式化之实的中国会计学术倾向，先生公开我的那封信，成了我坚持会计研究的科学精神坚守自己直面中国会计问题进行研究的学术风格的一种自信！尽管这种自信和学术坚守往往伴随着同行的误解，年轻一代的不屑，既得名利者的百般嘲讽，一旦想到对先生与中国会计界的那份承诺，责任感和使命感油然而生，踏踏实实研究中国会计的勇气和信心倍增。

先生留下的会计精神，穷其一生，集中表现在坚守学术品质和道德，摆脱名利纠缠，充满并倡导家国情怀，立足中国实践并放眼全世界。这份精神财产，是先生对中国会计事业的永久性贡献。先生的学术观点或许随着时间推移需要更新，但先生这份会计精神造福于整个会计界而具有永恒价值。这份会计精神财产，不仅对我，而且对曾与先生交往的很多人，至今仍有着无可替代的正向激励作用。虽然各人与先生交往的过程与具体内容不尽相同，但从先生交往中感受到那种会计大师精神的魅力从而使人感染至深而历久弥新的感觉应该是相同的。于是我想，杨纪琬，对于当今中国会计界具有什么样的符号意义。先生对中国会计事业的孜孜努力和不朽贡献，演绎了一位当代中国会计大师的精神世界，也使昔日曹孟德"养怡之福，可得永年"那种雄心和自信得到耳目一新的解释：先生生前，对中国会计制度建设和理论研究，居功至伟，新中国会计事业奠基人称号当之无愧！先生身后留下大度包容和"会计迷"的责任感使命感，成为精神遗产，值得中华民族会计后代们珍惜分享，以至于我们在会计学术中每分努力及成果的取得，都应该认真核算一下践行了先生会计大师情怀和精神之几何？

（四）会计大家的倾心帮助

在我会计学术成长起步与南京大学会计学科绝地奋起的关键时刻，我很幸运得到了众多会计大家的扶持、帮助和鼓励。

1. 阎达五教授的点拨

跟阎教授第一次通信，是1985年3月份，我把刚写的两篇现在看来很不规范的论文，斗胆地寄给了阎老师。而且有一篇还是直接对杨纪琬与阎达五先生"会计管理"有关论文提出不同意见。那个年代，写出了自认为稍有点道理的论文，就很想听到论点对立面权威人士的意见，至于能不能发表好像并不那么重要。我寄出论文后就如释重负，不管对否，反正我已光明正大地说出来了。出乎意料，4月份我收到了阎老师亲笔回信。他的态度让我目瞪口呆，对他观点直接提出批评意见的《试论会计管理》一文，阎老师要推荐给《会计研究》编辑部，问我此文是否已投他刊？我若对此文已作更改，请重寄最新稿给他。并确定地告诉我：如无特殊情况，《会计研究》可能第3期采用。结果我在4月底就被邀赴北京参加中国会计学会理论研讨会，在会上，见到了阎达五老师，而且直接在他领导下编研讨会简报。第一次见阎老师，心里直打鼓，毕竟自己论文直接挑明不赞成杨与阎教授观点，我这个无名之辈如此胆大妄为挑战权威在任何时候都是大逆不道。所以见阎老师第一面，叫一声阎教授，心里还是挺别扭，好像自己干了一件很对不起两位权威的亏心事。但阎老师如沐春风的话音，夹杂着些许山西腔，听起来让你感觉他对自己的万般疼爱。素昧平生的阎教授就度这样极其可亲可敬可爱地走进了我的心里。但是，在编写简报过程中，温文尔雅的阎老师也发过一次让我们恐怖至极的火，以至于让我感到在做人做事做学问方面，阎老师是一个对任何不负责任行为绝对是毫不留情的。那是一个财科所的女硕士生，在编简报时，漏掉了一些根本不应该忽视的专家发言，而且被要求返工后居然依然如故，于是阎老师唬着脸厉声批评，而且被批评的女生已哭得两脚直跺，但阎老师还是不依不饶说人家。后来我们一群小年轻一起改正，阎老师才脸露喜色。等正确无误的简报出来后，阎老师好像什么都忘掉，又对被他批评的那女生客套寒暄。正是这一幕，让我知道跟阎老师做事一定要一丝不苟，这样的要求其实可以推至做人与做学问领域。不过，阎老师在学术上对我的极度宽容，又让我感到他鼓励年轻人在理论研究上敢闯敢拼更是不遗余力。正有这样的一个过程，阎老师与我自然有了一份隔代相惜的情缘。后来我每有自认为与众不同观点的论文，我总会寄一份给阎教授，而他总会谈点个人建议或不同想法给我，让我切身感到他对我们年轻人那种倾心提携之情。但我调到南京大学后，发觉阎老师对我的要求似乎变得苛刻了。记得我1996年初，我写出了《会计本质再认识》一文寄交《会计研究》，不久，我收到了阎老师回信，他审了我的稿，不无生气地批评我论文有点先入为主，曲解他的会计管理论，并且囫囵吞枣理解信息论、系统论、控制论，指出了我论文中 12 个明显瑕疵的地方，整整 3000 多字。我以为阎老师肯定生气了，所以回了一个很缓和口气的信，并对多年来坚持对"会计管理论"的学术批评表示歉意。阎老师当即指出我又一次曲解了他意思。他认为，我已任南京大学副教授了，写论文要求必须要严，不再是初生牛犊了，论文应体现成熟而不是青涩。经阎老师这样提醒，我顿时感到自己已是一个学者，再也不能像以前那样信马由缰地率性写作了。虽然阎老师不想让我灰心最后把我论文发表于第 11 期，但给我心里敲响了在学术上慎独的警钟。后来学术讨论会经常见到阎老师，他总会小杨长小杨短地问这问那，让我感到他太像一个居于会计学术顶端的大家，更像一个对我们呵护有加的仁慈长者。有些时候，还会端起酒杯，主动向我发起挑战，让我感到格外的温馨浪漫。最令我揪心的是，2002 年 11 月，原定我校请阎老师来作一次学术讲座，但 17 日上午，他电话我，问我知不知道黄菊波教授事情。我说不知道，他说黄老师前几天因邀去襄樊讲学，但在那里心脏病发作病逝了。我听后伤心欲绝，对黄老师恩情未报一二，但阎老师的话已不容我多思考什么："小杨，我心脏也很不好！年纪大了，不想给你增加麻烦。因此我决定不去你那边作讲座了。"我听后，不知道说什么好。这就是阎老师，一直关心并扶持我学术成长，但等我想以自然方式给予回报一二时，他因身体原因而怕给我添无法排解的风险而让我顿时有种报恩无门的挫折感。

与阎达五教授

2. 管锦康教授的耐心帮助

刚出道时，我读管教授的论文与教材，感到思维严谨，道理说得很清楚。1985年北京京西宾馆中国会计学会年会上，蒙管教授不弃，让我到他的住处聊天。他的一口上海土话，没有难倒我这个启东人，连估带猜听懂了他大部分话，这样，我也算是管教授的知音了。此后，我会把自己对会计与财务的一些文章，寄给了管锦康教授。他不嫌我这个小年轻唐突，总会一字一句跟我商量尚可完善之处，有些文章他直接推荐给《立信会计辑刊》发表。他对我论文的不厌其烦指点，有效训练了我的逻辑思维能力，由于管教授在我学术起步阶段基本研究技能方面的循循善诱，使我很快尝到了学术研究的乐趣，从而对会计问题作出比较深入而严谨和与众不同的思考。

3. 葛家澍、余绪缨教授的鼓励

1985年我曾报考厦门大学会计学硕士研究生，当时仰慕的就是厦门大学有葛家澍、余绪缨、常勋、吴水澎等名师。但自己外语实在太差，只考了17分，专业课即使考了96分，只能断了自己考研梦。后来自己写了论文，总想得到厦大名师的指点。余绪缨教授收到了我寄给他论文，1985年10月22日，给了我很意外的回信。信中鼓励我："您赐寄的大作及经常在学术刊物上发表的文章，我拜读之后，深感您思想敏锐，均有独到而精粹见解，深受教益！对您在学术上勤于耕耘，成果累累，深为敬佩！"余教授把他自己对管理会计基本理论研究的论文，很大方地寄给我学习，使我能清晰地听到大师学术路上飞快的脚步声，看到大师留下的脚印。在我调到南京大学后，余教授还寄来很亲切的贺年卡，对我这个晚辈鼓励有加。在2001年成都会计教授年会上，余老师见面后大谈中国传统智慧如何运用于管理会计以提高公司战略管理水平,表现出一个中国学者对中华文化复兴所具有的强烈的责任感与使命感。我也受此启发,开始关注中国传统文化中的内部控制思想,希望找出为中国几千年制度能保持生命活力的内部控制元素,从而为新时代建立满足中国社会经济政治发展需要的内部控制制度,作出一个理论工作者的应有贡献。

葛家澍教授几乎是我进入会计理论殿堂的灵魂导师。他的《必须为借贷记账法恢复名誉》和《论会计理论的继承性》两文,是我一开始写会计论文的模仿样板。与葛教授直接接触,是我上岗南大会计系主任后,到厦门大学去拜访中国会计泰斗葛教授。葛教授一见如故,对这小字辈特别热情,让我感到无比快乐。同时,他出于全力支持南大会计学科发展,答应招收当时我系年轻教师陈志斌读博士后。事实上,经葛教授调教后,陈志斌学术进步明显加快,不仅为南大而且为东南大学会计学科发展作出了贡献。2012年,葛家澍教授委托其弟子刘峰教授联系我,希望能回江苏家乡看望父老乡亲。我分外高兴,当时与省财政厅已商量好怎么让葛教授荣归故里。但葛教授身体原因,最终未能成行。2013年,葛教授90寿辰,他在门下弟子之外,在中国会计学界老中青三代人中,各选一名代表参加他寿辰庆典。我有幸作为青年代表被葛家澍教授选中(另两个代表是:老一代会计学者代表上海财经大学王松年教授,中年会计学者代表中南财经政法大学郭道扬教授。)就在葛教授庆典活动上,他精神矍铄地为我们上了生动一课,整整50分钟未看任何讲稿,把国际财务报告最新动向的背景以及意义作了很透彻分析,让我们深受教益。这种对会计生生不息的热爱和钻研,极大地激发了我做好中国会计研究的豪情与责任感。葛家澍教授对我的学术关怀体现他出版的每一本专著都会签名寄送我学习。

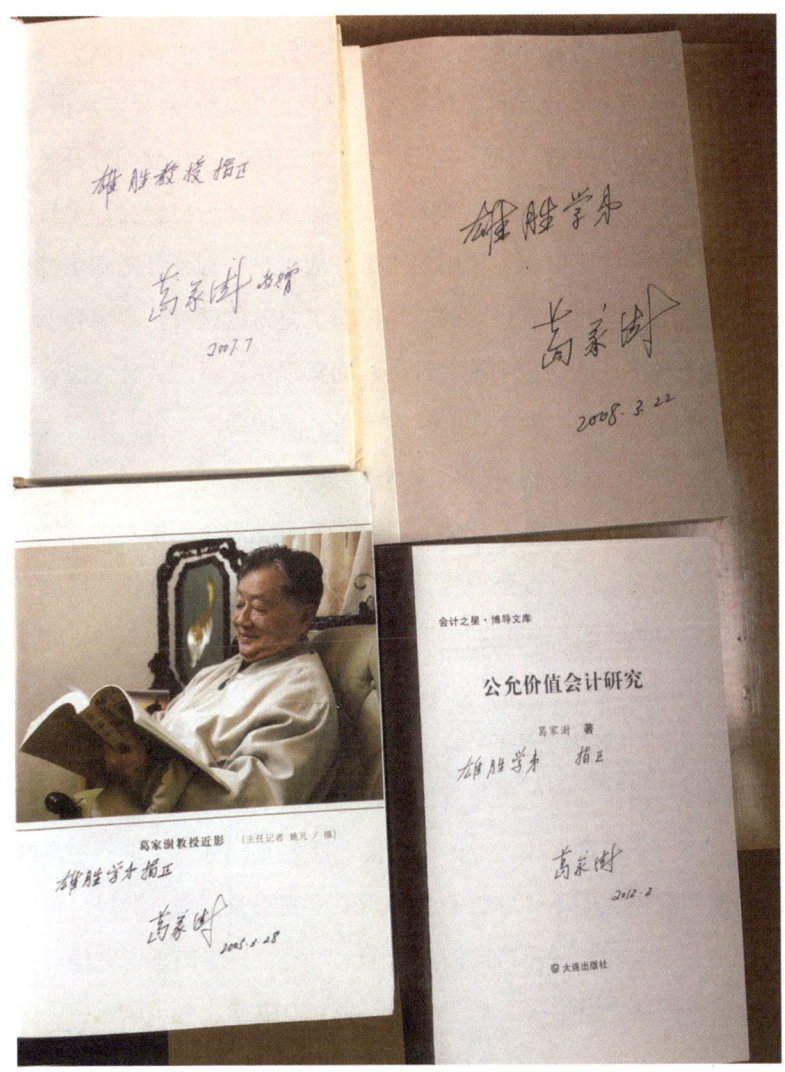

葛家澍教授签名赠送的专著

4. 郭道扬教授与汤云为教授

我永远不会忘记，在南京大学会计学科发展最关键的时刻，2003年10月，郭道扬与汤云为教授，作为当时国务院学位委员会学科评议组仅有的会计背景的两名成员，同时来到南京大学，指导并鼓励南大会计学科快速发展，在南大领导面前高度评价南大会计学科，并向南大会计学科全体师生作了绝对前沿的会计学术报告。郭教授世界不同法律环境下会计制度的比较研究，让我们打开了从人类社会整个文明发展历史的大背景下，正确认识世界会计尤其是中国会计发展的历史，让我们对改革开放以来中国会计国际化过程中为什么始终坚持中国特色的立场，有了充分的理解，也增强了我们更加积极主动地研究中国会计，从而实现中国从"会计大国"变成"会计强国"的中国会计之梦的信心。汤教授的报告，给南大会计师生打开了一扇观察信息化浪潮对会计发展变化带来巨大影响的现实窗口，让我们知道了XBRL，使我们知道信息化可能对会计基本理论产生直接影响，以至于我对信息化影响会计基本理论问题展开深入研究，成了近几年我会计研究的重点领域。

对郭道扬教授与汤云为教授的感谢，一直是我牢记在心的重要事情。除了每年正常的贺年祝福外，我把我系博士点招生后，国际化项目博士生中期考核通过的论文集，都会专门寄给两位先生，既是向他们报告我们不会辜负他们的期望正在不懈努力，又是以实际行动来感谢他们的关怀与支持。我个人对两位先生的感谢更是融入了我日常生活。当我看到浙江大学出版社2012年出版英国著名历史学家杰克·古迪（Jack Goody）《西方中的东方》一书，其中第二章

与郭道扬教授（前排左四）、汤云为教授（后排左四）

"理性与会计：簿记与经济奇迹"，其中大量引用了郭道扬教授《中国会计史稿》的内容与观点，（可惜的是，该书译者太孤陋寡闻，居然把 Guo Daoyang 译成了郭道阳）作为他立论的依据。我兴奋不已，专门告诉了郭老师，并衷心祝贺他的学术成果，真正产生了国际性影响，成为国际学术大家立论学说的依据。我的消息也给郭老师带来了惊喜，事后他要求浙江财经大学汪祥耀教授专门去找寻此书，以作留念。对汤老师，平时感恩从未忘怀。2018年上半年，当我得知汤教授身体不适住院手术，专门短信问候，汤老师以一贯的豁达大度，给了我很贴心的回信，让我又一次领略到大家的风范。

（五）魂牵梦萦——中国中青年财务成本研究会

在我会计学术人生中，中国中青年财务成本研究会成了我一生挥之不去的记忆。我的成长,得益于她;我与同行的深情厚谊,也来自于她初创那几年激情澎湃学术活动。

1988年6月8日,全国第一次中青年财务成本理论研讨会在东北财经大学召开,在杨纪琬教授等一批前辈的关心支持下,成立了中国中青年财务成本研究会。必须承认,东北财经大学在改革开放后扶持培养中国会计学术年轻人方面,是走在中国所有大学前面的。对此过程作出主要贡献除了谷祺教授与欧阳清教授的大力支持外,刘永泽教授与刘明辉教授,尤其是刘明辉教授,当时作为年轻会计学者的积极努力,发挥了关键性作用。我由于平时经常发表了会计学术论文,而被刘明辉教授看中,特邀参加会议,并被他强势拉入研究会,他任秘书长,我无功受禄当上了第一副秘书长。正是这样的际遇,让我同刘明辉与刘永泽结下了终身互信的关系,并有幸加入谷祺与欧阳清老师的弟子队伍,从而与他们成为同门师兄弟。后来,只要刘明辉教授在研究会秘书长位置上,我就必须在副秘书长位置上待着,并且老老实实履行副秘书长的职责。同门师兄弟加上学术发展一路风雨同舟,我们的情谊已超越了此生。

我不会忘记中国中青年财务成本研究会,给我学术成长的阵阵呐喊和掌声,会铭记为实现我们共同的财会学术之梦,而编织的一个又一个激动人心的瞬间,那种充满活力和激情的年轻时光,留下了一个个值得回顾的脚印,在带给了我们终生友谊的同时,也让我们格外珍惜曾经有过的整个群体。

第三部分　人生港湾

与李玉环教授（左三）、宋献中教授（左一）

我不会忘记：大连、辽阳、扬州、杭州、北京、承德、长沙、深圳，这些曾经为我们激情燃烧的财会青春岁月留下难忘今宵的城市，记载着我们共同冷静思考中国财会今天、认真探索财会未来的形踪与声音。

我不会忘记：一次次研讨过程的刀光剑影、面红耳赤、气冲霄汉，会歇期间的欢声笑语、互倾衷肠、情意激荡，会议综述时的一丝不苟、惜字如金、道义担肩。

我不会忘记：每次研讨会之前，都会有以秘书长为首的秘书处，绝对无私的奉献：办各种类型培训班，组织生源、聘请名师、安排讲座、夯实财源。以刘明辉教授为领导的秘书处全体业余兼职人员，一无编制，二无职权，三无报酬，全凭中青年的一腔热血，无怨无悔，不计名利，使全国分散在各行各业已经或希望显山露水的青年才俊们，拥有了一个抒发共同情怀的平台。正是在这个平台上，我与一大批中青年同仁结下了深厚的情谊。这些朋友是：刘明辉、刘永泽、陈毓圭、楼申光、王世定、于增彪、朱小平、陈亚民、戴德明、王化成、王立彦、陆正飞、张新民、谢志华、张先治、陈国辉、杨友红、王斌、汤谷良、刘志远、周晓苏、盖地、韩传模、张鸣、李若山、孙铮、张为国、薛云奎、陈信元、夏博辉、邵良志、王光远、黄世忠、曲晓辉、李建发、秦荣生、张蕊、张龙平、罗飞、汤湘希、唐国平、林钟高、刘峰、陈箭深、陈建明、杨淑娥、王泽霞、王开田、朱学义、樊行健、伍中信、陈学荣、宋献中、魏明海。正是中青年财务成本研究会一路走来所结成的友谊，使我的学术人生积累起了巨大的精神财富，这笔巨大财富的变现，给中国财会学术的发展带来了无以伦比的正能量。

在中国中青年财务成本研究会任上,我还负责在《电子财会》杂志开设"中青年论坛",从1989年到1997年,历时9年,每年12期,每期保证发表一篇中青年习作,为扩大中国中青年财务成本研究会的影响,也为培养一批中青年学术骨干,尽了自己的义务。当《电子财会》百期纪念专刊出刊之际,我代表中国中青年财务成本研究会拟了以下贺词:

十年艰辛,百期奉献。

大江南北作者竞相耕耘,名家名文,新人新篇;

行业内外读者普遍受益,释疑解惑,增知长识!

十年起点,百期待续。

刊名"电子"当登财会学巅,精益求精,角立杰出;

行为"电子"应履时代潮峰,观念调控,尽展雄姿!

其实,这段贺词,就当时意境,不只为《电子财会》百期有感而发,更是对中国中青年财务成本研究会行动目标的自我表白,现在看来,也是自己对会计学术人生的自我定位。

二、财政部领导专业引导

我的专业成长,离不开财政部诸多专家的关心与扶持。除了杨纪琬教授与黄菊波教授,冯淑萍、刘玉廷、王军、金莲淑等领导给予了我学术成长上的指点和帮助。

(一)大姐式领导:冯淑萍

初识冯淑萍的时候,她还是会计司副司长,当时我任中国中青年财务成本研究会副秘书长,全国性学术会议有时会请冯大姐来指导并作学术报告。在她的报告中,我能感觉到她对会计专业问题所产生的兴奋之情,从大处问道到细微处技巧都能娓娓道来,有杨纪琬教授那样"居庙堂之高,则忧其民"的惜怜天下苍生之家国情怀,还有众多高校会计学者那种"处江湖之远则忧其君"的拳拳之心,使我对财政部会计司从老到小的所有干部,产生由衷的敬佩。特别是2000年,我把江苏省电力公司寓核算、控制于一体的财务管理信息化探索,向冯司长专门作了报告,她以全国会计行政领导的高度责任感,也完全出于对我的专业判断的信任,配合当时《中华人民共和国会计法》修订后,亟需对全国会计工作如何强化会计内部监督工作指导的需要，立即提议在江苏电力公司召开一个以内部会计控制为主题的现场座谈会。接到冯司长的指令，我心里一阵惶恐，对如何开好这类会议毫无思路。我向时任江苏省电力公司总经理费圣英与财务资产部牛汝涛、夏俊、李志光三位主任汇报，得到了他们会议场地、交通工具、会议经费的全力支持，尤其是他们愿意把系统内这几年财务管理信息化从1.0到2.0再到现在正探索3.0的创造性过程所取得的成果以及经验教训，和盘托出贡献给这次研讨性质的座谈会，这样我对完成好冯司长交代的任务就有了基本的底气。

2000年11月28日，在全国内部控制制度研讨会上，冯司长代表会计司发表了"适应经济发展要求，加快我国内部控制制度体系建设"的长篇讲话，对贯彻新《会计法》、建立健全中国会计内部监督制度，提出了具体设想与行动方案。我感觉到开会之前，冯司长对会议议题已胸有成竹。正是那一次，让我接受了冯司长的直接领导，在相互沟通中加深了彼此了解与信任。整个研讨会规模不大、参会代表层次高、研讨形式活泼生动，大会报告、代表座谈、镇江谏壁电厂财务管理信息化现场考察，紧凑严谨而又有实在内容的会议组织，也使冯司长对我这个书呆子另眼相看。

2000年11月底的这次研讨会，事后追溯，成为了中国从政府到企业以至学界，齐心协力建设内部控制制度的"星星之火"。进而言之，中国1999年修订《会计法》，其第4条、第28条、第46条有关单位负责人是单位会计第一责任人的条款，具有领先国际的价值，比美国《SOX法案》302条无论是规范的强度和可落地性以及时间方面，都要先进很多。让中国会计领域深感自豪的这一成就，正是在会计司冯淑萍司长任上实现的。令我特别感动的是，会议空隙，冯司长牺牲了休息时间，专门到我校，接受我校兼职教授的聘任仪式并向我校会计系师生作了有关新《会计法》以及进一步会计改革的学术报告，让我校师生大开眼界，也让南京大学领导们开始重视会计学科。研讨会结束后，冯司长切身感受到制订专门的中国内部会计控制制度的迫切性，又一次出于对我的学术信任，要求我去北京，协助会计司启动内部会计控制规范的研发工作。冯司长对我的激励性工作安排，让我加倍努力，同时，使我更多地接触了中国会计法制顶层设计工作，这样的直接体验使我对中国会计法制建设的艰巨性与复杂性有了切身体验，从而促使我更加务实地研究中国会计与财务问题。此后，在我校会计申请博士点的过程中，我更是经常请教冯司长并求助于她，她总是满腔热情给予我指点，并为我解决问题而提供她力所能及的帮助。2002年，我与王跃堂教授参加清华大学一个学术讨论会。会议结束后，我为我校会计申请博士点之事问询冯司长，并想请冯司长等人吃个便饭。谁知，冯司长建议由她来请我们吃饭，会计司几个处长都参加，并言明算是对我前年帮忙会计司做内控研发而未领任何报酬的一种补偿。其实，那天晚上，我们根本不在乎吃什么饭，主要是把我们申请博士点碰到的现实和可能的困难，一一问道于冯大姐。冯司长的态度让我终身难忘：南大是综合大学，中国名校，具有无可置疑的学术实力；南大会计申博不能光局限于会计系师资，而是要充分利用商学院名师众多这一优势；南京大学会计在学术方向与贡献方面，具有明显优势，要把这一点在申博材料上充分体现出来，让评审专家看到并认同；她特别嘱咐，把材料做实做好，相信南大会计申博有望，但绝对不能在申博材料上弄虚作假。我回南京后，正是按照冯司长的建议，认真、务实地组织博士点申请材料,最终,我们获批了会计学博士点。我至今仍不会忘记,2004年7月,我在江西参加全国CPA考试命题,那时,冯司长已升任为财政部部长助理,其间,冯助理带着会计司与条法司的几位领导来看望命题专家,发现我在场,当即兴奋地说:"杨雄胜要请客,他有喜事!"不明究竟的其他专家,以为我有什么奇闻异事了。冯助理当即宣布:"南京大学今年刚获批会计博士点,还未正式招生,又获得了MPAcc首批招生资格。这样讨巧的,只有南大一所学校。杨雄胜你还不请客?"这几句玩笑中又带当真的话语,让我心生感动。冯助理的语音口气中,不仅是对我工作与学术的肯定与鼓励,也代表着她倾心扶持的南大会计学科终于取得了具有里程碑意义的阶段成果。与全体专家见面后,冯助理又特别提醒我:"杨雄胜你应该知足。人家会计老前辈奋斗几十年都不能实现的目标,你当系主任短短5年就实现了。"我听出了弦外之音,知道南京大学会计学科的发展,并不是我个人的功劳,更不是单纯依靠南大会计当时几位教授自身努力的结果,而是依赖于申博关键时刻南大暨商学院各位领导、专家的全力支持,财政部暨会计司领导的倾心扶持,兄弟院校同行的友情帮助,社会各界会计精英的无私奉献。没有这些,仅凭我和当时会计系的几个教授,南大会计上博士点那是天方夜谭!冯助理那次提醒我知足,其实当时有个现实场景深深刺激了我。我们命题期间,江西财经大学老校长裘宗舜教授,一位德高望重、会计造诣极深、对中国会计事业贡献重大、与葛家澍教授可以齐名的会计前辈,来现场跟我们这些无名晚辈一一握手,很诚恳地拜托我们关心江西财经大学会计学科的发展,因为他们还没有博士点。我想,当时就教授人数、资历与学术成果和贡献,江西财大会计学科比南大会计明显强出很多,但我们有了博士点而江西财大还没有。正是冯助理的提醒,才使我未敢把取得博士点与MPAcc招生资格当作业绩,而是将其当作一种更大的责任。2005年4月12日,在MPAcc招生过程中,冯助理作为全国MPAcc教育指导委员会主任,在首届MPAcc正式开学前,亲率教指委副主任孙铮教授与秘书长王化成教授来到南京大学,对我们教育方案、条件、师资等方面,作出全面检查与指导,从而督促我们从开始就做出特色,办出为社会认同的效果。当天下午,她还面向南大会计师生做了一场学术报告,她以自己切身经历,谈了对会计工作的认识,并结合中国会计改革的艰难曲折历程,告诉全体同学,会计国际化是大趋势,但又是一个复杂的过程,其间中国可以大有作为。在那时,她已敏锐察觉中国政府会计改革严重滞后,各级政府未能树立债务风险概念,极有可能产生政府债务危机。我清楚记得,冯助理在报告中,发现学生们对美国证监会围绕安然事件后出台的《员工报告》了解不多,就语重心长地提醒我,要加强会计学科的国际化视野。自此,国际化、信息化、复合型,就成了南京大学会计系从本科至博士各层次人才培养共同追求的基本目标。之后,冯助理调任全国人大预算工作委员会副主任,她仍关心着南大会计发展,特别是督导我做对中国会计发展有益的会计研究。两年前,冯主任又回归财政部,荣任中国注册会计师协会会长。当我再次面见冯会长时,大姐还是那样的看好我鼓励我,她说她欣赏我敢想敢说的学术勇气,喜欢看我的论文。同时又指出我已发表的有些问卷调查论文,略显粗糙,应该改进。爱护之心露以声色。之后,我们互加微信,她又要求我重视对电子货币后会计计量属性与模式的开拓性研究,让我在会计学术研究上不致落后于时代发展的现实要求。

第三部分 人生港湾

与冯淑萍会长（左四）、王化成教授（左三）

（二）大哥式领导：刘玉廷

认识并熟悉刘玉廷，是他当了会计司司长和中国会计学会秘书长之后。2001 年初我接受财政部会计司委托，完成"采购与付款""销售与收款""工程项目"三个全国性内部会计控制规范文件讨论稿的起草工作。经组织南京大学会计系 30 多个师生近半年的攻关努力，于 5 月底完成了初稿。6 月初，刘司长带领会计司与中国会计学会的其他领导来南京，召集了来自全国当时对内部控制有所研究的 20 多名专家教授，对我们提供的三个内控文件初稿进行把关审查。正是在这次研讨过程中，我发现刘玉廷司长对内部控制问题有着系统而全面深入的思考，一切业务环节内控问题，他都能提出很在行的专业意见，并当场在综合大家意见基础上改定稿子。这样能动嘴动脑并动手三结合的领导，让我感到特别钦佩。通过深入而细致的研讨，与会专家对我们的研发成果给予了很高的评价，我在会上的解释、发言和思考，也让刘司长从侧面了解到我在工作上的专业与务实，从此双方都很有好感！在接下来几次大的会议上，无论是内部会计控制具体规范的讨论，还是 2004 年云南大理"中国会计准则国际研讨会"上，我都被刘司长当成重要参会者并不负众望地完成了他交办的任务，从而更加深了我们之间的互信。在这一过程中，我不仅实现了理论研究与中国实务紧密结合，更让我结识了一大批中国实务界的顶级专家，从而在我学术健康成长的同时大大提高了南京大学会计学科整合社会资源的能力。

2003 年 6 月，我们应邀在江西井冈山评审财政部会计重点科研课题。当时，全国有很多高校申报，然而最后能中标的却只有不到三分之一。经与会专家匿名评审，主持这次评审的刘司长宣布了中标名单，结果南京大学没有一项中标。我对此很不满意，当着大家的面发了一通牢骚，认为评审结果对南京大学极不公正。刘司长对我如此无视评审结果的态度感到生气，最后评审结果通气会不欢而散。会后，我意识到自己太本位主义，全然不顾全国会计学术界大局。但又碍于面子，没有勇气跟刘司长道歉。刘明辉等几位教授看到我表现过火，为消除误会，主动联系刘司长和我一起去看井冈山革命历史陈列馆，大家还在担心刘司长生了我的气会拒绝跟我一起参加活动，出乎意料，刘司长满口答应，并且上车后主动跟我调侃道："杨教授现在长脾气了！"我很尴尬地应道："您是司长，谁敢跟您耍脾气。"刘司长风趣幽默地讽刺我："啊哈，你当着很多人面，明明不在理还要横？这不叫长脾气？不过，我看在您为南京大学会计学科如此尽心卖力，为同事争课题不惜得罪我这个司长和大家的份上，就原谅你了。其实在财政部内，为了会计司与会计司同事利益，我也经常得罪兄弟司局甚至领导，我们还算意气相投。"这么一席话，让我无地自容。我的无理取闹，不仅没有造成双方隔阂，反而加深了互信。个性也属刚强的刘司长，对我露出了特别温柔的一面，让我学到了做学问以外做人做事的技巧。

2008年7月在吉林松花湖，刘司长召集了全国高校与审计实务界的20多位专家，讨论内部控制应用指引文稿，我有幸应邀参加。在讨论中，不知因何原因，一位专家借题发挥，对提交讨论的文稿作出了一些情绪化的评论，并波及到刚颁发的整个会计准则。由于当时美国金融危机引发全球经济严重波动，对雷曼公司事件中公允价值会计外界颇有责难，而中国2006年出台新会计准则，中国资本市场因此一改1998年至那时的僵局，2006年至2008年上半年变得活跃异常，对新会计准则表达了极度欢迎姿态。但2008年下半年，中国资本市场在毫无症状的背景下，从6124点骤降至2200点，政府与市场心理出现一片恐慌。在这样的背景下，鉴于西方有人已把金融危机与会计联系起来，如果中国也如此宣扬，那么中国会计准则国际化的努力绝对有可能中途夭折。我相信正是这一种担心，使刘司长听到当时对新会计准则作夸大其辞不恰当的负面评论时，顿时大动肝火，给予了不容置喙的强硬回应。当时，讨论会陷入僵局。我身临其境，理解刘司长的苦衷，他完全是不想让历经磨难毫不容易赢得的中国会计国际化进程前功尽弃。于是，我以内部会计控制规范制定过程的复杂性和个人亲历感受，说明中国会计取得的每一个进步是多么来之不易，提醒我们与会专家要珍惜这样的结果。经我一再疏导，刘司长情绪得到缓解，会议得以正常进行。尽管会上提出尖锐批评的专家当时很不理解我和稀泥的态度，但会后刘司长很感慨我这个教授还是挺理解他的难处，而那位对我有误解的专家终于明白我的苦心。在中国会计整体健康发展这样大是大非的考验面前，我们个人的面子和利益都显得微不足道。这是刘司长说一不二的工作作风给我的启示。

2003年，教育部因天津大学财务投资管理失控产生严重后果，把直属高校校长召集至北京，进行内部控制培训。凑巧的是，那天正好是我从北京回南京的日子，在机场上遇到了培训结束回南京的我校蒋树声校长。那天，他对我特别热情，并要求我在南京下飞机后跟他车子一起走。我真的受宠若惊，下飞机就看到蒋校长很热情地等我一起走。在车上，他情不自禁地对我说："想不到平时不起眼的会计系，在中国所有大学校长面前，给我这个南大校长长了一个天大的面子。"我听了如堕五里雾中。蒋校长解释道："今天上午，教育部请财政部会计司刘司长来给我们讲内部控制，他中间说南京大学对中国内部控制规范建设作出了很关键的贡献。没有表扬北大清华复旦，单单表扬了南京大学，而且是大声表扬，搞得部长与全体校长都看我。"我终于明白了，刘司长始终不忘在合适的场合力挺南大会计，我们诚心相对会计司的各种任务，刘司长给予我们比任何物质财富更丰厚的回报。我当时真切地体会到了蒋校长的喜悦之情；另一方面，对刘司长以如此厚重的方式来支持南大会计发展，从内心深处产生由衷的感激！刘司长的一番表扬，使我系在日后引进陈冬华教授与冯巧根教授时，学校层次的阻力一扫而空。

以后，刘司长调离会计司至企业司，我们还时有联系。在国有资本金绩效管理上，他曾有想作探索的冲动，也到南京深入基层听取第一线的意见，我应邀一起参加座谈和调研，获益颇多。这种友情伴随我与刘司长至今。我也希望自己好好做人、做事、做学问，更希望南大会计学科多出现几位具有家国情怀的学者，以不负刘司长当年对南京大学会计学科发展中各种不足的包容和纠偏。

（三）学者型领导：王军

王军部长，对于整个中国会计界而言，是一位难以复制的杰出领导者；对于我这个学者，他更是我会计学术研究的诗和远方。

与王军部长(左五)、江建平厅长(左六)

说是诗，因为我与王军部长早已认识。在他还是财政部会计司处长时，我就经常看到他写的会计论文，有一种大气磅礴甚至气吞山河的感觉。这不是每一个会计专家都能达到的，不只是专业功底，不只是文字功夫，不只是文学素养，更根本的是那种难以言喻的会计情怀！看了他写的文字，那是一种思想洗礼和境界的提升。真正面识王军部长，是他就任财政部部长助理后，我校第一届MPAcc开学典礼。那时，冯淑萍部长助理调往全国人大常委会任职，王军部长助理分管会计工作并担任全国MPAcc教育指导委员会主任。我也是仗着自己发过几篇学术论文，风格观点应该为他接受，便冒昧地联系了王部长。王部长接我电话时，一声"雄胜"顿时拉近了我们之间的距离。我直接了当表明，希望他来南京大学参加首届MPAcc的开学典礼，并给学生们上第一堂课。令我感动的是，他毫不含糊地答应了我的请求，并在那天如约来到南京大学，参加开学典礼并站在南京大学讲台上，为南京大学MPAcc首届学生讲了第一堂课。他的到来，赢得了南京大学领导对会计学科的另眼相看，一位校领导惊讶地问我："你们跟财政部领导关系如此铁？其他学科到北京请一个副部以上领导，还不知道要把学校折腾成什么样子。你们请来王部长，居然在请领导环节没有要学校领导层费任何心思。"因此，当王部长来南大后，我请校方出个校级领导出来主持时，我校领导出奇爽快："你想要谁主持，我们就出谁！"可以说，王部长亲临南大，为会计系在学校里的影响力，为南大会计在江苏省财政厅的地位，为南大会计系对江苏省电力公司的号召力，以至于为南大会计学科在整个中国高校会计学科群体中的地位，都产生难以估量的积极影响。更关键的是，南大会计学科顺势而为，在MPAcc行业班上精心组织并科学规划顶层，积极整合内外资源，做出了业内公认的几乎是难以复制的业绩,从而形成了南京大学会计学科的一种核心竞争力。所有这些,都与王军部长富有诗意的行动支持和现场讲课激励存在着莫大关系。

说是远方,是王军部长分管会计工作后,不仅在会计领军人才培养工程与会计师事务所党建工作方面的创举,明显提升了会计行业在整个国家社会政治生活中的影响力,而且为会计学术研究指明了一个极有挑战性和彰显中国会计世界贡献的研究领域。2005年8月15日,王军部长召集全国教育界与实务界十几位专家至财政部,向全体与会者提出了一个很严肃的问题:为什么会计不能像统计一样在宏观经济领域发挥重要作用?会计应该成为宏观经济的信号灯和导航仪。习惯于微观口径认识并从事会计工作的与会者,面对王军部长的提问,顿时语塞。而王部长的一番提示,让我看到了会计研究的一个新天地。后来在财政部检查监督局耿虹局长的鼓励下,我起步了对会计信息是社会公共资源问题的探索性研究,这几年发表了有关这方面的一些成果,希望为这一次《会计法》修订提供一些有益的理论指导,更希望借助于信息化平台使这方面能形成中国会计发展对世界完善社会经济政治文明制度的一种贡献。王军部长高屋建瓴,把中国会计理论研究引向了远方。

2006年,财政部成立内部控制标准委员会,我有幸与中山大学魏明海教授一起作为学界代表,并成为委员。2006年7月15日,财政部企业内部控制标准委员会举行首次全体委员会议,我有幸作为专家向与会委员阐述对内部控制问题的理解与看法,王军部长作为企业内部控制标准委员会主席亲自主持会议并发表了主旨演讲,充满激情地发表了他对内控标准委员会如何在"决策支持、沟通协调、业务指导、宣传推广、督促实施"等方面发挥积极作用的看法和建议,使全体委员深受鼓舞。其后,我们在王部长领导下,在中国内部控制规范建设方面发挥了理论咨询作用,从而在2008年,财政部联合证监会、银监会、保监会、审计署出台了《企业内部控制基本规范》。在2008年6月28日企业内部控制基本规范发布会上,王军部长以"学习贯彻企业内部控制基本规范,促进我国企业又好又快可持续发展"为题,对2009年7月1日起首先在中国上市公司中施行的企业内控基本规范的具体意义,精辟论述为六个"一"(构建了一个标准框架,强化了一种内控理念,建立了一套内控措施,夯实了一个制度基础,确立了一个实施模式,构筑了一个联动平台)。王部长的讲话,深深地感动了我这个学术界代表,当即以"与内部控制理论与实践的时代强音共舞"为题作了如下发言:

作为企业内部控制标准委员会委员,作为学术界的代表,我怀着无比激动的心情参加今天《企业内部控制基本规范》(以下简称《规范》)的发布会。我们高兴,中国理论界对内控的苦苦探索有了厚实的回报;我们自豪,中国企业在内控制度建设方面拥有了具有国际水准的强制性要求;我们有充分的理由预期,中国内部控制理论研究与实践探索因而进入了崭新的历史阶段。下面,我想就发布的《规范》发表两点不成熟的看法。

(1)《规范》是中国企业按国际化标准严格自律的宣言书。

《规范》的起草和出台,是中国对美国SOX法案颁发实施对全球产生重大影响的积极回应,更是中国企业参与国际竞争逐步接受并自觉遵循市场经济游戏规则，不断完善企业制度、细化管理的内在要求。制定与颁发《规范》的重大意义，我们可简要概括如下：

《规范》既有类似SOX法案的强制力，又有与COSO报告那般对内控实务的示范作用；既对中国企业建立内控制度提出了强制性要求，又为千差万别的中国企业建立健全内控制度提供了基本框架；既吸收了内部控制的国际先进理念，又充分体现了中国内部控制的现实环境要求，具有较强的针对性。从而使中国企业建立内部控制制度有法可依、有章可循、有事可做，最终必将为中国企业更有效地参与国际竞争，在全球范围内塑造中国企业的良好形象提供制度保障。

《规范》为中国企业内控制度建设提供了基本标准。经过30年的改革开放，中国企业在做大做强做好方面已具备了基本条件，也表现出参与国际竞争的强烈愿望。但是如何把面广量大的中国企业在经营管理与治理方面按国际标准予以规范，使中国企业自觉地接受国际惯例约束，在国际经济资源配置过程中赢得应有的份额，是中国企业和政府面临的现实挑战。《规范》的颁发正是中国政府和企业迎接这种挑战的庄重宣言，为中国企业按国际水准加强并细化风险与管理控制明确了原则性要求，也为中介机构、社会媒体和政府监管部门评估企业内部控制质量与效果提供了基本依据和标准。我们有足够的理由相信，随着《规范》的颁发与有效实施，中国企业必将在经营管理和资产损益质量方面得到根本性改善。

《规范》极大地丰富了内部控制理论与实践。立足国际角度回顾内控制度建设的历史，西方发达国家在传统和前沿的内部控制理论与实务方面作出了主要贡献，我们听到的更多的是来自于西方国家的声音，发展中国家在这方面贡献并不显著。《规范》凝聚着中国内部控制理论与实务界的聪明才智，既有对国际经验教训的积极借鉴，又有对自身经历的冷静思考，更是中国政府与企业历史责任感的使然。《规范》在诸多方面发展了内部控制理论，拓展了内部控制实践。例如，在内部控制系统性原则、内控在发展中国家的目标定位、反舞弊机制建设、关注内控缺陷以及控制措施的具体内容和做法等方面，《规范》对国际内部控制理论与实务作出了特有的贡献。这些贡献决定了《规范》必将在国际范围内产生应有的积极影响，从而丰富并发展了国际内部控制理论宝库与实务经验。随着《规范》的有效实施，必将为发展中国家在转型经济和新兴市场环境条件下，切实抓好全社会企业内部控制工作提供可借鉴的范例。

（2）《规范》的颁发和实施为中国理论界提供了深化内部控制研究的良好契机。

在《规范》起草过程中，理论界与实务界、国内与国际的内控专家、政府与民间的内控研究力量，在财政部的统一组织下展开了广泛的接触、沟通和研讨，最终达成共识，为起草《规范》奠定了良好的基础。可以认为，《规范》集中体现了中国内部控制各界人士、各方力量的真知灼见。随着《规范》的颁发，中国内控理论界面临着更为繁重而迫切的研究任务。

首先，《规范》是框架性、原则性要求，如何把这些要求细化为各行各业的可操作做法，理论界必须深入内控实践，提出对策建议。

其次，《规范》规定了所有企业内控应达到的基本标准和要求，但千差万别的众多企业内控如何根据《规范》要求作出基本评价，内控理论界必须深入调查研究，提出有关政策建议。

再次，《规范》在实施中如何随着实践发展及时修改完善，理论界应在充分实证研究的基础上，发现问题，分析原因，提出改进意见。

最后，如何对《规范》实施效果作出实时监测，理论界应联合实务界拿出思路，密切协作，作出贡献。

作为一名对内控情有独钟的理论工作者，我庆幸自己研究内控拥有如此得天独厚的机遇。"钟期既遇，奏流水以何惭！"我们将与全国内控同行一道，乘《规范》颁发实施之东风，把握国际内控发展趋势，立足中国内控实务，发掘中华优秀文化，并对国际内控理论的发展作出贡献，以不负这个时代，不辱民族使命。

我的这份感慨，不仅是作为一名学者对中国内部控制规范建设取得标志性成果而自豪，更主要的是作为以王军部长为主席的中国企业内部控制标准委员会的一员所担负时代责任的承诺！

2008年，我作为唯一一名财政系统外的专家，应邀参加对三家国家会计学院绩效评价。整个过程全在王军部长直接领导下工作，感受到王军部长对会计行业发展的那种强烈的使命感和责任心，以及对基层工作同志的体贴关心，人本管理的理念自然融合在他的言行举止中。这样的耳濡目染，大大提升了我看待问题及做事社交的眼界。

第三部分 人生港湾

2009年底，考虑到新的一年即将到来，我写信给王部长，对南京大学会计与财务研究院成立后，连续两年召开了两次国际学术会议并取得良好效果，特别是第二次研讨会，成立了海峡两岸会计学术交流的长效机制，作了专门汇报。信中也对会计学术研究和领军人才培养提出了一些看法和建议。王军部长对此格外重视，专门回复了信件，对我起了很大的鼓励作用。

雄胜教授：

您好！

来信收悉。岁末年初工作实在太忙，迟复为歉。

南大会计与财务研究院成立以来，在您的带领下，立足国内，放眼国际，倡导"学术为本、使命为魂"，在学术研究、人才培养和社会服务方面发挥了积极作用，特予祝贺。

近年来，随着我国会计审计准则深入实施及国际趋同等效的快速发展，我国会计理论研究及会计人才教育也面临着诸多新形势、新课题。同意您关于应总结和提升我国会计人才教育培养工作的意见，希望找机会，一起谈谈这方面的问题，听取宝贵意见和建议。感谢您邀请我去南大作报告的美意，如果有时间，下次出差到南京，我争取再到南大与老师们和学生们见面、交流。

新春佳节将至，衷心祝您及学院全体师生——新春愉快，学习顺利，身体健康！

王军
二〇一〇年一月五日

王部长对我个人学术研究和南大会计学科发展的关键性支持和指点，值得我与南京大学会计学科的后学们永远感激！

（四）长辈加专家型领导：金莲淑

金莲淑的名字，在1992年财政部颁布两则、两制时特别响亮。以国家层面颁发财务通则与制度，在国际范围内只有中国这样做。因此主导此项创举的当时财政部工交司司长金莲淑，对于我们这批小年轻而言，那几乎是神一样的人物。2007年，我突然发现，大名鼎鼎的金莲淑担任了中国会计学会会长，不久，学会学术交流活动上，得以面见这位崇拜已久的大专家。由于几次活动发言，引起了金会长的关注与肯定，把我提拔为中国会计学会"常务理事"。自此，金会长对我鼎力支持，从南京大学会计发展的大局，到个人工作过程中遭遇的困难，她都会施予援手，慷慨相助，使我学术与工作均取得了明显的进步。

与金莲淑会长（中）、耿虹局长

2008年，南京大学为加快发展会计学科建设步伐，决定成立"会计与财务研究院"。为了充分发挥研究院平台积极作用，也为了在国内外同行中广泛宣传南京大学会计学科，我们决定召开一次国际研讨会。但是，对于年轻的南京大学会计学科而言，如何把国际研讨会办好，实现预期目标，无疑极具挑战性。因在数次学术会议中跟金会长初步相识，我就专门上北京，向金会长与刘玉廷秘书长当面汇报了开会设想。当她听到我们这次会议邀请美国会计学会专家来参加，并且会议议题以中国经济转型与发展中会计问题为主，国内一些实务专家参加，当即表示，这样的会议，中国会计学会可以一起主办。在会议期间，金会长与美国会计学会何莉芸副会长签署了中美两国会计学会学术合作协议，从而为中美两国会计学术交流建立了制度化通道。正是借助于中国会计学会以及金会长本人强大的号召力，全国高校的120多名著名会计专家前来南京大学参会。金会长在开幕式致辞中认为本次中国会计与财务国际论坛的成功举行，揭开了中外会计学术交流领域的崭新一页。她相信，中美会计学术交流机制的建立，必将在解决经济社会发展问题方面作出应有贡献。她期望，各位学者能够围绕中国会计发展面临的实务与理论问题，结合与国内外资本市场密切相关的专业理论以及会计审计准则、信息披露、会计监管等方面最新研究成果，利用中美会计专家各自具有的学术优势，就各议题广泛、深入地交换意见，发表自己的独特见解和精彩论述，提升会计监管部门、会计实务界人士对会计理论研究成果有效性的信心，在解决会计理论研究与实务推进的协调一致方面，取得成功的经验，在推动全球会计学术交流与合作方面，作出新的更大贡献！在中国会计学会已形成的惯例中，各种学术会议一般都由各专业委员会主办，有关单位承办。但这次会计与财务国际研讨会，由中国会计学会直接主办，而且与南京大学会计与财务研究院联合主办，一下子大大提高了南京大学会计学科的影响力，使美国会计学界与国内会计理论界，对南京大学会计学科另眼相待。

2009年9月，南京大学会计与财务研究院酝酿主办第二次国际论坛，但因上年才办了一个国际性学术会议，接着再办，没有很好的主题和创意，可能会让参会者产生审美疲劳。当时正好中国台湾地区的台湾政治大学前校长郑丁旺教授来我校学术交流，他已为编织台湾与大陆各高校的会计学术交流之网奔忙多年，采取一个学校一个学校拜访协调的办法。我为郑校长如此投入海峡两岸会计学术交流而感动，又觉得他这样一个一个学校去谈的方式效率太低效果不一定会好，于是产生了一个大胆设想，能不能通过一次会议，确立海峡两岸会计学术交流制度总框架，这样能把大陆与台湾所有比较知名的大学会计学术力量整合到一个平台，既能吸引两岸会计学术生力军，又能使这种做法不致因人事变化而难以持续。郑校长很赞成我的建议，但不知道从何下手。我即提议，2009年11月，中国会计学会、南京大学会计与财务研究院主办的国际论坛，能否增加台湾政治大学主办，以两岸会计界学术交流为主。郑校长非常赞成，我当即电话请示金会长与刘秘书长，得到同意后即通知了郑校长。当年11月，郑校长率领台湾地区会计学界20余人来南大，主持召开首届海峡两岸会计学术交流会。在会上，金会长代表中国会计学会，郑校长代表台湾地区会计学界，签署了两岸会计学术制度化交流的意向书，从此，海峡两岸会计学术交流进入了新的篇章。当郑校长看到一下子把中国大陆所有好大学全纳入了两岸会计学术交流制度中,动情地说:"雄胜,您帮我做了件大好事,了却了我多年心愿。"正是通过这次会议,金会长与郑丁旺教授在两岸会计学术交流问题上认知和具体制度设计的高度一致,结成了良好的私人关系。郑校长敬佩金会长把控宏观、立足大局、着眼长远、求真务实的能力和一呼百应的人格魅力,金会长也对郑校长渊博的学识和强大的整合资源能力欣赏有加,大有相见恨晚的感觉。他们如此互信,将海峡两岸会计学术交流引入了黄金季节。2010年,金会长亲自率队,大陆56所知名大学会计学科带头人参加,同赴台湾,在政治大学召开了高规格的两岸会计学术讨论会。自此之后,两年在大陆,一年在台湾,海峡两岸会计学术交流形成了相对稳定的模式。当我在台湾政治大学会议现场,看到南京大学会计与财务研究院作为主办方之一出现在会场时,心里格外激动。某种意义上,这完全是金会长对南大会计学科倾心尽力支持的结果。

与郑丁旺教授(中国台湾)

2010年8月7日,金会长在大庆市主持中国会计学会七届六次常务理事会,鉴于中国会计学会对外学术交流日益频繁重要,决定设立"对外学术交流专业委员会",并任命我为主任委员,北京大学王立彦教授、对外经济贸易大学张新民教授、厦门大学刘峰教授、中南财经政法大学张龙平教授、中山大学魏明海教授为副主任委员。为我在会计学会平台尽更多义务以及为南京大学会计学科获得更多展示自我的机会,提供了通道。在这次常务理事会决议中,明确了"对外学术交流专业委员会"的职责与任务:

(1)发挥中国会计学会在国际会计学术交流领域的组织与推动作用,逐步理顺与国内有关学术、科研、投资机构在会计学术国际交流域的关系。

(2)逐步建立与国际会计学术组织及国际知名会计学者尤其是海外华人会计学术群体与个人的固定联系,积累中国会计学会的国际学术资本。

(3)制定中国会计学术研究国际化发展战略,整合中国会计学术资源,拓展与国际会计学界的交流渠道,有效地开展各种活动,实现中国会计学会国际化战略目标。

(4)立足国际视角,组织科研攻关,全面地总结与研究中国会计财务探索的经验与教训,形成学术成果,推向国际学术舞台。

(5)实施走出去、请进来战略,组织中国会计学者参加有影响的国际学术会议等学术活动，同时有计划地邀请国际著名会计学者来中国进行学术访问和交流，增进中国会计界与世界各国会计学术界的相互沟通和了解，在中国会计准则国际趋同与等效进程中作出中国会计学界特有的积极贡献。

（6）编好《中国会计研究》（ARC）英文版，让世界更好地了解中国会计理论研究现状和最新研究成果。

大庆会议结束，我提交了如下报告：

关于做好中国会计国际学术交流组织管理工作的报告

尊敬的中国会计学会金莲淑会长、刘玉廷秘书长并转呈财政部王军副部长：

今年8月，中国会计学会决定成立"对外学术交流专业委员会"（以下简称"外交会"），并任命我为主任委员。为真正体现该专业委员会设立的宗旨并取得积极效果，现就有关事项报告如下，希望得到领导们的指示和支持。

1. "外交会"的主要工作目标是提升中国会计理论研究国际影响力

与中国会计学会其他12个专业委员会不同，"外交会"绝不只是简单地一年召开一两次学术研讨会，而是以整合中国乃至整个世界会计学术资源、提高中国会计学术水准和国际影响力为主要目标。这是彰显财政部与中国会计学会引领中国会计学术并有效促进中国会计理论研究与国际学界实现良好互动的积极举措,也是实现中国会计学术与实务协调发展的良好平台,更是建设科学文明中国会计研究文化,端正中国会计学风的重要途径。希望财政部、中国会计学会把"外交会"作为中国会计理论走向国际并实现在中国会计理论界树正气、务实际、健康发展的一个主要窗口,予以重点建设并加强领导管理。

"外交会"委员单位包括了中国所有会计学科办得相对成型的学校及各高校会计学科带头人,这一群体对整个中国会计学界绝对具有代表和示范价值。发挥这一专业委员会的积极作用,对加快中国会计理论建设意义特别重大。为此,财政部与中国会计学会,应把"外交会"作为实现、引导全国会计优质学术资源的一个主要抓手,使其工作有明确的战略、规划及具体思路,力求"外交会"工作取得实效。

2. "外交会"近五年的工作目标

七届六次常务理事会为"外交会"设立了明确具体的工作目标及内容,概括为三个核心要点:

(1)铺设一个通道:在中国会计学会与世界各国会计学界及知名学者之间建立较为可靠、正常的学术与业务联系,使国际同行比较全面地清楚中国会计、财务理论和实务的近况及发展。同时建设好中国会计学会英文网站。

（2）建设一个平台：办好一年一次高水准的"中国会计与财务国际论坛"，挖掘中国会计与财务发展的国际贡献及中国会计与财务学术的世界性价值，名家聚集，观点充分交流，切实提升中国会计与财务学术水平和国际影响力。

（3）开拓一个阵地：筹办面向国际的《中国会计研究》英文版，使之成为国际范围内发表研究中国会计与财务问题学术成果水准最高的杂志，成为国际研究中国会计与财务问题的风向标，成为了解世界范围研究中国会计与财务学术进展的首选杂志，也成为观察中国会计与财务发展对世界积极贡献的主要窗口，成为向世界同行全面展示中国会计学者学术水准的重要阵地。

3.实现"外交会"工作目标需解决的问题

为了实现以上目标及设想，"外交会"急需解决以下两个问题：

（1）组织机构落实。

"外交会"已有主任、副主任及委员单位，但还无具体办事机构。为便于开展工作，最初两年应聘用两名素质较高、具有硕士学位以上的专职人员。我建议以"南京大学会计与财务研究院"为日常办事机构，并明确为"外交委秘书处"。工作场地由南京大学解决。"外交委秘书处"工作人员及秘书长、副秘书长等人选由中国会计学会秘书处物色任命。

（2）日常运行费用的来源。

我建议以每人每年综合费用不超过10万元为标准，对外公开招聘两名"外交委秘书处"专职工作人员，以便于开始建立中国会计学会与国际学界联系通道工作。"外交委秘书处"日常办公地点及经费前几年可由南京大学会计与财务研究院承担。

每年的"中国会计与财务国际论坛"，按前两届实际开支状况，每次开会2天，总规模100人左右，境外专家占30%，总费用50万至60万元左右。《中国会计研究》英文版若要办好，必须聘请一批海外专家编审，辅以国内一批德才过硬的会计专家，每期及日常审稿会是一笔不小的费用。以上费用，目前尚无资金来源。在这个问题上，南京大学会计与财务研究院正准备筹措100万元投入，以表达对做好这项事关中国会计国际化大计之事的积极态度。但仅靠南大会计一家投入，距"外交会"上述基本工作所需费用还是杯水车薪；同时，仅靠南大会计自身的融资能力，根本无力承受并解决"外交会"基本运转所需费用的问题，这也与"外交会"工作性质不相称。

为此，我希望财政部、中国会计学会领导对解决以上问题作出明确的指示，同时尽快召开"外交会"成立大会，以征询各委员单位对解决以上问题的意见。

万事俱备，只欠东风。我相信中国会计学界会众志成城，在努力提升中国会计学术国际影响力并实现中国会计研究健康发展方面，借助于"外交会"这一良好的工作机制，精诚团结，紧密合作，凸显整体实力，为实现中国会计真正走向世界这一我们共同的理想而不遗余力！

南京大学会计学系：杨雄胜
2010年9月16日

2011年5月，中南财经政法大学张龙平教授主动请缨，承办对外学术交流专业委员会成立大会暨首届理论研讨会。金会长与财政部余蔚平副部长（当时是部长助理）、财政部会计司杨敏司长，一同来到现场，表达了对中国会计学术国际化的高度关注和全力支持。成立大会发表了中国会计学会实现学术国际化的"武汉宣言"，对中国会计学术国际化的含义、意义以及实现路径和阶段性目标，公开了中国会计学会的看法。正是金会长的深谋远虑，才使日后中国会计学术国际化得以有组织地进行，从而实现了会计理论研究与实践现实需要的协调发展。南京大学会计学科由于其"对外学术交流专业委员会"中的特殊角色，而在中国会计学术国际化进程中受益良多，进步明显，不仅在研究中国会计问题方面发表了一些有影响力的成果，而且在国外权威的会计期刊上发表了一批以中国制度背景为议题的会计论文，从而有效提升了南京大学会计学科的学术贡献能力。

2013年，获益于南京大学会计学科的快速发展，更直接得益于金会长为我提供一次又一次贡献自己会计科研组织能力的机会，我荣幸地首批入选为财政部会计名家培养工程。金会长在很多场合高度肯定我的学术成绩，对我产生了极大的鼓励与鞭策作用，并当面对我提出了严格律己的要求，使我明白所有的一切都代表过去，会计名家培养工程着重看我接下来几年的科研业绩。金会长语重心长的叮嘱，让我不得不考虑如何拿出像样的成果以不负财政部启动名家工程的良苦用心。于是，我以江苏电力公司为基地，在以往共同探索合作研究发现的一些研究机会中，选择自己在理论上已能自圆其说但尚未取得实践数据支撑的"资产组"议题，作为自己的攻关对象，以满足财政部"会计名家培养工程"的基本要求。

2016年8月，我的"资产组"设想在南通供电公司创造性部分落地见效。金会长闻讯后，立即会同中国会计学会副会长、中国航空工业集团公司顾惠忠副总经理和财政部会计司高一斌司长、高大平处长，专门赶来南通现场，对我们的管理会计实务创新探索，通过听汇报、问问题、看系统、观现场、试效果等方式进行考察，充分展示了她在财务管理领域驾轻就熟的高超技艺，竟然甩开我专门为她准备的稿子，很内行地谈她对我们所作的探索在组织、管理和绩效层面应关注、解决好并说清楚的具体面与点，她的观点起到了画龙点睛的作用，让在场的一批专家们深为佩服。到了吃饭时间，她还意犹未尽，要求我们把做的资产组探索，与以前我们通常做的内部经济核算"划小核算单位"和西方责任会计"责任中心"，到底有什么不同？是改革（质的差别）还是改进（量的差别）？为什么我一再强调"资产组"实施以"信息化"为前提？这些问题一一说清楚，说明白，说透彻。她意识到我们探索的意义，所以充满激情地肯定我们的探索，虽然取得的进展看似微不足道，但隐含的意义非同寻常，她认为这样的探索不仅对电力公司，对其他行业企业也具有借鉴意义。考察终了，她建议南通供电公司围绕资产组设计与计量，作出进一步细化探索，以使这项创新具有普适价值。她回北京后，还向我提要求，请南通供电公司党委书记、董事长、总经理，以他们各自的实践体验来谈谈对资产组的感受，并明确告诉大家实施资产组好在什么地方？困难在哪里？具体效果是什么？近几年，金会长对我们的探索给予了始终如一的重视关注，稍有机会就宣传我们的创新，私下不时问我，这种创新探索进展与效果现在怎么样？

  2018年7月，尽管她已卸任中国会计学会会长，但由于对我这个晚辈的信任和偏爱，她还是以中国会计学会老领导的身份再次来到南通供电公司，表面上是来学习参观，实质上是在督促我们把管理会计创新成果做精做实。她把两年前看到的，与现在看到的作出对比，情不自禁地赞赏：有进步，比上次框架和具体做法都有了很大改进。金会长这一次督促，让我从理论上不得不慎重考虑此项创新的后续发展，从而明白再以"资产组"这样直观命名，可能会使人们对我们创新理解与认知方面产生不必要的误解，由此曾封闭于我们理论文章中的"VCU"（创值单元）概念就推向了具体实践的前台，从而为我们创新探索，在基本概念定义层面，便于人们理解这一点上，铺平了道路。金会长对我的学术研究给予支持和鼓励，让我在名家培养工程结束时，拿出的结项成果是"基于资产组的中国管理会计创新探索"，真正体现理论与实践紧密结合的要求，最大限度地兑现了财政部"会计名家培养工程"的基本要求。

三、润物无声的前辈：诸尚一

（一）初识尚公

在我的学术生涯起步阶段，有一个前辈对我的影响特别大，这就是当时《上海会计》主编诸尚一。这位在名声和资历上完全可以与潘序伦比肩的老前辈，因我一篇投稿而成为忘年交。但遗憾的是，阴差阳错，至最后我俩连一个面都未见过，只是频繁文字往来，这种透过文字带给我的震撼，深深地感化了我的学术人生。

1985年初，我出于对诸多会计传统理论及其流行研究的不满，草就了《试论会计研究》一文，因《会计研究》已有《试论会计管理》一文在审，故当时只能寄交颇有影响的《上海会计》杂志。为了使读者充分理解那段经历为什么记忆深刻且难忘，先把当时寄交《上海会计》论文原稿附如下：

试论会计研究

江苏省连云港财经学校　杨雄胜

理论研究必须讲究辩证法，没有辩证法的理论研究是杂乱无章的；理论研究应该符合逻辑，不讲究逻辑的理论研究不可能有正确的结论。这些要求对会计研究完全适用。纵观这几年会计研究，硕果累累，成绩是主流，这一点首先应当肯定，但不讲辩证法、违反逻辑常识的无端争论和文章时有出现，笔者就此略析几例。

1.文不对题

前几年，我们对记账方法展开了专门的讨论，但人们的认识分歧至今尚未消除。对借贷记账法与增减记账法，人们的看法历来不一。以前我们颂扬增减法多一些，现在对借贷法肯定多一些。笔者但愿这不是在搞平均主义。究其分歧一时难消除的原因，就在争论双方各自热衷于为对方罗织"罪名"，搞理论研究的"莫须有"。为了说明问题，请容许我大段地引用一下一本会计本科用的《会计学原理》中的一段话："增减记账法机械地从'资金占用＝资金来源'出发，将反映控制会计对象具体类别、提供动态和状况指标的账户，硬性地划分为两大类，不顾管理和核算上的客观需要，砍掉一切双重性账户，人为地加以分割，通通叫它一分为二。其结果，不仅使好些总分类账户和明细分类账户的数量倍增，造成许多核算上的无效劳动；而且这样硬性分割的结果，必然造成反映迟钝、查找困难、扎计麻烦，差错难免等弊病，这就与核算、管理的根本要求背道而驰。比如供应单位往来、购买单位往来、内部往来、其他往来等总分类账户及其所属明细分类账户统统加以分割，其结果，极不利于结算业务的清偿和结算纪律的监督,而导致虚悬债权、债务的不良后果"(黄伯殷、毛伯林主编《会计学原理》四川财经学院会计系一九八三年五月出版第279~280页)。著作者的意思表达得十分清楚,十分不赞成增减记账法。笔着并非先天倾向于某一种记账方法,也承认借贷记账法从会计发展的观点看比增减记账法前途广阔一些,(假如增减记账法在以后不作任何改进的话),但很不赞成上述著作者的研究方式。因为"簿记方法改变不了账簿所记事物的实际联系"(《资本论》第2卷第197页)。对记账方法优劣的评价,只能从其基本原理的完善程度及能满足管理需要、适应会计发展这些方面进行分析对比,而不能把实际工作中一些人为地造成的后果强加于记账方法本身。可以这样认为,上述著作者所指的大概就是"文化大革命"中记账的遭遇吧,但这一时期如采用借贷记账法,恐怕也难逃同样的命运。欲指出某一事物之不足,用一些与其本身并无必然联系的现象论证,可谓是典型的"文不对题"。

2. 抛弃逻辑

"对过程的控制和观念总结"是马克思对会计所作的精辟定义。这一点,理论界没有异议。但马克思这段话的含意是什么?这在理论界就有分歧了。大多数同志认为,马克思的这段话揭示了会计的两大基本职能——反映(观念总结)和监督(控制)。有的同志认为不能把马克思对会计定义中的会计职能局限地理解为反映和监督,而应该从现实出发作广义的解释。于是乎,广而言之,说法纷纭。对会计反映和监督这两个基本职能的看法,人们也是不一。有的同志认为,反映是最基本的职能,没有反映,监督就成为空中楼阁;有的同志认为,监督或控制是最基本的职能,没有监督,反映则完全多余。有的同志认为,现在会计的最基本职能正处于由过去的反映向控制转化。结果搞得初学会计者莫衷一是。笔者认为,在这个问题上，我们一开始就犯了逻辑上的错误，即完全抛弃了逻辑而去理解马克思的这段论述，其结果自然很难做到正确。逻辑学告诉我们，理论研究是运用概念判断、推理、证明和反驳的过程，概念的正确与否对理论研究的成败有决定意义。任何一个概念都必须有确定的内涵与外延。概念的内涵是指反映在概念中的特性或本质，即一个事物区别于其他所有事物的基本标志，它说明概念所反映的事物是什么样的。概念的外延是指概念的适用范围，即具有概念内涵所反映本质的一切事物。确定概念主要是确定其内涵，而确定概念的内涵就是给概念下定义，定义是揭示概念所反映的对象的特点或本质的一种逻辑方法。一个正确的定义必须正确地规定对象是属于什么范畴（邻近的属概念）及对象区别于同一范畴其他事物的特点（种差）。逻辑学经常运用的下定义的公式：被定义概念＝种差＋邻近的属概念。上述，都是作为一名会计研究工作者最起码具备的形式逻辑知识。如果我们承认马克思的上述论述是会计的科学定义，那就应该按定义的意义去理解。马克思的这段话揭示了会计的内涵（种差）——"观念总结"，说明了会计是属于"过程的控制"方面的工作（邻近的属概念）。"过程的控制"包括着十分广泛的内容，即多项工作，会计是其中一种，即通过观念总结而实现对"过程的控制"，由此可知，"观念总结"是会计的本质特征，"过程的控制"是会计的基本职能。只要我们运用逻辑学的知识来分析一下过去几年的会计研究，不难发现，许多分歧意见完全可以消除，而有些分歧似乎是不应该产生的（假如我们都能熟练地运用逻辑知识）。

3.概念混淆

这一点在会计研究中表现得尤为突出。①资金与基金是什么关系？至今没有人能完全说清楚，会计教科书和会计制度中对两者使用并无严格区分；资金与基金在内涵与外延上的差别在什么方面不明确。②我们已经确认，马克思主义的政治经济学是社会主义会计学的理论支柱，即会计理论必须以政治经济学为指导。"资金"是社会主义特有的与"资本"相对立的经济范畴，这是一个政治经济学的常识。但在许多会计学者介绍国外会计的文章中，资金与资本几乎是通用的，更令人发指的是在翻译国外的会计、财务专著中，"fund"时常译成资金，社会主义特有的经济范畴竟然跑到了资本主义会计、财务学中而成为资本主义会计、财务的研究内容，岂不咄咄怪事。③"会计管理"是我国会计理论研究工作者在近几年理论研究工作中自己独创提出的一个新概念，用新概念来淘汰旧概念这本来是研究、发展理论的一种必要手段。问题是这样的一个新概念必须正确，要足以能淘汰旧概念。但是，目前理论界对会计管理的解释远不能令人满意。

笔者浅见，想使人们普遍地接受并运用会计管理概念，首先必须解决会计管理的对象问题。流行的价值运动的说法不能成立，会计概念比之价值概念在外延上要广得多，如把会计管理对象说成价值运动，则犯了"定义过窄"的毛病，我认为会计管理的对象只能是观念总结的再生产的诸方面；其次，要明确会计管理是基于什么提出来的。提出会计管理的同志从会计历史的发展过程中说明会计自始至终是管理工作，提出会计管理有充分的实践依据。这与提出会计管理的立足点相矛盾。因为，据述，提出会计管理概念无非是为了表明由于本世纪四十年代兴起的科学革命巨浪而给会计的内容和结构带来的质的飞跃，则提出会计管理的实据只能从近40年（20世纪40年代以后）的会计实践中去找，以会计的全部历史（尤其是20世纪40年代以前的会计历史）作为提出"会计管理"的依据，显然与立论的主旨相悖。笔者初步的看法，"现代管理方法及自然科学和其他有关社会科学的优秀成果,尤其是现代三论(控制论、信息论、系统论),运用于现代会计实践,价值运动信息概念的形成使现代化会计工作在内容和结构上出现了一个空前的变化",这是我们提出的会计管理的基本的实践依据。在理论上,会计一开始就是一项管理工作,但以往的会计和我们所讲的会计管理在方法的完善程度和实现职能的深度和广度上是无法类比的。当然我们也应该看到,会计管理的实践是由以往会计发展而来,其理论观念的提出仅是为了反映会计已进入了一个新的发展时期这一事实而已。要揭示会计管理实质,目前"价值形式管理"的说法很不科学,既没有使会计区别于其它有关管理工作,因为财政银行、财务等都是价值形式的管理;又与会计范畴不相一致。会计的历史早于且长于价值形式管理的历史。我们是这样看的,从现代会计实践出发,会计管理的实质是连续综合的经济信息管理(在现阶段主要表现为价值运动信息的管理)。这样既区别于一般事务性工作,会计是管理工作;又区别于其他管理工作,会计是经济管理;再区别于其他经济管理工作,会计是经济信息管理;还区别于其他经济信息管理(如统计、业务信息管理)工作,会计是连续综合的经济信息管理。这不仅符合现代管理理论,还与马克思对会计的论述能历史地一致起来,而且有利于我们围绕会计的本质特征展开理论研究从而完善我们的会计科学。

4. 模糊历史

历史的发展有连续性也有阶段性,会计工作发展如此,会计理论发展亦如此。100多年前,作为马克思主义创始人之一的马克思在研究政治经济学的过程中对会计曾作过专门研究,马克思虽不是一位职业的会计学家,但在他完备的经济学中也为我们留下了丰富的会计理论。深入地研究马克思的会计理论以为社会主义经济管理服务从而建设具有中国特色的社会主义会计学科,这应该成为我国广大会计研究工作者过去、现在直至将来所要完成的一个主要任务,同时也是一项艰巨而光荣的任务。辩证地历史地理解马克思在《资本论》中有关"簿记"(当时的会计)论述,一是在理论上确认其是对会计的科学概括;二是要看到这是马克思对当时会计(一百多年前的会计,即簿记)所作的理论总结。一百多年后的今天,会计已发生了很大的变化,最起码说,马克思当时的会计比之现代会计要广泛一些,即是指现代意义上会计、统计、计划、财务、审计等项工作的合一,而现代会计却是一项与统计、计划、审计、财务等项工作并列的工作。如按一些同志理解的马克思所说的簿记就是会计,把马克思当时的会计与今天的会计等同起来,这就完全违背了理论研究的辩证法,我们相信假如马克思还健在的话,也会坚决反对的。在这样的观点指导下,必定是人为地夸大现代化会计的外延,抹杀现代会计与其他相联系着工作之间在内涵上的差异,集中到财务与会计的关系上,就是大会计概念,即认为会计包括财务,财务管理属于会计的一部分,人们不能割断历史,也不能模糊历史,解决财务与会计的关系问题,一是要从这两项工作的历史发展中去寻找各自的发展规律,二是要把这一问题置于现实中以揭示财务与会计的本质特征。这样过程的结束,得到的结论将是:会计应社会生产发展之需而产生发展,财务则反映了商品生产发展的一种特殊要求,会计与财务存在的基础不同,现代会计是连续综合的经济信息管理,现代财务是对经济组织系统的价值管理,会计与财务在本质上明确区别,在工作中,会计信息大多来源于价值运动领域,财务管理需要大量的会计信息,财务与会计紧密配合有着不可分割的联系。

笔者有感于上述,为使我国的会计研究少走弯路,不揣冒昧建议会计研究者们:

1.善于运用马克思主义的基本原理进行会计研究；

2.遵循逻辑思维规律进行会计研究；

3.抓住主要问题进行会计研究；

4.追踪会计发展，围绕现实问题进行会计研究；

5.运用"系统论"原理对会计系统进行全面研究。

以上看法，如有不当，务请同志们批评指正。

这篇充满批判意味的"愤青会计"稿件投出后，我在5月份收到诸老来信：

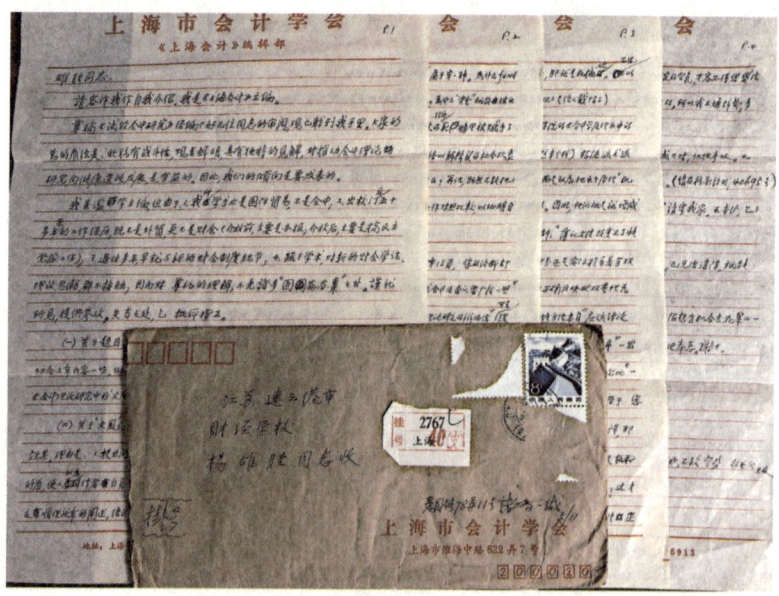

诸老来信

雄胜同志：

请容许我作自我介绍，我是《上海会计》主编。

尊稿"试论会计研究"经编辑部好几位同志的审阅，现已转到我手里。大家总的看法是：此稿有战斗性，观点鲜明，具有独特的见解，对推动会计理论研究向健康道路发展，是有益的。因此，我们的倾向是要发表的。

我虽滥竽主编，但由于：（1）我所学专业是国际贸易，不是会计；（2）出校门后50多年来工作经历，既不是外贸，更不是财会（解放前，主要是办小报；解放后，主要搞民主党派工作）；（3）退休多年，早就与新的财会制度脱节；（4）疏于学术，对新的财会学说、理论思潮，都不接触。因而对尊稿的理解，不免诸多"囫囵吞枣"之处。谨就所见，提供参考，失当之处，乞批评指正。

（一）关于题目：原标题"试论会计研究"太大。是否可以改得实际一些，即更切合文章内容一些。例如，"会计理论研究要讲究逻辑性""掌握辩证逻辑，指导理论研究""会计理论研究中'文风'面面观""为会计理论工作者进一言"等。请考虑。

（二）关于文风：我们直觉，本稿在文风方面，客观上会产生不利于推动深入讨论的效果。理由是：（1）提出问题"请教"的语气少，而责难批评的语气多（当然这都是相对的）。从总的看，使人以为作者自负不凡、居高临下地在说教，缺少谦谦学者之度。（2）对自己的论点，缺乏顺理成章的阐述，结论下得很"实"，而所以下此结论的依据则言之不详。这就使自己的论点形成强加于人，说服力就不够。例如，第8页"令人发指"到"岂不咄咄怪事"属于第一种。为什么"fund"就不能译成资金呢？为什么这种译称就是"跑到了资本主义"的"研究内容"中去了呢？为什么"资金"只能被社会主义专用呢？事实上，解放前的中国就有"资金"这个词，不过在社会主义制度下的特定的经济范畴里被赋予了特定含义，如此而已。如果根据尊稿的这种责难，那像运用旧诗词或成语以解释新的社会现象的那些词，就都可以算是"跑到了"封建主义里去了！这岂不陷入到形式逻辑的判断里去了么？再说，既然不能把fund译成"资金"，那么，该译成什么呢？批评别人就得拿出自己的意见来，而且更应作对照比较，以证明自己的正确。否则，就形成了上述第二种毛病——强加于人，说服力不强。

再举个例。尊稿"4.模糊历史"这一段，应该是文章最重要的部分，但第13页，您的论断却缺乏有力的论证的。为什么能这样论断"最起码说，马克思当时的会计比之现代会计的含义要广泛一些"呢？有什么根据呢？您说，把马克思当时的会计与今天的会计等同起来"不是理论研究的辩证法"，可是没有足够的根据，却只是以"假如马克思还健在，也会坚决反对的"作注释，这是很难使人信服的。由此，以下的结论性概括，就不可能坚实——说是"人们不能割断历史，但也不能模糊历史"，要以"两项工作的历史发展中去寻找各自的发展规律"，以及要在现实中"揭示财务与会计的本质特征"等等，也就势必成为无源之水、无本之木，客观上自就形成了强加于人的说教。退一步说，即使论点完全正确，也不是理论工作者应具的虚心探讨的态度。基上看法，我认为需要补充和修改——要讲清道理，不要多给别人戴帽子。

（三）关于论点：根据我的水平（声明一下：这只是我个人的

认识水平），我是同意您第 2 个问题的观点，即其最终结论：会计应"是通过观点总结而实现对过程的控制的"。这是唯物辩证的结论。如果不把二者的特征区别开来，那是唯心主义，但若不把二者联结起来，那就是机械主义。不过，以下您所批判的那一段，就会给人以不好的印象，建议您要考虑它的效果（客观上是给人戴帽子）。

但同时，我对第一个问题是有不能苟同之处的。您所引四川财经学院的《会计学原理》中的那段，我再三推敲，总认为，您的批判是"文不对题"了。（请恕我用尊稿小标题来分析）根据该书该段的文义，他们并没有否定"资金占用＝资金来源"的公式（即平衡原理），而是认为把这个原理"机械地"运用到双重性账户，成为"斫掉一切'双重性'账户"的理论依据，是不对的。因此，他们只是就增减法的方法之论，而不是对平衡原理别有主张。诚如尊引马克思的论断："簿记方法改变不了账簿所记事物的实际联系"，故无论增减法怎样"斫掉"双重性账户，但客观世界还是实际联系着有双重性往来的对象和行为的存在的。因此，这里的问题是，究竟作为记账方法，应正确反映此双重性为好呢？还是在实际的记账工作中"人为地"造成相分割的"后果"？这才正真是"记账方法本身"应该讨论的事。实际上，这种"人为"的"后果"并不是当时"记账的遭遇"，早就是增减法"本身"一出世就出现的现象。借贷法是可以有双重账的，而且财政部历来规定都是允许的。尤其是，它比"一切斫掉"的方法要方便、合理，符合于客观事物的实际联系，因而"前途"确实比增减记账法要"广阔"。至于您所说"记账方法优劣的评价，只能从其基本原理的完善程度及能否满足管理需要……"出发来衡量，那当然是正确的。但现在的问题是，"基本"的平衡原理是对的，但方法（只是作为方法本身）却是由于"机械地"歪曲了原理而把明明是客观存在着的双重性给一下"斫掉"了，这能怪原理么？这才是"文不对题"地在"利用"原理为主观服务。恰恰相反，增减法正是在当时"人为地"得到广大市场的，在那时，才正是没有一点理论研究的空气，才容不得借贷法讲一句公道话哩！这一历史背景，据尊稿分析，看来您是远没有掌握了的，所以我不嫌辞费，多说了几句。一方面供参考，另一面请您谅解。

以上，我十分大胆，直抒己见，为的是想同您攀个文字交，对或不对，仅供参考。如果补充修改好尊稿，仍盼掷下（当然，我还一定要郑重推敲），以便光我篇幅，并接受教益。

赐教请寄我家，若来沪，请过我，当竭诚接待。

附上原稿。为了研究您的观点，在一些地方作了红色记号，已无法消除，只能麻烦您在补充修改后另行清稿了。歉甚。

致
敬礼

诸尚一上
1985年5月11日

收到素无交往更谈不上相识的诸老来信，特别是他一针见血对我文章和文风的善意批评，顿时有种他乡遇故知的兴奋，特别为自己能遇到如此人品学识的前辈而庆幸。我当时知道唯一能做的，是把论文按他要求高质量地修改好。于是，我对自己衷情会计研究后形成对有关问题比较有思考价值的观点，作了全面梳理，按论文逻辑推理顺序把这些观点合理配置于论文中，使读者读到我的论文，不仅得到诸多会计基本理论层面的启发，还由于逻辑上层层递进而感到会计若干问题之间其实存在着内在联系，从而培养会计工作者跳出会计看会计以及整体把握会计功能作用机制的习惯，最终达到提高会计职业能力和更有效地发挥社会文明进步中积极作用的目的。论文修改过程中，我特别注意夯实了有关个人观点的严密论据和权威依据，从而使论文具有较强的理论渗透力和感染力。

（二）再得教诲

我把修改稿寄给诸老后，又收到了诸老的第二封回信：

雄胜同志：

我现在是在贵阳给你写信。

到贵阳已逾一周，预定将于6月9日回沪。在讲学间隙中，我进一步对大作作了推敲。我的看法是：

（1）有些地方还有"说教"味道。其中如四个部分的小标题都带有批判性、指责性的语气。结尾为"善于运用马克思主义的……"，这"善于"两字就反衬出别人之不"善于"，自己的"善于"很易刺激人。至于第一段开宗明义的那些提法，也可以造成"提高自己，贬低别人"的印象，所以，我都作了一定修饰，对否请酌。

（2）四个部分，其实都是不能正确运用辩证逻辑的表现，因此，原稿第二部分的小标题"不善于运用辩证逻辑"与第一部分的小标题内容，其实，内涵是一致的——"没有区别不同层次的概念"难道不是"不善于运用辩证逻辑"的一种表现么？经我现在的修饰，把每个小标题所要介绍的重点突出来，自审或能弥补这一缺憾；但终究感到不能满意，考虑再三，也只好如此了，仍请再下功夫推敲一番。（至于第三部分的小标题，更感勉强了）

（3）有些对自己的观点展开讨论的部分，特别如第四部分的后面一大段，我反复读、反复思考之下，仍无法了解立论的明确内容是什么。例如：会计工作的产生与发展是基于生产发展需要的基础，这一点好理解；但"财务则反映了商品生产发展的一种特殊要求"就并未道出它不同于会计的特征来。所谓"特殊要求"，是什么内容呢？下面又突然谈起两者由结合到分离的历史来，对题目抠得不紧，上下缺少呼应，使人读了感到"了解又不了解"，这在文章的逻辑上亦表现为欠严整。而且即使把这一部分谈透了，与本文主题又有什么关联呢？要"展开"，是要展开讨论文章的主题（即要运用辩证逻辑于理论研究），而不是对某一争论中的问题本身展开讨论，故这一段即使谈透了财务与会计的关系，也对本文来说是个衍文，完全不必要。基此，我大胆把它全砍了。请考虑。

除了上述外，我对某些部分或作了些文字上的调整，或大量加以删节。对于删节部分，我大多作了旁诠，以阐述我的看法，供您参考。

由于我在前函中所告的原因，我是很不适宜于对理论性较强如尊稿者作任何评价以至斗胆作修饰的。为郑重计，特再寄请审定，如不对或有错误,请再补正。并恳请费神再清一次稿寄下为感。

　　致
敬礼

诸尚一上
1985年6月3日

　　诸老就这样循循善诱,使我在不断完善一篇论文的过程中,自己的研究品格得以快速提升。他的老到经验让我顿开茅塞,觉得一篇好论文,应该带给读者思想火花的同时,也应该给予足够的逻辑之美。因已经过认真思考,故诸老点拨下我很快充实完善定稿了。令我感动的是,诸老不久又认真地回信给予我继续指导。

(三) 三易其稿

雄胜同志:

　　6月11日尊示及附稿均收到。

　　我是于6月9日晚回到上海的。回来后,因百务待理;接着,又于6月15日去了莫干山,16日晚返沪,故尊稿于今晨始再推敲。现已决定发第8期,乞洽。

　　此稿经再作了些微文字上的润色。另外,对几个小题目统一了提法：一、维持原状；二改为"不正确运用逻辑原理去分析会计概念，对会计基本职能的认识将长期得不到统一"（主要是避免用"逻辑常识"，因为原提法足以刺激别人，好像连逻辑常识都欠缺了）。三改为"不明确各个概念间的辩证关系，理论研究将不可能健康地向纵深发展"；四改为"不辩证历史地去认识会计概念，理论研究将无从摆脱僵化，趋于活跃"。这样，四个小题目提法统一，中心论点就突出，而且四小段落亦显得有了层次、步步深入了。

由于只是文字上的变动，论点如旧，故不再寄请审定，即付排印了。乞谅。

有一点要补充说明：由于此稿较长，我刊篇幅有限而来稿踊跃，故仍有可能因排不下而被抽下，放到下一期（因此稿无时间性）。这一点，务乞谅解。当然，这只是可能。

我有个笔名"尚公"（40年代时常用），因而现在大家叫我尚公，在同志们可能是对我的尊称，在我则只是感到亲昵，因而接受得下。建议您今后还是改以此称呼我，不要称我为"老"或"老师"，请您也不要自谦称"学生"。我竭诚希望与您成为文字交，万万不敢接受您对我的过分称誉。

　　致
敬礼

诸尚一 上
1985年6月17日中午

最后《上海会计》1985年第8期正式发表了下文。此文被中国会计学会收入《1985年会计学论文选》由中国财政经济出版社出版，引起了学术界的关注。其实，这篇正式发表的论文，对照一开始的原文，几乎面目全非，中间倾注了诸老的心血，每个内容的充实完善都是诸老督导下完成，在用词具体分寸的把捏上，诸老起了关键作用。但作者只署我一人，使我心里很有内疚。

运用辩证逻辑加强会计理论研究

理论研究要重视运用辩证逻辑从层次上、结构上对研究对象进行推演分析。对于会计理论研究，也不能忽视这一要求。综观这几年的会计理论研究，硕果累累，成绩固然是主流，但有时在某些问题上，也往往出现争持不下的局面。究其原因，据笔者看来，与上述要求的不相适应，不无关系。为此，谨就个人水平所及，择其要者作些分析，藉供讨论参考。

一、不区别不同层次的概念，理论研究中的分歧将永无共同的语言

成本的概念，在目前理论界颇有争议。有的同志认为是$C+V$；有的同志认为是企业生产中的资金耗费；有的同志则认为是C。最近几年，一些同志提出了必须区别理论成本与实际成本的论点：理论成本就是$C+V$，实际成本是企业生产和销售产品的必要资金耗费，其内容是由国家依据成本$C+V$的经济内涵基于经济核算制的原则规定的。有的同志甚至还提出社会主义的成本应是$C+V+m$。总之，人

们对成本的基本认识至今还未统一。招致争议的原因，有的是对导师的有关论述，理解有所不同；有的是对不同社会制度下成本范畴的共同本质，有不同的看法；有的则是对成本管理实践的认识，深浅有所不一。其所以如此，我认为，归结到一点，是由于人们混淆了不同层次上的成本概念。事实上，马克思在《资本论》中对成本范畴的研究，是按照一定的研究层次逐步深入展开的。首先，马克思认为，成本是"C+V的等价物或补偿价值"，"是价值生产本身的一个范畴"，是"商品价值的一个要素"，接着他分析说："从成本价格的计算来说，不过证明成本价格从表面上看是由耗费的资本价值形成的，或者说，是由资本家自己在耗费的生产要素（包括劳动在内）上付出的价格形成的"①以后，马克思通过对资本运动各种具体存在形式及其相互关系的考察和分析，进一步认定，具体存在于经济生活中的成本所包含的内容，与C+V的理论规定的内容不可能一致。即认为，从社会角度看，属于商品价值中m组成部分的地租、利息等，从某个商品生产者角度看，构成了商品的成本价格的内容，而不属于生产单位的利润。"平均利润中采取利息形式的那一部分，在职能资本家面前，就是作为商品和商品价值的生产上一个预先存在的要素独立出现的。利息量尽管变动很大，但在任何一个瞬间，对任何一个资本家来说，总是作为一个已定的量，加入这个资本家所生产的成本价格。农业资本家以契约规定的租金的形式和其他企业家以营业场所的租金的形式支付的地租，也是这样。"②如果我们对上述论述不从层次上加以区别研究，而只作平面式的理解，即把这些论述中所说的成本作为同一层次上的概念来看待的话，那就很难说清楚马克思在《资本论》中所说的成本是指什么。所以，我们应该认真学习并运用马克思的这种按层次全面研究理论概念的研究方式，来研究社会主义成本。这样就会得出：社会主义的成本概念实际上应包括成本的理论概念、成本的政策概念和成本的形式概念等属于三个不同研究层次上既有联系，又相区别的概念。根据笔者个人的理解：

成本的理论概念。这是对作为存在于商品经济中的成范则，有别于其他经济范的基本特征的科学概括。这一概念表明，成本是所生产商品的物化劳动的转移价值，加上活劳动所化必要劳动创造的价值，也就是商品价值中C+V的部分。这样的概念，是我们科学认识成本范畴的基础。

成本的政策概念。这是指社会主义国家为发挥成本指标在国民经济管理中的积极作用，依据成本理论概念规定的内容，同时，又考虑社会经济条件和根据经济核算制的要求，对成本的内容作出的统一的规定。其构成，与C+V的理论规定略有出入。这样的成本指标，是国家进行国民经济综合平衡的重要工具。

成本的形式概念。这是在成本政策概念基础上，在成本管理实践中产生的各种成本观念。由于成本涉及到经济活动的各个方面，而经济活动的联系是十分复杂的，因此，企图用一个固定内容的单一成本去适应千变万化的经济活动，就很难有效地管理经济活动的耗费过程。为了适应经济活动耗费过程的各种特点，充分发挥成本指标管理经济的积极作用，在实际的管理中，成本应该有多种多样的存在形式。这些成本形式的构成内容，可以是成本政策概念规定的一部分，也可以在内容上与成本政策概念规定的内容有所出入，它完全是人们为了科学地组织经济活动，调动各管理单位的积极性而规定的有特定用途的成本。其形式是极其多样的，并且随着管理实践的发展，还将不断丰富。例如：未来成本与历史成本，沉没成本与机会成本，差别成本与增量成本，完全成本与边际成本，设计成本、生产成本、质量成本与产品寿命周期成本，固定成本与变动成本，可避免成本与不可避免成本，紧急成本与可缓成本等等，都是现阶段成本管理实践中所采取的一些具体有效的成本形式，它们是作为企业管理的十分有用的工具而存在的。

当然，就上述三个概念来说，成本的理论概念是根本。没有成本的理论概念，就无从去谈其他什么成本。但成本理论研究的全部目的，是为了更好地发挥成本指标在国民经济管理和企业经济管理中的积极作用，偏离了这个目标，成本理论研究就失去了现实意义。因此，笔者认为，再在成本是不是C+M上争论是没有多大必要的了。应该说，成本理论概念与成本政策概念在内容上不一致的原因及依据是什么，这才是成本理论研究所要解决的重要课题。对此，笔者认为，三者能否一致，完全取决于社会经济条件，而并不是任何人的主观意志所能解决得了的。而在目前，也没有一定要二者完全统一的必要。与其整天在成本定义上作文章，毋宁在怎样作出一个大体合理的成本政策概念的内容规定，和在加强成本管理上，下狠功夫研究，更有现实意义。成本政策概念的内容是否合理，不应从是否与C+V完全一致去求全责备，而应从是否有利于加强国民经济管理去多加考虑。成本的形式概念是对人们在长期的成本管理实践中所形成的一系列成本观念的总称。这些形式概念产生的基础是成本管理的实践，因此，完全可以认为，这是理论成本范畴在管理实践中的特殊存在形式。

综上所述，在成本理论研究中，我们必须分清三个不同层次上的成本概念：第一层次为成本的理论概念。成本理论概念具有稳定的质的规定性，不论是资本主义经济中的成本，还是社会主义经济中的成本，都不能不受成本理论概念质的规定性的制约。作为一个价值再生产的范畴，在发达的商品经济下，成本总是指C+V的补偿价值。

第二层次为成本的政策概念,是成本理论概念在社会主义经济中的内容和数量的现实表现,其具体内容是随着经济的发展而有所变化的。它是社会主义特有的一个经济范畴,意味着:社会主义的成本管理已突破了私有制下企业的框框,而发展成为国民经济的成本管理。

第三层次为成本的形式概念,是成本政策概念在实践中的发展,其包括的内容是极其丰富的,并且随着成本管理实践的深入而不断地充实、完善。其中,有的反映社会生产发展的一般要求,与生产力相联系;有的反映一定社会经济制度的特殊要求,与生产关系相联系。故社会主义成本管理完全可以批判地吸收资本主义成本管理中某些行之有效的成本形式。例如,这几年,理论界对"机会成本""边际成本"等吸收运用的研究,就是属于这一方面的尝试。

三者的关系应该是,成本理论概念制约成本的政策概念,成本指标的积极作用要借助于各种成本形式作用的发挥而实现。因此,对三个层次上的成本概念的研究,应该体现为一个辩证的思维过程——要承认它们相互之间的联系性,但绝不能混同。否则,人们的认识就很难统一,成本研究就无从形成充满生机和活力的局面。

二、不正确运用逻辑原理去分析会计的概念,对会计基本职能的认识将长期得不到统一

"对过程的控制和观念总结",是马克思对会计所作的精辟定义。这一点,理论界没有异议。但马克思这段话的含义实质究竟是什么?在我国理论界,长期以来还是众说纷纭,莫衷一是。大多数同志认为,马克思的这段话揭示了会计的两大基本职能——反映(观念总

结）和监督（控制）。但有的同志认为，不能只局限地理解为反映和监督，而应该从现实出发作广义的解释。同时，对会计反映和监督这两个基本职能的看法，人们也是很不一致。有的同志认为，反映是最基本的职能，没有反映，监督就成为空中楼阁；有的同志认为，监督或控制是最基本的职能，没有监督，反映就完全失去了意义；有的同志则认为，现在会计的最基本职能正处于由过去的反映向控制转化；也有的同志认为，会计的两大职能是会计工作的两大方面，反映是会计工作的基础，监督为会计工作的灵魂，没有必要去分哪一个是最基本的职能。凡此种种，真够使初学会计者如坠烟海。

对于这个问题，笔者认为，须要运用逻辑原理去分析。逻辑学告诉我们，理论研究是运用概念判断、推理、证明和反驳的逻辑思维过程，概念的正确与否对理论研究的成败有决定意义。大家知道，任何概念都必须有确定的内涵与外延：内涵是指反映在概念中的特性或本质，即一个事物区别于其他事物的基本标志，它说明概念所反映的事物是什么样的，外延是指概念的适用范围，即所涉及的具有概念内涵所反映本质的一切事物。这里，概念的确定，主要是确定其内涵，也就是给概念下定义。正确的定义必须正确地规定对象是属于什么范畴（邻近的属概念）及对象区别于同一范畴其他事物的特点（种差），其公式是，被定义概念＝种差＋邻近的属概念。如果运用上述公式去分析马克思的会计定义，我们就可以得到这样的结论：马克思的这段话揭示了会计的内涵（种差）是"观念总结"，而其外延（邻近的属概念）则是"过程的控制"。"过程的控制"，包含着十分广泛的内容，会计的控制是其中一种，即具有会计概念规定的"观念总结"本质特征的控制工作。由此可证，"观念总结"是会计区别于其他一切控制工作的本质特征，而"过程的控制"则是会计的基本职能。尽管古今中外的会计，在外延即基本职能实现的广度和深度上,以及在内涵即本质特征的表现形式上,会存在着这样那样的差异,但作为它们的本质特征和基本职能,则是一致的。马克思的概括,我认为,正是依据上述原理提出的。

三、不明确各个概念之间的辩证关系,理论研究将不可能健康地向纵深发展

这一点,在这几年的会计理论研究中,不能不说是一个需要加以注意的问题。例如:

1.资金与基金是什么关系,至今没有人能完全说清楚。在历来的会计制度和教科书中,对两者的使用大多无严格的区分。我们过去曾尝试从不同的侧面对此作出一些探索。比如,从财务会计角度分析,资金一般指占用。它表现为价值的具体存在形态(货币和实物),有循环与周转、耗费和收回的运动内容。基金一般指来源。它反映了企业所拥有的各种财产物资的形成渠道,本身并不具有循环周转的运动模式。但基金的使用,大部分转化为资金;资金耗费所取得的补偿中的一部分,又反过来形成基金。因此,资金可以说是一个表述基金运用的具体概念。当然,这样的解释似乎还不能完全把握住问题的实质,尚待理论工作者作进一步的明确。

2."会计管理",这是我国会计理论研究工作者在近几年理论研究中独创提出的一个新概念。笔者浅见,要使人们普遍地接受并运用会计管理这个概念,必须解决好下述几个问题:

①会计管理的对象问题。我认为以价值运动为会计对象的传统认识,是有局限性的。会计概念比之价值概念,在外延上要广得多,

众所周知，会计与社会生产共命运，而价值生产则只是社会生产发展过程中的一个阶段。因此，传统的概念，确实存在着定义过窄的毛病。再说，把会计对象说成是价值运动（在社会主义条件下为资金运动），在理论上也带来了人们长期以来争论不休但难于取得一致看法的会计与财务之间的关系问题。如果按传统概念去认识，那么，会计与财务既然都是以资金运动为对象，又将怎样去解释它们之间的分工呢？正是由于彼此的依存和区别不明确，所以，出现了所谓的"大会计观点"即会计包括财务，"大财务观点"即财务包括会计，"分工观点"即财务与会计既联系又区别等等各持其是混淆不清的观点。其实，"科学研究的区分，就是根据对象所具有的特殊的矛盾性。因此，对于某一现象的领域即特有的某一矛盾的研究，就构成某一门科学的对象。"会计的传统概念之所以不能自圆其说，恰恰就在于没有抓住它特有的管理特征去探讨自己的研究对象，而是认为，由于使用价值的生产与交换，同价值的形成与实现，是属于企业经济活动的两大领域，而价值比之于使用价值更具有能综合反映经济活动成果的特点，因而就自然而然地偏向以价值运动作为研究对象，导致严重地违背了现代会计以相对独立管理身份出现的现实。把经济活动看成只包括使用价值与价值两大活动领域的那种认识，已落后于现代科学对研究客体的认识水平。因为运用现代科学的最新成果去分析经济活动，我们将会发现，经济活动中，除了使用价值的生产与交换活动以及价值的形成与实现活动之外，还存在着经济信息的运动。信息运动尽管反映着使用价值活动与资金运动，并以使用价值活动和资金运动为基础，但并不等于使用价值活动和资金运动本身。现代管理要求对这样一个相对独立的经济信息运动进行专门的管理，会计就成为为此服务的一项专门管理。综合的经济信息运动，观念地总结着再生产过程的一切方面，在社会主义经济中就是资金运动所产生的各种信息。基于上述，我认为，现代会计管理的对象不是价值运动或资金运动，而是综合的经济信息运动即价值信息运动。即使退一步讲，承认会计是对资金运动的一种管理也不能就此认为资金运动是会计的对象。会计的对象不可能是资金运动矛盾的所有方面，只能是资金运动中的特定的矛盾方面。这个特定的矛盾方面，就是资金运动中的信息运动。既然如此，与其把会计的对象说成是资金运动，莫如说成是价值信息运动，含义更为明确、直接。

②要明确会计管理是基于什么提出来的？提出会计管理这一概念的同志，根据会计历史的发展过程，论证了会计自始至终是管理工作，从而认为会计管理概念的提出是有充分的实践依据的。这样的论证方式，我认为尚可商榷。诚如一些同志所说，之所以提出会计管理的概念，完全是为了反映由于本世纪四十年代兴起的科学革命巨浪，给会计的内容和结构带来了质的飞跃这一客观事实。那么，它的实践依据，自应从近40年，即20世纪40年代以后的会计实践中去寻找，而不能在会计的全部历史（尤其是20世纪40年代以前的会计历史）中去寻找。笔者的初步看法：从20世纪40年代兴起，直到现在还在广泛地影响各领域的科学技术革命，主要是指信息革命。信息作为一个独立的研究对象出现，大大地丰富发展了现代的科学，也使人们对客观世界的认识达到了空前的广度、深度和精度。具体化到经济管理领域，也使人们认识到了经济信息运动的独立存在。所以，这才是会计以价值信息运动为对象的客观依据，也才是形成会计管理这一概念的实践依据。

③要揭示会计管理的实质。如上所说，从现代会计实践出发，所谓"会计是一种价值运动的管理"的说法是值得商榷的；会计管理的实质应该是连续综合的经济信息管理（在现阶段表现为价值运

动信息的管理）。这样，就可以得出：会计作为一种经济信息管理工作，既区别于一般事务性工作，又区别于其他管理工作，再区别于其他经济管理工作，还区别于其他经济信息管理如统计、业务等的信息管理工作，概念明确了，理论探讨才有向纵深发展的方向。

四、不辩证、历史地去认识会计概念，理论研究将无从摆脱僵化，趋于活跃

历史的发展有连续性，也有阶段性。会计工作的发展如此，会计理论的发展亦复如此。100多年前，作为马克思主义创始人之一的马克思，在研究政治经济学理论的过程中，对会计曾作过专门研究。马克思虽不是一位职业的会计学家，但在《资本论》中也为我们留下了丰富的会计理论。对于马克思的这些论述，我们首先必须确认它是在理论上对会计的科学概括，另一面，也应该看到，这只是马克思对当时，即一百多年前的会计所作的理论总结。当时，簿记尚是一个含义比较广泛的概念——"会计概念包括了会计、统计、计划、财务、审计、分析等这样一些含义。"而现代会计概念则是"19世纪末，20世纪初"才形成的，到了20世纪50年代以后，才正式进入现代会计阶段。所以，在马克思当时，簿记还是一项包括着现代意义上的财务、统计、审计、分析、计划及会计等的综合性管理工作；而就现在国际范围内的现实来看，计划、财务、审计、统计、分析等已作为独立于会计以外所进行的工作，因而不能笼统地说："马克思所说的簿记相当于现代会计"。笼统地对待，就会夸大现代会计的外延，抹杀现代会计与其他相联系的工作之间在内涵上的差异。这反映在财务与会计的关系上，就形成了大会计观点。基此，笔者认为，必须辩证地、历史地进行会计理论研究。历史既不能割断，也不能模糊，绝对不能囫囵吞枣地把马克思对会计的经典论断，

不问时间、地点、条件地僵化运用。

综上各端，笔者认为，会计理论研究必须注重运用辩证逻辑的分析。看来，在诸如上述长期争论不决的理论问题上，加强运用辩证逻辑分析或许不失是谋求统一之道的有效途径之一吧。

这个过程，使我对会计研究的认识不再满足于发表几篇论文，而是开始习惯于从人类文明进化的角度来考虑会计发展产生的各种问题。诸老在文章发表后又写信给我，这篇几乎凝结他智慧的论文，让我们一老一少格外得意。

雄胜同志：

《上海会计》8月号因印刷脱期，至今才送到。估计到您手中还要迟若干天，故先寄一本给你，同时送一本《经济效益审计》给你，均另付邮，乞给。

8月号收到后，我按习惯通读了一下（责任所在，不能不审慎，防有大的失误）。对尊稿"运用辩证逻辑，加强会计理论研究"，倍感兴趣。现在更认为，您的一些观点是有力的。当然，人们会见仁见智，但我已被尊论所吸引了！为此，特函表示钦佩。希望与您结交，常赐联系。并还希望，继续赐稿。（我在学术上从不阿从，故如对赐稿有不同看法时，一定要提出自己的看法纠正。在这一点上，将来可能会发生争辩，有时也可能会行使主编的职权，但相信一定能蒙你谅解，不致影响我们之间的友谊）

稿酬待结算后当另汇奉。标准较低（因自给自足关系），乞海涵。

如有机会，当谋面候教益。如来沪，务请过我！

再次谢谢您对我刊的支持。

致

敬礼

诸尚一上
1985年9月10日下午5时

（四）莫逆笔交

自此，我与诸老成了忘年莫逆之交。我每有稍得意的文章，总会寄给他斧正。他也会不嫌麻烦认真提意见。1986年，我写了"论会计是独立的管理活动"一文，寄给诸老后，他在5月16日回信中，很严肃地指出了该文存在明显瑕疵，希望我及时补正。在信中，他给了我很高的评价：

雄胜同志：

……

我附带提一个看法：

您是一位富具才华、勇于探索、敢于发表独立意见的不可多得的理论工作者。恕我以"老一代"的身份倚老卖老地说，您应该成为会计学术界承上启下、继往开来的一名开拓者，深信会有大好前程，大有用武之地。目前虽未在学术界的地位达到高峰，但已有一定的成就为社会承认。因此，我建议：（1）务要谦虚。在讨论中要善于倾听不同意见，要尊重对手，善于摆事实，讲道理，防止过分锐利伤人。（2）要放宽视野。尽可能把理论研究与现实经济包括管理结合起来，为发展经济服务。对纯理论性探讨，应致力但不要钻进去，拔不出来，应适可而止，不宜钻牛角尖，形成空谈。（3）要努力改变文风。尽可能一针见血写短文章。我的经验是，愈是短论，逻辑要求就愈强，对锻炼自己的逻辑思维大有好处。我是反对写大文章的，一事一议，主题突出，再经过反复推敲，就可成为"百炼之钢"，对己对人，都有好处。（4）特别是在您当前情况下，更要注意郑重下笔。反对轻易发表经不起推敲的文章。在向上的阶梯上，是不能摔跟头的。每成一文，务必再三推敲。这既是对读者，也是对自己负责的态度。

在信末，他很诚恳地说，他的观点不一定对，但很愿意为我提供一个反驳的对立面，这对我完善研究不无益处。

1987年，我从连云港财经学校调到审计局工作，诸老又及时提点我因势实现科研转型但不可放弃学术追求。

雄胜同志：

敬悉您调到审计局主持科教综合工作，很高兴。我认为，根据我与您若干时期来的文字交往，您去教育或科研单位工作，似乎更能发挥您的专长。但另一方面，也正因您一向从事教育工作，因而接触社会面就较窄,这一个短缺处,对发挥您的专长是不利因素。基此,现在的新岗位,虽然不十分适合您的个性,却不失是个补阙、历练的机会。

搞教育的,往往会流于照本宣读,"空来空去"。这对自己,无法提高;对学生,不能学以致用;对国家,无裨两个建设的实际。学习的目的是运用所学到的理论,去指导自己的行为,发挥改造的能动作用。脱离实际的学习只能是制造"书呆子",岂不辜负了自己一生,又哪能去改造世界呢?佛家有大乘、小乘之分。前者主张"入世",后者主张"出世"。前者要普济世人,后者只是独善其身。我是倾心于大乘的,也就是要发挥主观能动性去改造世界。

从上述想法出发,我一方面为你的调职庆贺,另一方面又不能不向你直率地提供一些建议。第一是,希望你安心"沉"下去,要把现岗位作为你吸收营养、充实自己的基地。第二是,要争取经常走出去,深入基层,不要坐在机关里,靠几张报表综合综合为得计。要通过接触实际,去证实数据,并从中目测规律,找出问题来。第三是,不要放弃专业,要应用专业知识去驾驭数据,并以为实际所证实了的数据,去丰富专业知识,发展理论,引出新的、有利于促进四化的结论来。概言之,我十分希望能利用现有机会,去"改造自己"(从书呆子到大乘佛家)。从写文章的角度说,也就是要改变文风,从老是"空来空去"搞抽象的东西,转到解决实际问题上来。当然,我并不是一律反对"空来空去",务实首先要务虚,虚能带实,为明天实的发展,有必要今天先发展虚。但在今天的现实情况下,我们要急于办的实事太多了,老是"坐而论道",那就会"误人青春"的!

有意相交有素，叨承皆爱，故敢直言谈相，晾不致斥为狂妄耶？！

此致
敬礼

诸尚一上
1987年6月3日下午5时

尚公早已作古，但我一直深切怀念他，他对我的提点一直激励着我体现大乘风范。我虽然几经搬家，很多东西已无奈弃之，但诸老给我的各种信函，我一直视若珍宝，保存完好，并时常重复阅读，以解我对诸老无限思念之渴。

四、江苏电力：个人事业学术的福地

我的学业生涯，南京大学会计学科成为主场。而南京大学会计学科快速发展，与江苏电力的紧密合作是重要因素。从这个意义上，我个人学业发展，根本无法回避与江苏省电力公司财管口亲如一家的协同发展关系。

（一）一见钟情，始于财务管理信息化课题攻关研究

我与江苏省电力公司的合作伙伴关系，完全是1996年那次会计职业技能竞赛场上的"一见钟情"。1999年开始以课题协同攻关名义合作，省电力提供实践场景，我们这边提供智力支持，如此脑脚一体，一路过来，留下了一个个深深的脚印。

1999年，江苏电力副总经理兼总会计师王祥富，委托江苏省电力会计学会秘书长许春猛找我，明确提出在江苏电力财务管理信息系统从1.0向2.0转换过程中，南京大学会计学科与省电力财务管理双方骨干联合攻关，在认真客观地总结1.0财务管理系统几年实施经验教训基础上，对正在推进的2.0系统作出理论概括，以有效指导面

上推广工作，也便于在国家电网系统建立江苏创新领先的地位，以及向社会方方面面宣传江苏电力财务管理锐意进取形象。我在南大之前近十年审计实务历练，正好派上用场。双方一拍即合，立即拟定合作研究方案，展开必要的耗时半年的全省供电局与有关发电企业的现场调研座谈，我们基本上摸清并掌握了一手情况与资料。后来，我们在2000年暑期，组织了十几人南大师生实地调研团队，到镇江谏壁电厂现场，与负责开发2.0财管系统的工程与财务业务专家一起，开展了近两个月的研究，终于形成了对2.0系统具有画龙点睛意义的总结报告。这个总结报告，在江苏省电力公司财务管理系统上下产生了强烈反响，彻底改变了他们以往对高校理论专家"空对空"的看法。认为我们的总结，说出了他们想说而不知道怎么说的话，使本以为土里土气的财务管理信息化探索，提升到了具有国际水平和普适性意义的理论高度，让他们倍受启发更深受鼓舞。

我们当时提出了"预算管理、内部控制、会计核算、计算机四位一体企业管理模式"总报告。并从：（1）实现了企业经济业务、预算、会计控制与计算机的有机融合；（2）内部控制功能自动实现；（3）会计成为企业管理的中心；（4）实现了企业财务管理合法性原则与合理性原则的有机统一；（5）实现了对企业经济活动从点到面、从静态到动态的全方位控制；（6）对企业经济业务进行科学分类，有效实现了对经济业务的分类管理；（7）实现了财务会计和管理会计的统一。从而对2.0系统在理论上作出了令他们也感觉到既高大上又很切合实际且特别深刻的系统总结。这样的原创性成果，让他们感到我们的研究，既不同于通常高校的本本主义，更不同于社会上咨询公司的框架结构式服务，在量身打造的同时，又提炼出了具有普遍指导意义的实务性成果。同时，我们在总报告中又一针见血地提出了值得进一步探索的4个问题：以财务会计要素作为设置基本模块的基本思路是否恰当？预算调整如何建立严格的操作规范？实际业务数额严格限制于预算额度内的做法是否合理？财务管理信息系统的推行强制还是自愿？这些问题都来自于大量的观察访谈，都是非常迫切需要在理论上给予明确指导的现实难题，从而为进一步完善系统建设指明了方向。与此同时，我们又提供了"背景与目标体系介绍""财务手册""基于网络的预算管理""FMIS的体系结构与管理功能""FMIS中的会计核算系统"五个分报告，详细地总结了1.0的经验教训和2.0的完善创新之处，每个分报告都有制度、业务流程以及具体案例佐证，从而具有很高的可读性。这样近20万字的研究成果，让江苏省电力公司财务口从顶层领导到基层业务骨干，充分地了解到了南京大学会计学科的风格与实力，从而为进一步加强合作奠定了更坚实的基础。正是这样的研究成果，才引起了财政部会计司领导的关注，从而在江苏省电力公司召开了对中国内部控制制度建设具有里程碑意义的第一次全国意义上的内部控制理论与实践研讨会。正是这次会议，冯司长的动员报告，以及江苏电力具有相当可借鉴意义的课题成果和谏壁电厂现场实务考察，吹响了中国内部控制制度建设的进军号，中国理论与实务界开始关注内部控制制度建设问题。而这样的会议，给江苏省电力公司带来良好声誉的同时，也无形中造成了不断做好工作与开拓创新的压力，也让江苏省电力公司领导感到，跟南京大学会计学科合作，会给他们带来真正具有领先水平和实际影响力的实践探索。事后看来，2000年我们基于江苏电力财管信息化实践发展所作的研究报告，其实已很好地提出并回答了现在热门非凡的"业财融合""财务集中实时控制""财务共享"等问题,具有明显的理论预见性。

(二)紧密合作,专题性攻关研究使得学校与企业共赢

2000 年以后,我们与江苏省电力公司财务口的紧密合作一发不可收拾。从战略、风险到成本、资金以及至物资、存货管控,课题涉及公司管理与发展的各层面,形成了一大批带有探索意义和应用价值的理论成果。为了让江苏电力财务管理持续创新具有充分说服力的证据,也为了让江苏电力与南大会计融汇一体的良好合作关系有个成果性证明,同时为了满足 MPAcc 电力行业班学习培养的需要,2005 年,我们从数年合作研究的成果中,选取四个专题,形成了《企业内部控制评价》《现金流量控制系统》《基于价值创造的成本管理》《风险管理审计评价》四本专著,以《企业财务管理探索丛书》(以下简称《丛书》)交中国财政经济出版社公开出版。这四本书,即见证了江苏电力的财务管理创新之路,也证明着南京大学会计学科扎根中国实践努力探索的实际行动,当然也是让社会各界真正看到"产学研合作"的生命力。著名经济学家、南京大学党委书记洪银兴专门作了序,高度肯定我们这种产学研一体化的有效合作:"细读四本书,不难发现,各书都较好地解决了理论与实务、传统与现代、基础与提高、原理与方法、制度与执行、理念与机制间的关系。较目前流行的财会类书籍,给人以耳目一新的感觉。我有幸在《丛书》正式出版前粗略地阅读大概,深有感触。这几年,看到的经济管理类书很多,国外翻译过来的觉得太洋、太涩;国内作者写的书觉得太碎、太泛,少了战略、宏观、高屋建瓴的成份。《丛书》独

辟蹊径，富有特色，摆脱了目前较普遍存在于我国书籍中的'简单介绍西方理论'和'简单描述实务做法'的不足，使我们对国有企业的管理发展重新有了信心，真正领略到了理论研究的价值所在。江苏电力公司的财务管理创新之花经过南京大学会计系师生的精心点缀，散发出了沁人的芬芳和迷人的光彩。理论必须来源于实践，实践又必须上升到理论高度系统总结。只有这样，理论才有生命力，实践发展才可能不断提高。《丛书》正是在这方面为我国财会实务发展和理论研究提供了一种很好的结合模式。这种优势互补使丛书既有理论的高度、新度，又有实践的深度、实度。我衷心地希望江苏电力公司与南京大学能继续保持这种'科学务实、互助共赢'的协作关系，推出更多更好的合作成果，为中国'产学研'一体化提供一个成功的范例，为推进中国经济管理尤其是财会管理作出更大的贡献。"在这四本书出版的后记中，我发自内心地写下以下一段说明和感慨：

"江苏省电力公司与南京大学会计学系在最近几年，围绕电力企业经营管理的一些现实问题进行了攻关研究，取得了一系列成果。课题研究以电力行业为分析对象，但研究成果对中国各行业都有借鉴作用。为了让国内同行及学界分享我们的学术成果，也为了向社会展示中国财会理论与实践探索者的足迹，我们从中选取了四个课题研究成果，冠名《企业财务管理探索丛书》结集出版。

丛书的出版，一方面为了把江苏省电力公司的管理理念、经验及创新上升到理论高度，进行系统地总结提炼，使之对其他电力公司乃至整个中国企业具有借鉴意义；另一方面，希望探索一种产学研结合的运作模式,向中国财务与会计界表明,中国财务与会计有很多现实问题亟需研究,著名高校的学术优势与大公司的管理实务优势完全可以实现互补,最终在引进、吸收西方先进理论方法的基础上,结合我国企业实际,形成具有一定创新意义的管理学术成果。这种研究,既可以解决中国管理国际化问题,把国际先进的管理理念、方法、手段引入中国管理实践并有所创新;又可以解决理论直面实践问题使理论研究与成果更加满足中国管理的现实需要,从而真正发挥理论研究指导实践的积极作用。理论研究的生命就在于不断地创新,而创新的源泉完全在于应用国际视角,植根中国实践去发掘、思考。丛书的出版,希望表明中国产学研合作具有十分光明的前景,也希望给中国财务与会计学术研究带来一股较为务实的学风,提供一种新的研究范式,突破目前拘泥于所谓'规范研究'与'实证研究'的纯学术方法之争的束缚。"

13年前出版的四本书,其理念与制度设计和实务操作流程,现在拿出来,仍很有创新与指导意义。我们与江苏省电力公司合作的科研质量,经受住了严格的社会经济管理发展实践检验。

(三)思想交融,共享理论创新成果

江苏省电力公司财务资产部时任主任夏俊,具有较高的理论素养,也有丰富的实务经验,见识过众多的国际权威咨询机构,更有极强的整合社会资源能力,尤其是他有一颗乐于助人的仁善之心,在其任上,对南京大学会计学科的发展默默地奉献了很多,我们的合作成果中也流淌着很多来自于他的智慧和汗水。特别是内部控制领域，他更是一位把中国传统文化精髓与现代管控要求很好融合的高手。因此我与他专门合作写成了《内部控制评价》一书，探索地把内部控制评价基本模式概括为：审计评价、要素评价、管理控制评价三种经典评价模式，以及创造性地提出了"持续改善内控评价"和"战略实现内控评价"这两种全新的内控评价模式。此书由大连出版社2009年出版后，赢得了市场好评，至今我自己认为在内部控制评价领域，探索创新意义比较明显的融内控理论与实务一体方面，尚处于领先地位。

早在2003年12月，我就与夏俊合作，为《新理财》杂志第8期做了一个内控主题，当时命名为"打造企业免疫系统"。我们把"授权"概括为内控的出发点，把"不相容岗位分离"定义为内控的切入点，把"规范流程"视作为内控的灵魂，把"过程监控"看成为内控的基本手段。这些感悟，一方面来自于在财政部会计司协助研发内控规范的启示，当然在以后公布的企业内部控制规范中得以体现；另一方面也来自于夏俊日常管理经验的升华，从而使这些内容对中国企业内控实践具有普遍指导意义。那时候，我们就对中国内控作出了务实性认识：

通俗地说，一个单位的内部控制，犹如一个人身上的免疫系统。一个人的免疫系统功能出现了问题，那就会非常麻烦；如果免疫系统瘫痪，则只有死路一条了。同理，一个单位缺乏基本的内部控制制度，那不要说可持续发展，就连生存下去也将非常困难。单位内部控制到底要解决什么样的根本问题呢？按上述分析我们可得出这样的结论:用于解决自然人与法人之间的矛盾。大家知道,单位一般是作为法人存在的,但法人往往是由众多的自然人组成,这些自然人在法人中充当了不同的角色。他(她)们或许是股东、债权人;或许是董事长、总经理;或许是部门负责人、业务经理;或许是技术骨干、一般员工。不管自然人在单位中的角色有何不同,作为内部控制意义上关注的自然人,在利益上与单位存在着各种直接联系并且普遍存在着两大非常明显的不可克服的局限:生命的局限与任期的局限。任何自然人在整个社会中的生命是有限的,而且在单位的任职期间也总是有限的,他(她)们总希望在有限的生命或任期内谋取自身利益的最大化。这种追求自身利益最大化的动机无可厚非,问题在于这种利益追求的冲动,若不加以任何控制和引导,极有可能成为损害甚至是毁灭单位长远利益的主要因素。内部控制制度的建立,就是试图为每一位自然人在有限的生命和任期内谋取个人利益的最大化提供一种规范的实现方式,最终实现自然人与法人利益双赢的结局。中国企业发展之所以出现这样那样的问题,民营企业之所以出现猝死现象,我认为与我们缺乏有效地协调自然人与法人利益矛盾的基本制度直接相关。

我国企业的顺利发展往往指望经营者的能力尤其是道德水平,一旦经营者道德方面出现问题,企业发展就走到了尽头。由此中国企业尤其是国有企业在发展过程中不但面临着市场风险和财务风险,而且面临着非常严重的内部控制风险。如果遇到了一个能力强道德又高尚的经营者,那么企业就可能有个好的发展前景,而一旦碰到一个缺乏基本道德素养的经营者,其奇高的经营才能绝有可能成为社会和员工的灾难。出资人若不满意,只有靠欧内斯特·戴尔指明的两条路走了:要么出售股份(此路在我国往往走不通),要么去跳河。根据博弈理论,即使经营者具有较高的道德水准,但若他(她)

们的周边充斥了道德水准不高的经营者，或即使道德水准不高的经营者甚少但却得不到社会的及时惩罚，那么他（她）们在次一轮的经营实践中，绝有可能仿效道德水准不高经营者的牟利做法。这样，整个社会经济就会陷于混乱无序的状态。我国目前企业界问题重重，出台了多项改革措施却见效甚微，与我国企业普遍缺乏一个基本的内部控制制度，导致弄虚作假者常常得益的现实是相适应的。由此而言，在我国建立健全内部控制制度，决不是句时髦的口号，更不是一种抽象的原则要求，而是一项非常务实的治本之策。

内部控制对于我国企业之重要性，正为国人所认可。从宏观上看，中国政府重视内部控制规范建设，在当今世界上恐怕是绝无仅有的。就一般层面而言，我国各界人士对加强内部控制制度建设的必要性似乎已有了非常一致的认识。不过我国企业是否普遍地意识到了这一问题呢？书刊上介绍的几个企业在这方面的认识和做法，不具有代表性，这些企业的做法是否已成为星星之火而在我国形成燎原之状，至今还无迹象证明。现有的各种内控知识大多是来自审计领域。而审计领域发展起来的内部控制观点，一般只是为了防范审计风险，与我们一个单位可持续发展意义上的内部控制制度建议要求有着相当大的距离。仅此而言，满足于审计意义上的内部控制知识的了解和介绍，可能是我们迄今为止内部控制制度建设在实务中讲得多做得少或只是为了应付上级或外部的某些检查而在形式上做点动作的一大根源。

我们主张恢复内部控制的本来面目。从一个单位的自我控制和可持续发展战略高度来认识内部控制制度的本质，进而激发各单位建立健全内部控制制度的自觉性和主动性。内部控制绝不是要捆住每个人的手脚，而是为每一位成员充分全面地施展其才华提供制度保证。那么，中国的内部控制制度建设应从何入手呢？我认为解决"授权"问题应是一个较为恰当的突破口。中国人自古崇尚权力，学而优则仕，当官是最高理想，大丈夫不能一日无权，从而产生了官本位思想。这种倾向如今仍盛行着。我认为对官本位思想没有必要作过多的批判，历史一再证明，尽管我们对官本位意识大加鞭挞，但实践中还是盛行。这表明，它在我国确实有着很深的社会心理基础，与其万般指责声讨，不如加以规范。内部控制制度恰恰在规范官本位思想与行为方面可以发挥不可替代的积极作用。官本位的做法加上严格的内部控制制度，是我国以后一段时期社会行为模式的基本框架。官本位的做法要规范，内部控制制度要严格。建立健全内部控制制度，确实是克服官本位制度缺陷使之产生积极效应的不二法门。另一方面，应该把建立健全内部控制制度提高到经济民主乃至政治民主制建设的高度，予以认识和重视。在这一过程中，问题的核心是权力的合理配置和有效监控。用内部控制的术语讲，是授权问题。

我们对内部控制的这种理解并非什么独创。在中国古代，先贤们在这方面的做法和说法已有非常清楚的表达。《周礼·天官·司会》对此有详介："司会掌邦之六典、八法、八则之贰，以逆邦国都鄙官府之治。以九贡之法，致邦国之财用。以九赋之法，令田野之财用。以九功之法，令民职之财用。以九式之法，均节邦之财用。掌国之官府、郊野、县都之百物财用。凡在书契、版图者之贰，以逆群吏之治，而听其会计。"尤其是西周的会计出纳，分为"职内"负责考核王朝的各项赋税收入、掌理收入；"职岁"负责考核王朝财务各项支出，监督各项开支的合理合法；"职币"负责财物积金，控制结余财物的合法花销，从而成功地探索出了国王对经济实行分权控制的有效制度。由此可见，周朝的内部控制之所以取得当时世界上无与伦比的成就，关键在于它有效地解决了分权体制下对各种权力（除皇权外）的有效制约问题。所以，对权力的制约似乎是内部控制制度的应有之义。而权力制约的根本目的，不是千方百计地限制权力的行使，正确的含义是积极支持各种权力的恰当行使，严厉制止对各种滥用、误用权力的行为。现代意义上的内部控制制度应该完整地包含并真正地体现这两层含义。

现代内部控制已不是周王朝意义上的那种制度，因为那时皇权是不受任何控制的。在今天，已没有什么人和事可以凌驾于内部控制之上，对于我国各级领导而言，当务之急不是要使其认识到他所领导的组织必须尽快建立内部控制制度，而是首先要其本人真正地树立自己的权力行使应该接受严密的内部控制约束的观念。从我们接触的一些单位来看，内部控制制度能否真正地建立并发挥应有的作用，关键不在于领导多么重视内部控制工作，而在于领导有没有带头接受监督控制的勇气和决心。我国的现状是，职务越高、权力越大，接受监督控制的力度就越少越弱；但这些权力滥用、误用的危害性却很大，如果产生交叉感染效应，则会对我国经济产生非常严重的破坏力。正是基于这种现实，我们认为，中国内部控制制度建设应该从规范各级领导的权力及其行使权力的行为入手。在市场经济条件下，任何政治、行政权力都与经济权力相关。因此，党政机关干部的权力行使亦应服从内部控制。我们任用干部的各级组织部门，首先要明白这些权力配置和有效制约的道理，以确保各级干部真正地用好党和人民赋予的各种权力。

这一番议论，现在读来，还十分中肯！

（四）持续优化，公司整体层次重新认识会计信息基本结构

2014年，我们协同攻关《企业运营绩效评价研究》课题，可谓是老问题找新思路。我要确定总体思路时，首先把研究的立足点，从工业化背景下传统企业，转移到信息化背景下传统企业来研究如何评价绩效问题。我们的主要观点如下：

在信息化崭新背景下，企业组织的基本结构正在发生革命性变化，其中最为显著的方面是企业俨然拥有了"实体活动"与"信息影像"双重实时存在形式。在以往的现实生活中，作为企业"信息（界面）影像"主要表现为各种反映经营活动的资料，滞后地反映着实际发生的经济活动，为事后评价经济过程和结果及考核业绩、分配财富提供了依据。一旦企业"信息影像"与"实体活动"实时存在，这样的"信息影像"就不再局限于上述功用，而是在持续引导经济活动、不断改善优化经营方面具有不可替代的基础性作用。企业组织要素关系及要素功能的重大变化，使调整现实企业组织结构成为必然。

公司适应信息化内在要求，优化强化组织"信息影像"机能的结果，面临着如何建立起对企业实体活动起实时反映功能的"信息影像"（界面），这一极具挑战性的难题。为了探索解决这个问题，我们按"企业运营绩效评价"口径展开深入研究，以期取得更能满足电力公司实际工作需要的研究成果。

历史地看，企业作为市场竞争主体，面临着人力、资本、生产资料三大市场的严格筛选，这种筛选的基础是对企业相应的评价制度，从而形成了现行评价企业的各种制度。现行评价企业的各种制度，不管是以优化人力资源为目的的企业绩效评价，还是适应资本市场的企业财务评价，及以提高企业生产资料利用效率效果为目的的公司竞争能力评价，都具有单项性、滞后性、间断性等特点，这与信息化后企业"信息界面"对经营管理全景式、实时性、全天候的基本特性相悖，难以满足"影像界面"持续优化企业经济这一基本功能作用的充分发挥。随着企业信息化实践的深化，中外企业在"信息影像界面"框架结构、要素功能、内容形式、方式方法等方面已作出诸多探索，出现一些新型的企业评价制度和技术方法，例如最佳绩效模式、平衡计分卡等，但这些模式与我们课题所要解决问题的基本要求方面尚有差距。在信息化背景下，企业"信息影像界面"综合反映着企业资源与能力的数量与质量、范围与规模、组织与结构、过程与结果。依此要求，企业资源与能力成为我们探讨研究企业运营绩效评价制度的起点和终点。不断扩大企业拥有与控制资源的规模并优化结构，是企业运营绩效评价的主要目的。而企业能力则是实现这一目的的基本手段。从而，形成了评价企业运营绩效基本立足点：拥有与控制资源的规模与结构，即效能；保障企业运营绩效的基本手段：企业资源的有效利用过程，即效用；衡量企业运营效率水平：反映企业有效利用资源的能力，同时表现企业资源利用程度和质量，即效率；企业运营的有效成果，即效果；企业资源利用的综合效益，体现企业运营持续改善的进展与水平，即效益。从而，基础、手段（过程）、速度、结果、效益构成了企业运营绩效评价的五个基本面，在基本概念上我们分别用效能、效用、效率、效果、效益予以概括，为建立运营绩效实时评价体系提供了简明实用的基本框架，便于搭建运营绩效评价指标体系和设计相应的评价方法。因效能、效用、效率、效果、效益这五个英文单词都是E开头，故我们把此评价体系简称为企业运营效率评价5E模式。

我们认为，5E代表了信息化背景下实时反映企业实体存在的信息界面基本框架。其主要功能在于为实时观察并监测企业整体与各层次实体活动提供一个标准结构，也为企业实体活动自我评估提供依据，从而持续改善公司整体素质，提升公司经营与管控能力，使企业拥有越来越多的优质资源，对社会文明进步和人类生活质量的提高发挥积极作用。可以认为5E是对现代企业历史使命的实践诠释。如何构建5E落地的通用模式，并适应电力公司经营与组织管理的基本特点和变革大势，围绕5E形成体现其内在逻辑结构的具体的计量指标体系，并设计5E指标体系的基本操作要领，成为我们本项课题研究的主要任务。显然，在国内外已有企业评价理论实务基础上，面对目前还不够成型的企业信息化实践，想研发出一个5E成熟的落地模式很不现实。作为课题研究，我们需要在5E落地模式方面作出探索性研究以为今后的实践探索和理论研究提供一个全新的起点。

为此，首先根据金字塔原理揭示了5E内在逻辑结构，全面厘清了具体研发思路，根据综合指标理论设计了"企业绩效指数体系"，从而形成了衡量5E的综合指标体系，为5E框架的实施提供了一个简明实用的模式。在此基础上，课题组根据电力公司运营现实及变革大势，利用大量的实务分析和测试，以及必要的访谈，借鉴国内外已有的相关探索经验，找出了电力公司在各组织层次、业务领域能综合反映5E的具体计量指标，并按5E内在逻辑和指标可取得性要求，梳理顺了这些具体指标间的内在联系，从而搭建起体现5E内在要求并满足电力公司组织与业务及管理变革需要的具体指标体系。最后，利用电力公司现有信息系统所能提供的各层次、业务、管理的有关指标，即2012年（2011年为基期）的数值，测算了江苏省电力公司含各市县电力公司在内的运营绩效综合指数及各E单项指数，并作了简单排列。大体上反映了江苏省电力公司运营绩效总括状况，各市县电力公司自身运营绩效状况及其对省公司运营绩效的贡献状况。从而验证了我们设计的5E具体模式具有可行性。

我们在测算过程中感到，如果我们选取的这些反映5E的具体指标具有全天候的特性，而电力公司信息系统在将来能充分提供，那么，江苏省电力公司在运营绩效管控和自我管理方面形成了一种非常有效的具体制度。进而言之，由于国家电网公司所属的所有公司在组织与业务管理诸方面具有高度的同质同构性，一旦5E模式为国家电网公司采纳，则无疑为国家电网公司动态管理并持续优化全系统运营绩效方面，提供了一种非常有效而实用的手段。各省公司运营绩效水平评价，也就有了一个纵向与横向有机结合且比较实用的计量标准与手段。

限于时间和现有信息系统所限，本项研究在体现5E内在逻辑结构和电力公司组织、业务、管控变革要求的全天候指标研发方面，尚未取得真正成熟的成果。这方面，正是后续跟踪研究需予以逐步完善的方面，也是5E模式在实践中真正能发挥积极作用的关键。而5E模式一旦融入企业系统，则必将使运营绩效与战略实现、风险管理、动态激励、持续改善等有机整合一体，使企业拥有日益强大的自我评估与健康发展能力。

我们期待，随着大数据技术的成熟化，以及智慧企业智能管理理念的深入人心，国家电网公司组织、业务、管控改革真正到位，5E模式能在国家电力公司落地开花并结出丰硕果实，从而使国家电网公司成为中国企业走向国际赢得成功的排头兵和开路先锋。我们的研究成果，为国家电网公司从整体层面优化管控信息系统，提供了一个全新思路，也为我们进一步研究信息化背景下会计制度变革，提供了一个很好的范例。

（五）管理创新，研发企业风险管理新框架

2018年，我们联合攻关，研发企业风险管理新模式，提出了2357框架。所谓2357，就是新风险管理整体框架：2个核心抓手，3个基本层面，5个管控主体环节，7个具体制度子系统。

国家电网公司风险管控新框架：

1. 新框架内容

（1）风险全覆盖。以"风险偏好"（禁止事项）与"风险容限"（风险容忍度）为基本抓手，建设完善公司所有岗位、层级、环节、业务、领域、行为等方面的"禁止事项"与"风险容忍度"，编织电网公司风险管理"天网"系统，从而使企业所有风险在指标层面得

到全面计量,使公司风险成为"可管理"。

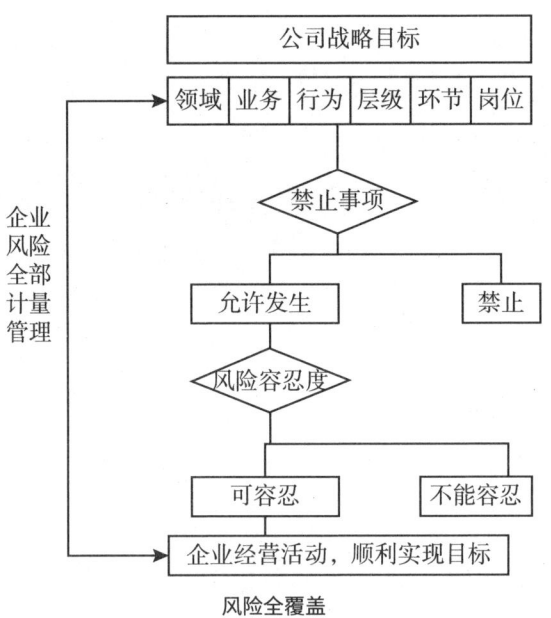

风险全覆盖

(2)风险全融合。实现"文化、能力、流程"三结合,使"文化"通过"禁止事项""能力"借助"风险容忍度",把电网风险自然融合于企业业务、组织、管理所有"流程",实现企业"软管理"(文化、价值观以及人力资源)与"硬管理"(供产销业务管理)一体化。

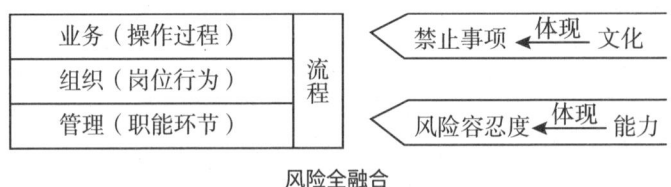

风险全融合

(3) 风险全嵌入。通过"禁止事项"与"风险容忍度"和"流程",把风险管理有机嵌入企业现有各项职能管理过程,使风险管理成为企业所有管理的基本前提和保障,从而充分体现"战略、绩效、风险"三位一体,实现风险管理与企业现有各项管理的一体化。

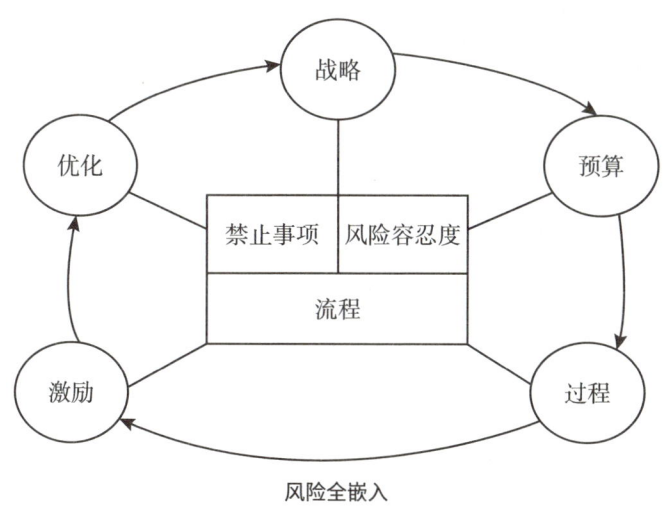

风险全嵌入

(4) 风控全员化。电网公司对组织管理所有层面,对"业务""目标""作业""节点""指标""岗位""管控"7个子系统,实现定义即名称、含义、职责、计量口径等方面统一标准化,从而使风险管理成为全体员工的自律行为,实现风险管理与企业现有组织机能一体化。

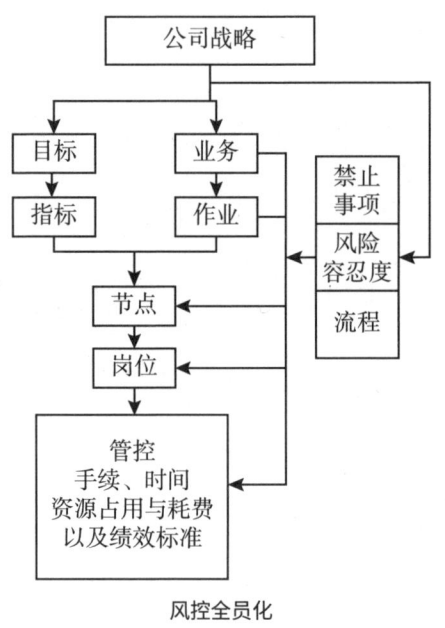

风控全员化

以上新框架，可概括为：

两个基本抓手：禁止事项、风险容忍度。

三层叠加结构：文化、能力、流程。

五个管理服务环节：战略、预算、过程、激励、优化。

七大标准化系统保障：业务、作业、目标、指标、节点、岗位、管理。

这样的新框架，可概括为"战略、绩效、风险"三位一体的

"2357"模型。

这样的"2357"模型,"2"解决了电网公司风险全面计量的问题;"3"解决了风险管控在管理层面可实施的问题;"5"解决了风险管理战略层面可落地的问题;"7"解决了公司所有员工可操作的问题。"2357"模型,使电网公司风险成为完全可管理领域。这样的"2357"模型,使公司层面风险管理成为一项可执行、可评价的制度。

为了实施"2357"新框架,公司必须建立专职的行使风险管理职能部门,统一管理公司风险管理制度建设及督促各职能部门切实履行风险职责,通过全面定期与专项风控评价,提供公司风控报告,为公司领导全面了解并管理企业整体风险提供保障,不断提高公司整体风险管理水平。

2. 新框架的依据以及与国网公司风控现有框架的不同点

新框架依据
- (1) 新COSO报告(文化、能力、流程一体化,战略、绩效、风险三位一体)
- (2) 电网公司新战略,具有卓越竞争力的世界,一流能源互联 网企业
- (3) 国家电网公司已有的风险管理实践
- (4) 信息化新技术、大数据、云计算、智能化对风险管理的影响

3.新框架与国网风控现有作法的区别

(1) 风险计量:新框架系统全面计量,国网现作法对风险处于碎片化计量状态。

(2) 风控保障战略实施并落地。现作法只是强调已有显性风险,远未达到对公司战略全面保障。

(3) 风险自然融合各职能管理,现有作法在风控制度化方面尚未形成与各职能管理自然融合的机制。

(4) 风控成为公司全员自律行为,公司现有作法还未实现风险经常化,没有达到全员自律的水平。

(5) 风险充分利用现代信息先进技术以不断提升水平,但现有公司风控作法在对先进信息技术应用上不够开放。

"2357"框架,比通行国际的COSO框架,更适用于中国企业实务。

第四部分
学海泛舟

一、我心中的会计：会计基本理论研究

（一）财务与会计关系

我对会计学术产生迷恋之情，最原始的冲动是来自于对财务与会计关系问题的思考。对此，理论界分歧很大，有"大会计观""大财务观""会计与财务分工观""财务与会计一体观"，四种观点各执一词，谁也说服不了谁，从而给会计学界在研究起点上带来了难以深化讨论的困局。因此，这是会计理论研究必须深化研究以至求得共识的一个基本问题，从而是当时进入会计学术殿堂任何学者必然无法逾越的一个理论障碍，也是需要每个会计学者首先表明的基本立场。我当时站到了"分工论"一边，并提供了如下个人认识：

现代意义上看，会计的本质特征是对能用货币计量的经济信息的管理，财务的本质特征是利用货币形式而实现的对会计单位经济活动的综合性管理。两者管理的对象都是价值运动，但会计属于基础性的管理，反映社会生产的一般要求，财务属于主体性管理，反映着商品生产的特殊要求；会计侧重于从经济信息的角度实现对经济活动的管理（或有助于其他各项管理的加强），财务则是通过组织资金运动、处理财务关系而实现的对经济活动的管理，促使会计单位讲求经济效益。财务管理需要的财务信息完全依赖于会计提供，会计监督企业的财务活动从而使财务工作卓有成效地进行；离开财务，会计信息大部分将成为多余。脱离会计，财务工作将无法进行。两者的区别，从现存的理论来看，可以概括为以下三个方面：

（1）从工作内容上分析，财务是价值管理，会计是价值信息管理。财务要利用会计作为自己的手段——取得资料、分析资料，从而实现财务管理的职能，这一点，使财务与会计的关系十分密切。但价值信息管理并不就等于价值管理，因为会计可以为企业生产经营管理的各个方面提供有用的资料，并不局限于财务管理的领域。财务的主要工作内容是筹措和供应资金、编制财务计划、组织日常管理、进行财务决策、实施财务监督等；会计的主要工作内容是利用价值形式核算、分析、检查企业的生产经营过程中的占用、耗费、成果，提供管理必需的会计信息。这说明财务与会计尽管有较紧密的联系但不能越俎代庖。

（2）尽管财务与会计的工作对象相同，但研究所要解决的主要问题却不同。会计研究资金运动，不是为了管理资金运动，而只是通过资金运动规律性的分析，正确认识会计对象与会计方法的联系，更好地从量的方面计算和反映会计对象，会计研究的主要特点是密切联系资金运动数量变化关系，探讨价值数据处理和加工价值信息的科学方法，最终揭示会计作为一个经济信息系统的规律性；财务作为组织资金运动、处理财务关系的经济管理工作，必须以研究揭示资金运动的规律为首要任务，并在此基础上建立管理资金运动的制度手段、组织等。

（3）财务与会计的职能不同。财务的职能是决策、组织、调节、监督，会计的职能是反映和监督。会计监督是通过记录、计算、分析、检查，对会计单位的经济活动进行监督，其最大特点是"效益性""计划性""标准化"；财务监督是利用各种货币指标对会计事项进行监督，其最大的特点是"政策性"。财务的重要职能是决策，即决定资金的使用方向，但会计只具有参与决策的职能，显然，参与决策并不等于决策本身。

但我很快感到，这一基本命题还直接取决于研究者对会计本质和对象的具体认识。

于中国资本市场与财务会计高级论坛发言

（二）会计本质与对象

1984年以后，我几乎集中了全部精力，力图在会计性质与会计对象两个会计基本问题上，取得突破性认识，并形成了《试论会计管理》(《会计研究》1985年第2期)与《会计对象新探》(《财贸经济》1985年第9期)两文。这两篇论文,成为我进入会计学界的两块敲门砖,以挑战传统习惯与权威观点的形象初现于会计学术界。

关于会计性质,我的研究结论是:"从现代会计实践出发,所谓'会计是一种价值运动的管理'的说法是值得商榷的,会计管理的实质应该是连续综合的经济信息管理(在现阶段表现为价值运动信息的管理)。这样,就可以得出:会计作为一种经济信息管理工作,既区别于一般事务性工作,又区别于其他管理工作,再区别于其他经济管理工作,还区别于其他经济信息管理如统计、业务等的信息管理工作,概念明确了,理论探讨才有向纵深发展的方向。"

关于会计对象,我从历史与现实会计职业、学科相比紧密联系工作关系考察中,得出了会计对象必须是而且只能是"经济信息运动"或"经济活动的信息方面","财务会计采用综合连续的方式反映经济活动的全貌,它的对象就是反映经济活动全貌的经济信息运动;管理会计以综合连续的方式反映经济活动的变异状况,它的对象就是反映经济活动变异状况的经济信息运动。"

我一开始在会计基本问题上提出与流行权威认识并不一致甚至完全不同的观点,决定了我在会计学术领域接下来走出的路将与众不同。

应该承认,我的观点当时遭到了会计界有关会计本质问题两种主流观点——"管理活动论"与"信息系统论"双方的强烈反对。因此,我不得不花相当大的精力来应对这两股强大的学术势力,不然我的观点就无法登上会计学术大雅之堂。最后我通过《试论"会计管理活动论"与"会计信息系统论"的合一趋向》(《四川会计》1986年第6期)一文,巧妙地实现了我的观点与主流观点的无缝对接。我在研究中发现只要让以上"两论"各自放宽视野,则完全可以统一到我所提出的观点上来。

彻底的"会计管理活动论"应是会计管理有独特的对象。它就是综合、连续的经济信息运动。运用现代科学认识论分析经济活动,分为物流和信息流两大领域。物流在商品条件下,是以使用价值与价值两种具体形态(即实物运动与资金运动)分别实现;信息流是物流过程的动态及各种联系、数量的反映,是客观存在的有助于人们记录、了解经济活动最终发现规律的一种运动。当人们仅认识到经济活动包括使用价值和价值两大领域的时候,价值比使用价值具有较强的综合意义。会计"观念总结"的本质特征,自然使人们把会计视作为价值形式的一种管理(一种价值运动的管理),从而把会计的对象肯定为资金运动。现代人们对经济活动的认识已大为深化,经济信息已客观地成为经济活动的一个基本要素。使用价值形式、价值形式都不可能单独有效地实现"观念总结"的目的,尤其不能强有力地揭示并控制经济比例关系和经济效益;只有把两者有机结合起来,方能科学地认识并管住、管好经济活动,而能使价值与使用价值活动的情况综合地表现出来的,是经济信息运动。经济信息运动能及时、完整、正确地反映企业经济活动的各方面情况。会计的本质特征决定着现代会计的对象只能存在于信息流领域,而不可能是物流的某一个领域;不是信息流系统的全部,而是连续综合的经济信息运动。

彻底的"会计信息系统论"应是：会计是一个连续综合的经济信息系统，广泛存在于经济活动各个领域、各个环节上的连续综合的经济信息运动，是这一系统反映和处理的直接对象。其最高宗旨，一是要系统综合地再现再生产过程；二是要借助它通过各项职能性管理，控制再生产过程及其效益。

彻底的"两论"观点，是从两个不同的侧面对现代会计作出的基本认识。两者都强调：现代会计具有独立管理的职能；连续综合的经济信息运动是现代会计的对象，其中，彻底的"会计管理活动论"揭示了现代会计的职能特征；彻底的"会计信息系统论"揭示了现代会计的形式特征。因此，现代会计是一种信息管理，或者说是信息管理的一种主要形式，是对信息运动进行的管理，目的是为了控制再生产过程和经济效益。

现代会计是以连续、综合的经济信息运动为对象的管理活动。对连续、综合的经济信息运动进行管理，是现代会计的本质。这是目前的"会计管理活动论"与"会计信息系统论"各自克服其理论的不完善性后而实现的一种理论上合乎逻辑的发展，因此，是两者合一的趋向。

（三）会计功能运行机制

以后数年，我花了大量精力不厌其烦地向社会各界反复解释我对会计性质与对象问题的新认识及其依据和意义，并通过《会计职能与方法的现实思路》(《会计研究》1989年第1期)一文,把我对会计基本认识细化为对会计工作机制和方法体系以至职能作用的具体设想,从而完成了基本理论向具体方法的转变,显示了会计基础理论研究创新对会计制度、工作的重大推动作用。

我们对企业会计管理方法体系基本框架提出如下设想:

(1) 会计法制方法。会计法制是指社会主义国家及企业为了实现宏观与微观经济管理,通过国家政权或一定形式建立的需要会计人员在工作中遵照执行的法律、条例、制度、规定。会计法制方法则是指它们的确立方法,其主要目的是为了赋予会计工作法定效力,统一行为机制(规范),使会计提供的信息符合宏观与微观管理的需要。会计法制的内容大致包括:基本会计法、专项会计条例、部门会计制度和企业会计制度等。

(2) 会计计量方法。是指利用会计计量工具,综合连续地计算反映各层次管理活动与生产经营活动的状态及成果,形成管理所需的各种经济与责任指标。它是会计方法体系的核心,包括计量单位、计量时间、计量空间范围、计量原则、方法等要素,其基本依据是会计计量手段、经营管理目标、会计计算技巧、会计法制要求以及会计对象的客观事实。其主要内容包括:①企业开业、终止会计计量方法,如企业开业资金结构会计计量,企业合并兼并资产债权债务会计计量和企业破产财产清算会计计量。②生产经营过程及成果会计计量方法,它又分为事前会计计量和事中、事后会计计量两大方面。③经营业绩会计计量,如管理责任部门责任会计计量,生产经营控制环节责任会计计量和职工劳动工作责任会计计量。

(3) 会计分析方法。对会计计量的结果，按固有的经济、协作、管理责任关系，揭示内在因素作用的性质及程度，并确定责任归属。会计分析的基本依据是会计法制要求、会计计量结果、会计分析技术及经营管理的经济与责任目标，其基本内容包括因素分析与责任分析两大方面，前者为基础，后者为继续和深化，最终提出改善经营管理，协调经济、协调管理责任关系的措施建议。

(4) 利益分配核算方法。是指对企业经营成果，即净产值、利润等指标进行科学的计量分配。主要目的是：合理安排各方经济利益，调动各种积极性，保证各方利益关系的协调平衡。其主要依据是会计法制。企业内部分配及股利政策、经营成果及业绩责任会计计量与分析的结果、有关原始记录。它的主要内容包括：独资与合伙企业利润分配核算，合资与股份企业利润分配核算，资金分账核算，职工工资与效益挂钩核算。

(5) 会计报告方法。目的是为了向企业内外有关方面提供需要的信息，依据是会计法制要求、会计计量分析与利益分配核算的成果，主要包括对外报告、对内报告、合并报告三部分。

(6) 会计工作质量控制方法。是指从环境、制度、工作、素质等方面保证会计工作实现目标的方法，主要依据是宏观与微观经济管理的需要、会计工作规律、会计工作可能达到的水平，主要包括：工作机制、组织机制、环境机制、素质机制、心理机制、反馈机制等六个方面。

现将由上述环节组成的会计管理结构图示如下：

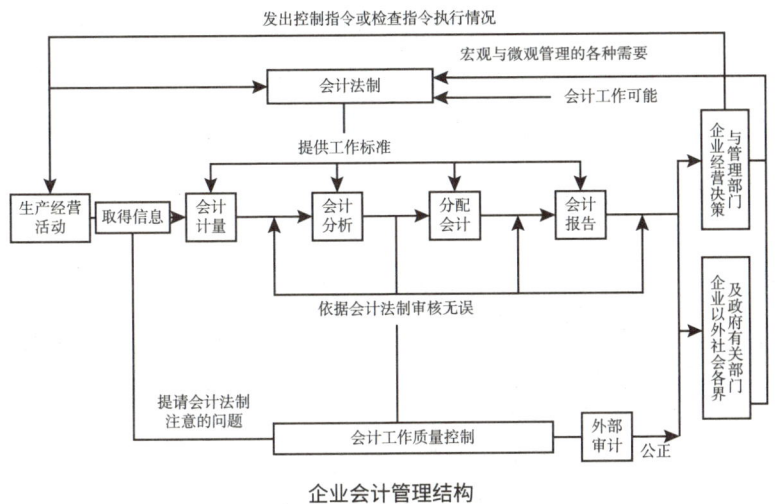

企业会计管理结构

（四）会计本质的体现形式与会计监督

调至南京大学后，出于科研与学科建设一体化以及打造南大会计学术品牌的考虑，我在已有基础上对会计性质与职能作出更为深层而直接涉及学科建设方面的思考。鉴于会计目标论盛行，而会计本质问题研究大受冷的现实。1996年，我发表了《会计本质再认识》（《会计研究》1996年第11期）一文，对会计本质问题研究的重要性重申了个人看法，不赞成在会计本质与会计目标孰为会计研究起点的问题上作简单化选择，并且务实地建议从会计对象、会计单位、会计信息三个方面去具体考察会计本质问题，表明会计本质问题的认识直接制约会计这些方面，而对会计这些具体问题的考察分析，也能发现其背后体现了会计哪些质的规定性，最终得出了"现代会计本质——通过客观、公开、独立、规范的财务、成本和财产经管责任信息，引导和控制经济活动，保证经济和管理目标实现。"对会计本质如此务实性的认识，突破了传统意义上简单地以"管理活动论"和"信息系统论"来表述，从而难以把这些认识的具体意义的局限，使会计本质对会计制度、工作、职业、知识这些边界提供了可理解的"量"方面规定。

此前，由于《中华人民共和国会计法》经1993年修订后，在有关规定执行过程中由于对"会计监督"这一基本职能认知不统一，出现了执法效果不理想的问题。我从自己在审计机关近8年的工作体验中，感到学界对会计监督问题研究深度不够从而带来了实践中出现各种各样的摇摆。于是，1995年我非常慎重地发表了《会计监督：世纪之交新思考》（《会计研究》1995年第5期）一文，在现有会计理论之外提出了以下看法：会计监督职能来自于经济活动"自控"和"外控"的需要。会计对于社会经济越来越必要和重要的原因，在于它较好地满足了人类社会日益增长的"自控"和"外控"的需要。自控是指对自己的行为进行约束，力图取得最大的利益；外控是指集体对个体行为的管理，从而保证个体行为统一服务于总体目标的实现。在经济活动以企业为单元进行的现代社会，这种自控和外控就显得更为重要和必要。会计通过其特有的功能—提供综合经济信息，较好地满足了人类在经济活动中无时不生、无处不在而且越来越复杂重要的自控与外控的各种需要。会计这种特定不可替代的功用，提供综合经济信息满足经济自控与外控的需要，正是我们考察会计监督职能的出发点。

现代会计以其特有的系统、全面、及时、规范的货币性经济信息，有效地保证了广泛存在于现代经济中的个体经济行为"自控"职能，和总体经济"外控"职能的实现。前者，表现为会计信息对人们经济行为的引导、制约；后者，表现为会计信息对企业管理乃至宏观管理的保证、促进。我们把两者概括为会计监督职能作用的结果，据此可对会计监督的基本特征可作如下概括：

（1）会计监督职能依附于会计核算职能而存在，会计核算职能作用则以会计监督职能作用为前提。

（2）会计监督职能的主要含义是会计在工作中所具有的对经济行为的引导力、制约力和对经济管理的保证力、促进力。

（3）现代会计主要借助于提供以下信息实现监督职能：

①反映资产储存、流转、流量的实况；

②反映资产利用效率、效益的差异；

③反映财务收支偏离规定的内容及规模。

基于我的对会计监督的以上理解，论文结尾对《会计法》提出如下修改建议：

（1）第三条，改为"会计机构、会计人员按照税法核算各项收入、费用及利润，正确计算应交各项税金；依照会计准则，对外报告财务信息；根据单位管理需要，核算监督各项经济活动的过程及成果"。

（2）删除十九条现有规定。可改为："会计机构、会计人员作出的会计记录和报告，必须符合国家法律、法规、制度和单位内部管理的要求"。

（3）在"会计监督"一章中增加一条："会计机构、会计人员依法独立行使对外报告职能，任何单位和个人无权干涉"。

（4）第二十三条关于会计人员任免的规定，可改为："会计人员从业前必须通过国家财政部或全国会计行业协会统一组织的会计任职资格考试并取得相应的证书。没有会计任职资格证书，任何人不得从事会计工作。单位领导无权撤换会计岗位和会计人员"。

（5）在"会计机构和会计人员"一章下增加一条："会计人员的工资按单位管理人员平均工资的三至五倍计发"。

（6）第二十五条改为："经审计查实，会计人员违反职业操守，由财政部门吊销其任职资格证书，以后不得再从事会计工作；情节严重，造成重大损失的，依法追究刑事责任"。

（7）删除第二十七、二十八条。

此文《会计研究》编辑部特地加了编者按,发表后引起了会计界对会计监督问题以及对我所提论点的热议,从而深化对会计监督问题的认识。

这样的学术研究,体现了对完善我国会计法制所具有的直接作用。事实上,我的以上建议,在1999年《会计法》再次修订时,多数得到了采纳。从而彻底改变了会计基本理论研究"空对空"的形象,至少对我而言,研究会计基本理论,从头到尾都感觉很有实际意义。

(五)会计本质的决定因素与现实挑战

2002年,鉴于美国安然事件暴露出来的会计舞弊问题性质和后果的恶劣与严重,我在《会计研究》第3期与第11期先后发表《会计诚信问题的理性思考》和《会计本质:全球性诚信危机背景下的新思考》两篇论文,对会计本质问题,作出了事理、法理、机理以及心理层面的综合思考。前者立足于中国现实,认为中国出现了典型性"没有委托人契约关系条件下会计诚信缺失"的问题。

解决这类问题,按权威的观点,只能应用社会契约论原理。按社会契约论观点,"企业本质上是群体活动。大多数成功的企业关系的核心在于一些基础价值观,如可靠、信守诺言等"。解决会计诚信问题的关键,是首先确定我国经济生活中在会计诚信问题上存在着什么样的"超规范",我国现阶段在执行会计诚信原则时,应赋予各单位以什么样的"道德自由空间",如何解决我国会计诚信问题上社会各方的"超规范"?反映了我国现阶段人们对会计诚信问题的一致理解。经济伦理学认为,经济交往必须由一种道德框架作为基础,现代市场经济运作的基本道德框架是"诚信"。诚就是尽职负责,信表现为相互信任,充满自信。这种基本道德框架就构成了我们所要探求的会计诚信问题上的超规范。这样的超规范,表现人们对"诚信"问题的一致认可,不论是自我判断还是评价别人,符不符合诚信原则无疑是首要的标准。实务中,会计诚信的超规范应分为三个层次:其一,实体性诚信规范。对符合与不符合诚信原则要有明确统一的基本标准,为实务中坚持(或抵制)、制裁(或谴责)会计诚信原则或失信行为提供依据。其二,结构性诚信规范。对不同情况下会计诚信的评价明确判别尺度,为对具体实务会计诚信原则贯彻情况作出判断提供依据。其三,程序性诚信规范。对会计诚信原则履行的必要环节及其工作标准作出明确,为人们了解并切实履行自己在会计诚信原则过程中应有的权力和义务提供依据。本文认为现阶段我国在会计诚信问题上的"超规范"似乎可作如下概括:(1)实体性诚信规范分为两大方面:对外会计报告以是否符合国家的财会法规制度为唯一标准;对内会计报告以是否真正满足了制度上规定的内部管理需要为唯一标准。(2)结构性诚信规范,集中表现在继续经营、企业发展破产清算等各种不同环境条件下,会计是否真正达到了现行法规、制度的基本要求。(3)程序性诚信规范突出表现在信息录入、加工、报告或会计确认、计量、记录、报告诸环节,采用的各种方法是否真正达到现行法规和制度的要求。把这三个方面作为我国会计诚信原则实务标准基本内容,以及判定一个具体单位会计信息的质量及会计工作是否贯彻了诚信原则的标准,应该是恰当和可行的。在具体会计实务中，我国会计人员在执行诚信原则问题上应享有多大的"道德自由空间"呢？发达国家走过的道路对我国应有所启迪。会计方法从混乱的各自为政，到准则规范的有限选择，及至逐步缩小会计人员选择具体会计处理方法的空间，表明会计道德自由空间应越来越小。我国这几年开始重视培养会计审计人员的职业判断能力，其背景是我国会计准则制度赋予了会计单位较大的选择会计方法的权力。但这样做的效果如何呢？会计人员职业判断的自觉性确实提高了，但利用会计政策操纵会计信息的问题随之日益严重。这是一个非常痛苦的现实，国家统一会计制度规定得过细、过死，会严重损害会计信息的"相关性"；但是统一会计制度赋予企业会计处理一定自主权后会计信息的"真实性"又得不到保障。真实与相关，可以认为是现代会计的两个车轮，缺一不可，但严酷的现实又迫使我们不得不在两者之间作出有所倚重的选择。最为理想的选择是能找到一个两者皆能保障的好方法，一方面应给予单位以一定的"道德自由空间"，能使各单位在这样的"道德自由空间"里自觉地回归于会计诚信的超规范标准体系之内。但这谈何容易。按企业伦理学的研究方法，寻求会计诚信"道德自由空间"的恰当范围，必须揭示我国各单位在执行会计诚信原则时的"真实规范"是什么。真实规范不同于伦理规范。伦理规范代表人们的一种价值判断，解决行为对不对的问题；真实规范代表人们的行为倾向，解决实际行为如何发生的问题。真实规范与伦理规范往往会产生冲突，会计诚信原则的理论与实务恰恰正是如此。一方面当问起人们会计造假对不对时，没有一个人会认为是对的，伦理规范充分发挥了它的作用。但是另一方面，在唾骂会计作假的人群中，就有人在制造虚假会计信息。这就是真实规范与伦理规范存在着的尖锐冲突。我国会计体现的真实规范已向伦理规范提出了严峻的挑战。作为会计个体和会计个人，决定其行为倾向的是真实规范，而我国会计实务体现出来的真实规范恰恰证明会计诚信原则并没有成为广大会计人员的行为准则。大家知道，不做假账是会计的基本要求，可以认为是会计的"伦理规范"，然而在我国有些单位招聘会计人员时，往往把会做假账作为"标准"。人一旦介入某个单位，必须彻底忘记会计的"超规范"，而接受这个单位"道德自由空间"的约束，逐渐对其行为有一定的影响，但他还是一次又一次地做了假账，不管违心还是主动。由此可见，由于我国某些地方、单位领导层对会计存在着各种模糊认识，直接干扰会计正确履行职责，导致了会计"道德自由空间"的真实规范严重背离伦理规范，会计人员陷入了不得不做假账的境地。总之。在目前的会计"道德自由空间"条件下，会计除了无可奈何地做假账外，已别无选择，除非他不当会计，从会计行业中彻底退出，才能与做假账无缘。回到本文的前头，我国会计"囚徒困境"的形成恰恰就在于存在着一个与伦理规范相向的"道德自由空间"。赋予这种"道德自由空间"以正确的"真实规范"，应该成为我国会计研究和今后会计改革所应解决的首要问题。于我而言，这样的会计基本理论研究，带来了我把会计放到人类社会现实中和思想发展前沿中可以作出更理性的思考。

后者立足整个国际会计界对会计本质问题的各种代表性观点，认为现代会计本质应该是一个多面体或复合体而不是一个单面体或平面问题。从理论上看，会计本质有"控制论""理性导向论""经济考试论""契约关系论"。现代会计在其发展的历史进程中，十分明显地表现出与经济、技术、管理控制融汇一体的本质特征。我们在论文中认为：揭示这些长期以来为会计界普遍忽视的会计本质特征，可以有助于我们正确认识会计危机进而探求应对之策。论文最后总结："目前全球性会计危机的出现，固然有其较为复杂的经济、社会、法律、文化、技术甚至政治背景，但人类社会对会计本质问题的认识模糊从而导致不恰当地运用会计，则是会计作假泛滥成灾的一大原因。如果我们在实践中真正地端正了有关会计本质的上述认识，并采取切实措施竭力保证现实会计真正地体现这些本质特征，就会摆脱会计危机困境。"

（六）社会信息化与会计理论范式革命

人类进入 21 世纪，信息化浪潮与国际化资本贸易直接冲击了过去数百年形成的政治与经济以至社会文化结构，既定的会计范式遇到了框架性挑战。会计基本理论研究产生了新的需求，必须对会计制度往哪里走以及会计必须做哪些结构性改革，作出系统性思考，以为会计发展方向的选择提供理论依据。为此，在我们大量研讨的基础上，在 2013 年《会计研究》第 3 期发表了《会计理论范式革命：黎明前的彷徨与思考》长篇论文，很尖锐地提醒会计界，会计理论研究对一些基本问题的反思不能满足于哲理层面，还应该深入会计制度内部去探究正在或将要发生的一些重大变化，为会计理论转型提供清晰的背景与大致思路。进入 21 世纪，会计理论研究如若真的想有所作为，必须认真思考并正面回答以下三个问题：

（1）会计信息在更有效地实现自己微观功能的同时开始逐渐地

展示其宏观性质的一面，会计职能作用在现实中如何赢得这种前所未有的高度？

（2）管理从顶层到底层或所有端点，都建立在计算机软件支持基础上，怎样才能使所有管理直至人类经济行为须臾离不开会计信息？

（3）会计怎样才能真正成为经济活动的"中枢神经"？

论文最后，我们非常中肯地提醒大家："21世纪对人类社会将是一个脱胎换骨的世纪，信息时代将彻底改变人们在几千年漫长的农业社会、商业社会、工业社会、金融社会所形成的各种惯例和场景。会计因此也会面临理论范式的革命，当代会计学者对行将发生的这场会计理论革命应作出积极欢迎并热情投入其中的姿态。作者写作本文不是也不可能为21世纪会计发展指点江山，只是发出一种呼声，希望引起业界对此直接关乎会计生死存亡命运问题的高度关注。会计学界必须群策群力，不辱使命，在现代会计发展问题上拿出富有生命力的对策，在社会经济科技文化发展中，再次焕发会计的活力能量，作出会计职业及知识不可替代的基础性贡献。"

（七）会计信息社会公共资源属性及其意义

我们在此基础上，趁热打铁，进一步从社会文明进步角度对会计如何定位并发挥基本作用，这一会计更基本也更宏观的问题，作出了深入思考，完成了《现代会计与人类社会文明关系问题探讨》

一文,通过《会计研究》2014年第8期向同行公开了我们的研究成果。论文重点对会计信息随着人类社会文明程度提高,而越来越明显地表现出社会公共资源属性,这一会计本质演进特点,作了规律性概括。理论上,我们可以轻而易举地论证会计信息的公共资源性质。按权威说法,公共资源或产品,必须具备两大特性:产品收益上非排他性、非竞争性;产品使用消费上的非唯一性,可供所有人消费。如此,会计尤其是财务会计信息,是典型的公共资源。确认会计信息的公共资源身份,我们就可以对国家如何以社会管理者的身份行使对会计的管理职责有了更为清晰的认同,也为解决政府、市场、社会在经济资源配置过程中的三者关系提供了一种实现认知趋同的有效工具。政府作为公共产品的设计者和使用、管理者,各微观主体典型是企业作为公共产品的提供者与使用者,社会作为公共资源的所有者及其权益的维护者,市场作为公共资源发挥功用的场所,这几者对会计都产生直接影响,从而在人类文明进步的共识下而协调作用,促进会计的进步与发展。但综观当今会计学术界,对这些事关会计发展大方向、大思路问题的研究并不是很多,会计实务中信息滞后的习俗,也严重地感染了会计理论研究。信息化时代的到来,为会计信息更充分地赢得公共资源身份,从而深入研究如何使会计信息公共资源性质在实践中得到足够的尊重并发挥积极作用,提供了可能。现代社会是网络社会,具有高度开放的结构。一个以网络为基础的社会结构是具有高度活力的开放系统,能够创新而不至于威胁其平衡。对于奠基于创新、全球化和分散性集中的资本主义;立基于弹性与适应性的工作、劳工和公司;无穷无尽地解构与重构的文化;致力于即时处理新价值与公共心态的政治体;以征服空间和消除时间为目标的社会组织,网络都是必不可少的工具。不难想象，将来社会经济资源的所有配置活动都会在网络上进行，如此，支持这种资源配置活动的会计信息就成为大家都需要的公共资源。虽然我们在会计准则、内部控制规范、宏观会计信息质量监督、会计信息高速公路及会计XBRL方面已有很多深入研究，但距会计信息公共资源身份并发挥应有作用的时代要求尚相差甚远。因此，对会计信息公共资源命题进行攻关研究并尽早提供能指导会计实践发展的理论成果，实属会计学术界的当务之急。从而，会计基本理论研究，赢得了一片更广阔的天地。

事实上，对会计信息社会公共资源属性的研究，我在2010年6月28日财政部会计检查监督局在青岛召开的一个会计监督座谈会上就有口头发言，并提交了如下文字稿：

深化会计监督理论研究

南京大学会计与财务研究院　杨雄胜

1. 需要一种新的会计理论指导

传统的会计理论主要解释和预测会计实务，是一种作业为中心的会计理论与方法，简称作业会计学。这样的会计理论框架中，会计监督局限于微观层面，与会计监督发展的现实已不相适应。

我们有必要建立、研发一门会计社会性功用的学问，回答会计作为一种职业及信息资源，它所具有的社会功能和责任，简称会计社会学。这样的会计理论可以置会计于整个社会经济政治文化及科技教育发展大环境中，揭示会计职业及信息与生俱来（或日益凸显）的社会使命。只有在这样的会计理论框架下，会计监督理论才有可能获得丰富而适合现实需要的研究空间，从而闯出会计监督理论研究的新天地。

2.拓展对会计基本面的传统认识

按传统认识，会计带有微观性质，可视会计为一个经济计量控制系统。但会计更有其宏观面，就整个社会发展的历史巨幅画卷来看，现在愈加明显，应视会计为一种社会公共资源。遗憾的是，我们长期以来已习惯于或局限于微观层次认知会计，对会计的宏观层面迄今为止的理论研究没有给予多少应有的关注以至成果甚微。

其实，现代社会已确定无疑地赋予会计信息（指对外公报的财务会计信息）以社会公共资源性质。这种特性主要来源于：

（1）会计信息是评判微观法人主体竞争社会经济资源资格与能力的基本依据，是现代资本市场配置资源的主要依据；

（2）会计信息是现代金融系统和商业交易系统顺利运作，尤其是商业银行、投资公司、跨国集团管控资源及风险管理的主要依据；

（3）会计信息是政府税收的基本依据；

（4）会计信息是公民们评判政府、市民们评判市场行为，整个社会追溯问责政治与经济职权运行效果的主要依据。

总之，会计信息是现代社会实现政治民主与经济民主制度的基础，具有公共性、共享性、公益性之特质。会计监督就是现代会计这一社会性特质的内在保障系统。

3.会计信息作为一种重要的社会公共资源，政府作为社会管理者，对会计信息负有不可推卸的监督管理职责

作为会计信息的公共性，自然形成了政府对其质量的监管职责。分为两大部分：其一，控制会计的结果（财务报告）。现行的审计和各种检查正是这种职责实现的具体制度。其二，过程监测。目前这方面似乎作为不多。这种动态监测（目前已有会计准则）对保证或维护会计信息的公共性至为重要，而且对控制结果质量的保证和降低控制最终会计结果监督成本产生直接效果。

作为会计信息的社会性，主要解决会计信息社会化的三大关键问题：其一，产权。如何保证会计信息对社会公众利益忠诚负责的特性，必须赋予会计信息的产权主体是社会公众的理念，即财务会计信息一经公开其结果与过程必须对社会公众利益切实负责。其二，安全。各种财务会计信息必须得到全社会范围的有效管理，包括集中管理（储）、查询分析（用）、增减调整（调）、更新（变）等环节，必须建立社会化统一标准，并有专职的社会公共平台加以落实。其三，功能。为全社会有限资源优化配置提供持续保证，具有全社会范围资源配置"智能"指导功能。

4.政府对会计信息履行社会管理者职能的国际经验

美国应急性的《萨班斯·奥克斯利法案》即《2002公众公司会计改革与投资者保护法案》其302、404条款具有国际标杆意义。为

政府全面履行对会计信息的社会管理者职责提供了一个可供借鉴的范例。

302条款可以说是审计监督检查的社会性功能体现。

404条款可以为政府对企业会计信息过程与结果进行动态监控提供直接的法律支持。

就组织而言，美国成立了带有对会计履行社会管理者职责性质的机构——PCAOB（公众公司会计监督管理委员会），就其步履维艰至今作为有限的实际运作效果来看，PCAOB到底怎么行使职责仍是一个从理论上与法理上和具体运作上存在诸多困惑的问题，甚至其职责定位至今仍受到各种怀疑和质询。但是，这开创了对会计信息履行社会管理者职责之先河，作为历史性探索，值得会计监督理论界予以足够重视并展开进一步研究。

中国特有的政体和国情，可以为我们探索会计信息社会管理者职责履行的框架及实践模式方面提供极大的便利，而改革开放30年成功的历史，也为我们在会计监督进行开创性探索提供了契机。

实践需要理论先行。会计理论界应切实履行历史使命，加大对会计监督研究的力度，多视角、多层面、多领域地展开对会计监督的综合研究，以期为我国会计监督实践提供丰富的理论指导。中国会计学会监督专业委员会更应认识到自己肩负的重要职责，对全国会计监督研究从研究组织、研究课题、研究交流以及研究经费等方面拿出清晰的思路并力图有所作为。

5.政府对会计信息形式社会管理者职责的理论依据

（1）人类经济活动基本领域的新认识。

价值与使用价值作为划分经济活动基本领域的认识，显得有点粗放和不能满足认知并管理经济活动的现实需要。物质、能量、信息，已成为现代人类社会活动的三大基本资源及子系统，这已成为一种社会性共识。政府既然对物质、能量系统已履行了社会管理者职责，例如资源开发与利用规划、能源布局与开发管理战略等，那么对信息要素切实担负起社会管理者职责就顺理成章。会计信息无疑是社会信息系统的重要组成部分，政府应对其履行监管职责。

（2）波普尔的"三大世界观"，为政府履行对会计信息的社会管理者职责提供了直接而有力的理论基础。

波普尔认为，现代世界事实上包括既一致（一体）又各自独立存在（互相制约）的三大基本形态（状态）：客观存在、客观信息、客观知识（主观信息）。在整个社会管理领域，对客观信息的识别、认知并系统报告，是人类社会实践的基础，更是决定人类社会实践效率与成败的关键。为此，作为政府，当以一个社会管理者的身份存在时，必须首先解决好对客观信息的识别、认知、报告过程的有效管理，包括建立标准及组织、监控过程和结果评测。会计信息无疑是人类社会对客观信息识别、认知、报告的主要实践活动，自然成为政府全方位、全过程必须作出监控的对象。

（3）DIM理论的启迪。

在宏观经济体制比较分析研究领域，美国E.纽伯格与W.达菲作出了一种极具影响力且非常实用的权威分析框架：经济体制一般分为决策（D）结构、信息（I）结构、动力（M）结构三大子系统。就全社会而言，决策的协调归属于信息结构，主要解决社会各类决策目标的一致性和各类决策过程的互适性。这样的信息结构，赖于形成并发挥作用的基础是社会建立强有力的会计制度及其会计工作系统，那么，对会计制度及其会计工作系统实际运行的过程与最终结果，政府作为社会管理者，必须建立相应严格到位的监管制度，从而形成了现代会计监督的丰富含义，也为会计监督理论研究和实务发展指明了方向。

（4）负责、好政府理论。

诺贝尔经济学获得者（2001年）约瑟夫·斯蒂格利茨曾就政府在现代社会中如何更好地担负起自己的职责并发挥好的作用，写出了"政府作用"之精辟论述。他对政府变得更好的5点建议中，有3点是针对信息而言的。他认为，政府应鼓励私人部门（法人主体组织）提供公共物品，这不仅使其自身面对有效竞争时更具优势，并对各市场主体产生有力约束，同时还可以有效地传递各种呼声。政府应开放信息，不能封锁信息，并且在专家、民意与责任之间找到平衡点。对此深信不疑的是，上述好政府形象的塑造并真正兑现，离不开全社会信息资源得到充分开发、利用，核心点是政府必须在社会信息渠道的通畅和健康运行方面积极作为，这是好政府的基本品质。对会计信息履行社会管理者职责，显然是政府这种好品质的应含之义（见Joseph.E.Stigtize《发展与发展政策，P375-380》，中国金融出版社2009年9月译本）。

（5）行政学、政治学、管理学中已有非常成熟的社会管理者理论（不赘述）。

6.会计监督研究：大好时光与顺势而为

检讨国际及我国，政府对会计信息社会管理者身份职责的履行：

（1）已做了哪些？成效如何？经验教训是什么？理由何在？

（2）哪些不该做？值得注意的倾向？如何改进？

（3）哪些该做的现在还未做？原因何在？发展路径？

（4）更主要的是，在一定政治、经济、文化、科技条件下，会计信息作为社会公共资源，其内涵以及计量与质量口径和标准包括了哪些具体可落地的内容？中国在这方面可否立足国际做些独一无二的努力，以提高中国会计的国际认同度和话语权。会计监督研究，中国会计理论界任重道远！

对于我而言，会计基本理论研究是带动会计理论其他研究的动因，既不是抽象空洞、止步于概念的口舌之争，也不是不着边际、游走于各相关学科之间的赶时髦，而是来自于对会计存在与发展基本面和基本结构变化规律的关注，而这些问题的正确解释恰恰能有效地推动会计的进步和健康发展，这是会计基本理论研究的魅力所在。每一个投身于会计学术的学者，若对会计基本理论尤其是一些基础问题上，缺乏深入的研究与独到的见解，那很难作出对会计发展真正有思想性的贡献！

二、会计学术境界：会计研究方法与范式

在我会计学术生涯中，研究方法与范式是我实现对会计问题作出科学思考并作出符合实践发展内在结构解释的基本保障。所谓工欲善其事，必先利其器，讲的就是这样的道理。不过，研究方法与范式，绝不是一个简单的形而下问题，而是更大程度上会直接受制于形而上。研究的动机和态度以及价值取向，对社会科学性质的会计学研究，能否取得科学的结论至关重要。

在这里，我不赞成把科学简单地定义为数字、模型和技术方法，这种机械式的科学定义已风行于学界，起码在会计界表现得比较明显。真正的科学，也应该有一个形而上问题，即实事求是，以反映并体现客观本身全部完整的内容为目的，是一个完全尊重并以发现自然为目的的过程。依此而论，科学在具体研究方法层面上看，应该是多元而灵活的，处于不断发展、经常变化中。这样的理念，是我从事会计学术走到今天一直坚信并坚持坚守的，而且也是使我对会计学术研究一直高度兴奋的主要原因。只有在不断研究会计实践发展引发的各种问题中，才发现并没有也根本不存在固定不变的研究方法和风格，从而使自己的思维能力与范式不断地受到挑战，每次研究成果的形成，几乎都不是以前研究方法的简单复制，给我带

来了无穷的乐趣。

学术研究方法的核心,是研究者对逻辑思维与方法的熟练运用。这一点恰恰是很多初涉学术领域的年轻人忽视的,因而从选题到议题、论题、析题、辩题、审题诸环节,都缺乏基本的把控能力。我对此的体会,也是在研究初期的种种困惑中形成的。

(一)会计学术的逻辑思维

1985年,我发现会计学界往往是在各说各词的背景下,对会计一些基本问题产生了很多分歧。但这些分歧在争论时,又找不到共同的口径,以至于这些分歧就处于公说婆说各说各的状态,表面上的理论争议,并没有带来会计知识的增长。典型的是"会计管理活动论"与"会计信息系统论",双方在理论基本观点上几乎是势不两立的,但两方的代表人物,分别去写《会计原理》《财务会计》与《管理会计》教材时,出书后的具体内容几乎完全一致。如此,让我觉得这样的观点分歧,似乎毫无意义。于是就很冲动地写出了"试论会计研究"一文,本意是实在受不了当时会计界毫无逻辑常识地争议着各种会计问题,这对于处在拨乱反正状态下的中国会计学术走向健康发展的轨道而言是非常有害的。结果我遇上了《上海会计》的主编诸尚一,他恰恰是一位逻辑思维与文笔文字的大家,点出了我不满别人不讲逻辑但自己论文又很不讲究逻辑的实质性缺陷。正是受到诸尚一这样的大家引导,我才认真地学习并严格按照形式与辩证逻辑知识要求,写作自己的会计论文。并且,在抵制会计学界学风与学识偏面方面，努力发出自认为代表自己研究理念和价值取向的声音，期望中国会计学界早日形成健康、上进、自由的学术氛围。

1986年《会计研究》第6期，我在"运用辩证逻辑，加强会计理论研究"一文的基础上，发表了《探索新的研究方法与认识起点》一文，尖锐批评了会计界"会计内涵与外延不明确""虚假分歧""对会计的现实与发展缺乏一个正确认识"三大不足。认为会计研究应该有一个新的研究方法和认识起点。所谓新的研究方法，是系统研究的方法。即不但要看到会计的现实，更要展望会计的发展；立足于各个单位的会计工作现实，揭示存在于各个单位会计工作中的共有规律，为建立会计方法体系奠定基础；看到我国企业中财务与会计一起工作的现实，研究其今后合一还是分开的趋向，为科学规定会计理论研究的内涵与外延，扎实地建立会计管理学创造有利条件。我们一定要克服过去那种越俎代庖和划地为牢的过时的研究方法，一门学科的建立与发展，不能建立在抢占其它学科的基础上；学科之间可以有交叉重复，但各门学科并不因此而失去了应有的内涵与外延。因此，新的研究方法要求我们首先对会计的内涵与外延统一认识，否则，会计研究就很难有个明确的发展方向。

所谓新的认识起点，是指运用现代科学认识论原理进行会计研究。时代在发展，人类对客观世界的认识无时不在深化，认识的深化必定带来实践的飞跃。迄今，我国的会计基本理论还是建立在《资本论》的有关理论之上。无疑，马克思在《资本论》中对会计的一系列科学论断，经历了会计实践发展的检验，在今天仍闪烁着真理的光辉。问题在于，人们现在的视野中，经济活动还仅是分为使用价值与价值两大领域，会计属于价值管理的结论正是在这样理论的指导下，而取得在会计界的权威地位的。如果我们运用《资本论》的基本原理和20世纪60年代初的科学认识水平去分析"价值管理论"，无疑是完全正确的。然而，如今控制论、信息论、系统论已成为一般科学方法论，代表着人们对客观世界认识的深化和精确，而对社会科学和管理科学当然包括会计科学产生了一系列严峻的挑战。相应地现代管理已把客观的经济活动分成"物流"与"信息流"两大领域，管理基本观念的突破对会计的基本理论必然产生直接的影响，而首当其冲的就是"会计是价值管理"的理论基础开始动摇。限于本文主题，对此只作简述。我们认为，新的认识起点，就是把经济活动分成实物运动与价值运动的认识，转变为经济活动分成物流与信息流的新认识。如能这样，我国的会计研究必将有一个新的起色，理论界的一系列分歧也可望尽早统一。这几年，一些同志已开始运用"三论"研究会计，但他们在研究时，虽然接受客观世界分成物质、能量、信息三个基本要素的现代科学系统论原理，但在具体阐述时，又不敢承认在管理活动中，信息流是相对独立的客观存在这一现实，从而把自己置于进退维谷的境地。一方面，基本观念已开始突破，另一方面，死抱住传统观念不放，停留在20世纪60年代的认识水平上，这样的结果，当然是很难自圆其说。我们认为，实物运动与价值运动，是对经济活动进行纵向划分的结果；物流与信息流，是对经济活动进行横向划分的结果。过去的管理理论比较注重于纵向管理（技术、生产、劳动、物资、财务等），会计在当时只能作为附属于纵向管理某一领域（财务管理）的一项工作；现代管理理论在发展纵向管理理论与方法的同时，特别重视了横向管理的理论与方法的研究，作为横向管理重要内容之一的会计管理才有了比较快的明显的长足发展。这样,会计管理的基本理论只能以对经济活动进行横向划分为起点。会计横向管理的特点决定了:(1)管理领域遍及经济活动的各个领域;(2)会计观念总结的本质特征使会计管理的对象存在信息流领域;(3)会计管理只有与各项纵向管理紧密结合,渗透到各项管理中去,才能有效地实现管理的职能。只有把纵向管理与横向管理紧密地结合起来,才能有效地管住、管好经济活动,提高经济效益,这决定了会计管理在现代管理中的重要地位,从而明确了会计研究的发展方向。

可以看出,研究方法的改变有时会带来会计理论范式的变化,从而为会计基本理论研究实现突破性进展提供了可能。某种意义上,会计研究方法与会计基本理论,是实现会计理论范式进步的两个基本驱动力。

台湾政治大学中正图书馆

（二）实证会计研究范式的认识

1996年后，中国大陆会计学界开始逐渐时新实证会计研究。与国际会计学术接轨，这本身无可厚非，但一些极端化学术思潮的抬头，给我带来了少许不祥的感觉。于是，我专门写了《提高我国会计研究质量问题的思考——兼论实证会计理论在中国会计研究中的地位》一文，并发表于《会计研究》1997年第11期，编辑部专门加了编者按："为提高会计理论研究质量，倡导在会计理论研究中发展传统的规范研究方法的同时，在适当领域应用实证研究，《会计研究》今年第7期刊发了一组有关实证会计研究的文章，受到各方面的关注。南京大学杨雄胜同志《提高我国会计研究质量问题的思考》一文，一方面就实证研究在我国会计理论研究领域的应用进行了评析，另一方面就提高我国会计研究质量问题提出了一些设想和建议。我们认为，文中的观点可供从事会计理论研究的同志参考。为推动我国会计理论的发展和进一步办好《会计研究》，我们欢迎读者就这一问题继续发表意见。"

在论文中，我特别冷静地指出："中国会计研究引进应用实证分析，有其紧迫性和特殊性。对于中国会计界而言，仅探讨实证会计研究的意义和必要性是远远不够的。当务之急，是要研究中国会计实证研究应采用的技术方法和亟需应用的领域，并对一些重大会计问题，应用实证研究作出实态分析，为规范研究具体的改善目标和治本措施提供详实的依据。我的看法是：会计规范研究必须建立在实证研究的基础上，实证研究必须有一个明确的目标为规范研究服务；缺乏实证研究支撑的规范研究可能是空洞和不得要领的，而脱离规范研究的实证研究肯定是盲目和十分零乱的。"紧接着，我更中肯地提醒：我们以往的会计研究，过多地倚重规范分析，严重忽视了实证分析，而一些有限的实证研究，仅满足于现有资料、数据的汇总统计上，所作的一些分析尚不能揭示我国会计发展的本质特性。因此，对实证会计理论，我们一方面要全面地介绍认真地学习，另一方面要踏踏实实地走我们自己的路，不能简单重复西方会计学者的研究成果。比如，人家研究会计信息披露与股票市场的关系、会计政策选择与经理报酬的关系、政府管理与会计发展的关系，那么我们就跟着研究这些。这些内容在我国当然值得研究，但实证会计理论在我国的应用前景远不只是这些方面。我在论文中已列举了一些，其实还有很多会计领域都需要我们对规范研究的结论作出检验，对中国会计的实态作出完整、正确的描述。所以，中国会计实证研究任重而道远。

（三）会计研究规范结构问题

面对铺天盖地的实证会计研究思潮，作为中国会计学界的一员，喜忧参半。我感到以规范研究与实证研究来论定会计研究方法的合适与否，失之简单。其实，对这两种基本的研究范式，首先要解决一个研究规范问题。不管什么样的研究方式，都必须遵循基本的研究规范，不然，研究方法应用容易误入歧途。于是，我组织我带的研究生，利用中国会计学会过去20年会计文献摘编工作刚完成所提供的文献资料，开展了中国会计研究规范及其成效的研究。历时一年多的时间，终于在2003年末完成了研究报告。《会计研究》2004

年第12期,与2005年第3期,分两期发表了我们的研究成果。

　　我们首先指出了,一些学者开始迷恋于实证研究方法,对其他研究方法采取一概排斥的态度,甚至连基本的理论功底也认为并不必需,不少青年学子在缺乏基本的经济学、管理学、社会学、心理学、文化学、会计学、财务学素养的前提下,采取速成方法,搞起了实证会计研究。一大批海外实证会计研究成果被引进,人们学习的目的不是掌握其理论创新之精髓,而是为了简单地模仿,于是一大批国外实证会计研究被抽取其数据换上中国数据后,堂而皇之地成了中国会计研究成果,这些研究成果恰恰又为我国一些刊物包括《经济研究》所看好。如此,中国会计国际化在实证研究这一领域,越来越形似,而不能做到神似。更令人不安的是,这种倾向不但在我们年轻学子身上表现了出来,而且在部分有影响的学者身上也有所反映。曾几时,在中国会计界,不搞实证会计研究似乎等于死路一条了。我赞成中国的会计研究大力提倡实证研究,非常欣赏实证研究的精妙思维,对仿效西方学者的做法也表示理解,因为只有学习才能谈得上走出自己的路。但是我们不赞成在这一问题上搞极端化。其实,决定会计研究价值的不在于是实证还是规范方法,只要踏踏实实地研究会计问题,不论是实证还是规范都是值得我们肯定的;反之,若只是为了简单地发表文章、迎合学术界的一时之需而不是在老老实实地研究会计问题,则不论是实证还是规范都是不足取的,因为这样只能在中国会计学术界引起学术泡沫,这种虚假的繁荣不但不能促进中国会计研究,反而会在中国会计学术界形成一种貌似科学的浮夸学风,其危害性不可低估。对于当今中国会计界而言,研究方法的国际化固然重要,但是学术研究规范的确立更为重要。没有正确、严格、具体、共同遵循的学术研究规范，会计研究将成为鱼目混珠的场所，或者说对会计研究成果的良莠将无法作出共识性的判断。我们认为，学术研究规范应该是凌驾于研究方法之上的。我们以往的会计研究不但在研究方法上存在着很大的缺陷，更主要的是在研究规范上，缺乏一种可以指导会计学术组织与研究的共同遵循、具有一定强制性的准则。因此，不论实证还是规范研究，首先要明确应遵循的一些基本规范。

就实证与规范研究所具有的基本特征而言，确立会计研究规范更是当务之急。在当今学术界，规范与实证之分已成为区分研究方法的一种公认的标准。大家知道，规范研究主要回答我们做得对不对，而实证研究主要回答我们做得怎么样。就此而言，只有我们知道做得怎么样，我们才能进一步论定做得对不对，实证与规范研究似乎才是相映成立的。

具体而言，规范研究是运用公认的价值判断去衡量现实，作出现实做得对不对的判断。若发现普遍的事实均违反了既定的价值观，则将反思现有的价值观是否应该作出调整；若发现众多事实均不同程度地偏离了价值观，就要作出分析，找出原因，寻求解决之道，使现有价值观得以正确贯彻。前者表现为价值观的突破，后者可以认为是实现价值观途径的丰富完善；前者在理论上表现为创新，后者在理论上表现为深化。若一项研究成果既不在价值观上形成挑战也不在实践价值观层面上有所促进，就没有什么发表的价值了。

实证研究就其本质而言，不外乎是为了证伪，即证明现有或公认、设想的理论不能概括的事实,从而发展完善理论。按实证思维若证实一个众所周知的结论,对现有的事实都具有充分的说服力和概括力,那此项研究成果可以说是毫无发表价值的。实证研究集中关注两个方面:(1)既有理论没有关注并作出解释的领域或问题;(2)既有理论关注不够全面或解释不够充分的领域或问题。前者表现为开拓新的研究领域,后者表现为完善现有的理论。

综上分析,不难看出,无论规范与实证研究尽管其研究的出发点和特征不同,但追求的目标却是共同的,即发展或丰富完善现有理论。一项研究成果,不论其采用规范还是实证方法,都必须满足这样的共同目标;反之,对现有理论既无发展又无完善,则这项研究理论上再严密、方法上再现代、模型再完美,都是不值得我们肯定的。

回顾中国会计研究发展至今天这段曲折而特殊的历史,我们不得不承认,确立科学的会计研究规范并在这一问题上形成共识并最终制定出一些具有约束力的基本标准,比简单地提倡研究方法的现代化要更有意义,这将决定中国会计研究面对中国特定的发展阶段,能否形成一批引起国际同行瞩目并为我们的后代认可的成果。

我们应该带有一种历史责任感去研究会计。基于此,将贝弗里奇所说的"探索性科学研究"和博兰尼所称的"启发性、探索性"科研工作,概括为"原创性"科学研究;将贝弗里奇所说的"发展性研究"和博兰尼所称的"日常的、常规性的"研究工作,概括为"后继性"科学研究。我们的这种分类如上文所述,将"原创""后继"引入会计研究领域,是会计研究对"独创"的追求使然。在中国会计理论研究领域,关于"原创"与"后继"概念,即对何为"原创性"研究,何为"后继性"研究的探讨至今尚无人问津。不可否认,作为一门学科,会计学发展的历程必然受到科学发展的一般规律的影响,"原创"和"后继"都是会计理论研究发展的强大动力。比如会计本质问题,从"管理活动论""信息系统论"和"会计控制论"的提出,到由此展开的旷日持久的论争,仅《会计研究》杂志自创刊到2002年末就刊登了70余篇论文,使得学术界对"会计是什么"这一问题的认识在理论界不断得到深化。再如会计准则问题从借鉴国外会计准则的经验,到探讨运用于中国实践的形式,从分析制度与准则并存的合理性,到探讨统一会计制度的适时性,会计规范领域内的理论研究正紧跟着时代的发展而不断前进。回顾党的十一届三中全会之后中国会计研究走过的历程,为了规范中国的会计研究朝着更加科学的方向发展,我们尝试性地提出了"原创"与"后继"这两条评价标准,以期引发对会计理论研究发展历程的反思,探索会计理论界对会计研究在问题选择、价值取向上的正确认识。

(四)中国实证会计研究的效果

之后,我又对实证会计研究规范与效果问题作出进一步思考。2008年《会计研究》第7期发表了我们有关这方面的研究成果:中国实证会计研究的回顾与思考。指出实证会计研究对科学精神要求贯彻得很不够。

所谓会计实证研究的科学精神，是指会计研究采取实证方法时，必须满足以下要求：(1) 理论依据的充分准确性，简称理论前提或逻辑前提；(2) 实践证据的可靠、正确性，简称事实前提或制度背景前提；(3) 研究条件的成熟可行性，简称可行性前提。其中，把理论前提与事实前提作为实证会计研究的两个必要前提，既反映了科学研究的基本规范，又体现了实证研究的内在要求。任何一项实证研究若缺失理论与事实两个前提的任一方，则研究就不具有任何价值；第三点是实证研究的充要条件。不论什么实证研究，如果基本条件不具备，例如数据、时间窗口、替代变量等方面均严重缺乏或无法确定，那么即使具备了前两点，也无法进行实证研究。我们的这种概括，不只是满足了科学研究逻辑的基本要求，更是忠实地遵循了科学研究的基本规律。

当然，我们面向未来的中国会计实证研究，总结以往20年会计实证研究的成败得失，仅满足于"理论前提"与"事实前提"两个标准可能是不够的，还必须正视另一个突出的问题：不问研究条件进行"粗糙"实证会计研究，是我们以往实证会计研究一个明显不足。例如，国外研究市场有效性，研究公司价值相关性，我们就不分青红皂白同样复制研究，结果这些同一问题不同结论的研究究竟谁正确，神仙也说不清。这一不足的存在，明显损害了实证会计研究在中国会计学界的形象，严重打击了会计实务界对实证会计研究成果的信心。所以，"研究条件"有必要成为今后中国实证会计研究必须遵循的基本原则。因此，我们把"研究条件前提"，与"理论前提""事实前提"并列为实证会计研究的"三大前提"，构成我们对近20年中国会计实证研究质量作出透视的基本框架，希望成为今后中国会计实证研究必须遵循的基本规范。"研究条件前提"的核心，是指实证会计研究在资料方面是否得到了基本保证。实证会计研究的问题一般需要细化为指标。与此同时，指标一旦确定，还必须保证指标数据的数量与质量。一旦数据质量不可靠，数量上不能满足时间窗口和样本规模的要求，实证分析就变成了单纯的数据游戏，对现实经济将不具有任何解释和预测作用。就我们20年走过的历史历程来看，这方面存在3个明显的不足选择的变量：（1）对研究问题的说明能力严重不足。一方面，变量本身不足以直接说明问题本身。以会计师事务所出具审计报告的类型，表明审计质量就是典型一例。审计质量与审计报告的类型并不是一一对应的概念。另一方面，问题设计本身就有不足。例如，独立董事与公司绩效的相关性研究，既缺乏制度依据，更缺乏事实佐证，纯属我们照搬西方研究而闹出的笑话。（2）研究问题的简单化。在转型经济与新兴市场条件下，中国财务与会计面临的问题一般都具有综合性质，但在中国以往的实证研究中，往往把复杂的问题过于简单化，从而研究问题的价值大打折扣。例如，公司绩效与公司领导人员的薪酬关系问题，这在中国现行制度背景下是个非常复杂的问题，最起码应表述上述问题为公司绩效与公司领导人利益关系问题，而公司领导人利益在公司不只是薪酬，在大多数场合还表现为任用职工、职务消费甚至是各种业务的决策权。如此，简单地研究公司领导薪酬和公司绩效的关系是没有意义的。（3）研究数据未能满足时间序列的基本要求。从一般意义而言，一些规律性的总结都必须有足够的时间窗口，例如，奥特曼破产预警模型的研究，是基于美国20年（1946—1965年）的上市公司有关数据分析而得；彼得斯与沃特曼对美国成功企业经验的研究是基于连续20年（1961—1980年）企业复合增长率水平观测基础上进行的。但我国学者的一些实证分析，在数据时间序列方面没有达到研究的基本要求，例如，以三年数据概括公司财务状况预警模型及盈余管理的规律，违反了实证研究在一些规律趋势研究方面对时间窗口的要求，不少问题成为过早摘下的生苹果，既不好看，又不能吃，研究结果毫无用处，纯粹是为了研究而研究。

由此，对现阶段中国实证会计研究，我们必须把"理论前提""事实前提""研究条件前提"作为判断一项具体研究有无价值及质量的基本标准，这规划了我国实证会计研究基本规范的核心内容，也应该成为有关刊物决定一项具体实证研究成果取舍的主要依据。

最后，我们对规范的会计学术成果尤其是会计学博士论文，提供必须遵循的"三段论"标准。

实证会计研究与规范会计研究的紧密融合不仅体现在两者之间的相互包容和良性互动上，还体现为规范研究、分析性研究与实证研究在某个特定研究过程中的综合应用，这也对我国未来会计理论研究者的学术素质提出了更高的要求。会计学博士生作为中国会计理论研究的重要力量构成，其学术素质的高低直接决定了未来中国会计理论发展的水平。所以，我们认为很有必要在最能够体现博士生学术素质的博士学位论文中构建新的"三段论"，即一篇博士学位论文应该由三部分构成，分别是理论框架及分析、分析性研究和实证检验。

（1）理论框架及分析。这部分实际上体现的是研究者规范理论基础,它是基于规范研究范式的理论框架构建和逻辑分析。一般来说,这部分的理论框架和分析过程是整篇文章的灵魂。理论分析的严密与否,以及是否能给文章带来新的理论拓展,都直接决定了整篇文章的成败。博士学位论文中理论部分的撰写要求研究者既要有深厚的理论基础,还要掌握规范研究方法和范式。

(2)分析性研究。分析性研究通常包括内部逻辑、数学模式和哲理论证三部分。内部逻辑和哲理论证是通过逻辑推理而得出推论的方法,它关注逻辑推理的可靠性和完备性;数据模式是利用逻辑形式来研究数量、结构以及模型,是通过推导的方式来获得研究结论。分析性研究往往是在理论框架和分析的基础之上,进行逻辑推理和推导以获得充足的论据或者是发展出研究模型,以被用于进一步实证检验的需要。

(3)实证检验。实证检验方法的过程如下:实证检验首先就是提出研究问题,根据研究问题来设置研究变量,利用变量来建立研究模型,然后收集相关研究资料和数据用于验证研究模型,根据验证的结果对其进行合理的解释,在对结果解释的基础之上提出政策建议,或者是拓展理论以促进其进步,最后要针对整个研究过程做一个总结,表明其研究局限、不足和对未来研究方向或领域的展望。

(五)会计研究的思想性追求

为了在中国会计学术界形成以科学创新为主导的风气,我利用

《会计研究》创刊30年的机会,在2009年第12期发表了《追寻会计学术灵魂,召唤会计理论良知》一文,认为中国会计研究应提倡思想性贡献。《会计研究》作为代表中国会计理论水准的刊物,应通过发表会计学术成果对中国会计研究作出明确的导向。通过《会计研究》的引导,把中国会计研究的灵魂带给更多的中国会计学人。中国会计研究的灵魂、核心是发掘中国会计思想。中国会计有了思想,才谈得上走向世界并积极地影响世界。中国通过改革开放的壮举,在各个领域已经积累了弥足珍贵的经验与教训,这种经验与教训需要我们好好地总结反思,对我们而言可能是一种历史研究,但对世界而言,则增加了一份极具份量的理论素材,可以为丰富国际学术研究提供一片沃土。这一点对会计研究同样适用。我们以前一直强调中国特色,理论界对此颇有微词,认为这同国际化大势相冲突。其实,按理论研究的正常思维,以"中国特色"而拒绝接受西方先进的东西显然是不对的,但若认为任何制度方法必须与其存在的环境尤其是文化空间相容才能取得实效,这一点应是毋庸置疑的。中国会计近30年的发展,恰恰印证了这样的道理:以往国际通行的会计准则并不能完全解决好中国会计现实问题;国际会计准则的完善应该离不开中国会计的贡献,没有通过中国会计实践检验的所谓国际会计准则,在全球范围内的公信力将大为逊色。如果本着这一原则,研究近30年中国会计发展的各种经验教训,不仅对中国会计走向未来有积极意义,而且对国际会计秩序的建立完善具有重要作用。

会计研究的思想性要求,能使中国会计界从简单、情绪化的会计研究方法争论中解放出来。十几年来,中国会计界已深深陷于工具主义泥潭之中不可自拔。撇开会计研究的思想性,去盲目地追求所谓国际主流的研究方法，不利于中国会计研究的健康发展，只会客观上助长更为严重的学术形式主义。事实上，这几年片面强调实证会计研究的倾向，已经对中国会计研究甚至会计人才培养产生了非常不利的影响。集中表现在：①只看数据，不看数据质量及其代表的事实关系，使会计研究对会计实务的指导作用越来越弱；②迷信模型，在控制变量与解释变量以及变量间的关系含义不清的前提下，构建与事实不相一致的数学模型，甚至简单照搬国外研究中既有的数学模型，分析转型经济条件下的中国会计问题，由此得出的结论对中国现实就很难具有多大的解释力；③片面追求数理计量，忽视理论根基，研究中过多关注技术细节，根本没有勇气面对复杂的中国社会经济乃至政治制度现实，使会计研究简单化为相关因素分析。结果是，一些新生代会计严重忽视系统的理论基础（经济、管理、社会、法律、心理、组织、文化、信息、政治、行政等）学习，更缺乏对会计确认、计量、报告机制的深入研究，大部分会计研究成果其实已不能算作在研究会计，从而偏离会计研究方向。

在论文中，我呼吁《会计研究》必须拥抱信息革命，促成会计理论范式转变。人类社会进入信息化时代，会计面对的将是全新场景：信息化不再是依附于人类社会特定组织、职能的客观存在，它将实时反映客观存在，并且把人类无法感知的客观存在同步地转化为人类完全可以感知并加以控制优化的客观存在。此时的信息，已成为人类社会生存的前提和基础，成为一个既满足人类社会又优化人类社会的客观存在。人类社会对这一领域必须做出应有的关注和研究，这就是未来会计范畴存在的理论前提。而这一信息过程与目前的会计程序也会发生本质上的不同，它将客观地以人类社会导向仪的身份存在，使人类社会须臾离不开它并心甘情愿地服从它的导向。其目标将不再是目前的"责任"，而是最大限度优化人类行为，使每个人利益的实现都成为对社会的最大贡献。尽管我目前难以描述这种会计理论的具体结构，但可以肯定的是，会计在未来不再以一个附属执行者的身份存在，而是以一个社会智者及领导者的身份存在，它将"全息"反映社会经济活动进而动态优化控制社会各种经济活动，从而把未来会计工作者的能力和道德素质提到一个前所未有的高度。相应地对目前会计理论工作者的知识结构、思维理念和道德品质必然具有先行的严格要求，不然，会计理论"范式革命"极可能在我们手中流产。

（六）会计学术的价值

面对会计研究界有愈演愈烈趋势的学术泡沫现象，出于一个会计学者的良知，在以上学术规范、科学精神、思想性贡献大声疾呼的基础上，我通过《会计研究》2012 年第 2 期对会计学术领域的自娱自乐现象提出了严厉批评。

首先，会计研究的社会作用体现在哪里？是用英文写作并发表于所谓国际 A、B 级杂志？是采用所谓实证方法描析研究中国会计问题？这些大概只是形式，并未从基本面上解决中国会计研究的社会作用问题。按我朴素理解，中国会计研究的社会作用，集中表现在准确描述并深刻分析了中国会计实务，并对中国会计实务的进步科学化发生了一定的推动作用。至于科学化，笛卡儿将其规范含义表述为

"确实性",即"自然",科学化就是"自然化"或让自然规律得到人类更多的认知并尊重;培根认为是"自然化的力量",即人类多大程度上实现了"认识、征服、控制最终适应自然?"西方科学之所以不遗余力地鼓励人们去探索自然,完全来自其对"科学化"的崇拜乃至迷信。科学因此获得了相对独立的运行方式。科学化运动的结果,让我们真切感受着科学在人类社会发展每一次进步中发挥的不可替代的关键作用,使人类社会在认知并管控、适应自然各方面的能力不断提高,人类生活的物质条件日益改善,人们对自己行为的自律及自信逐渐增强。但西方科学由于越来越沦落于"学术"境地,"形而上学"问题未得解决,因此科学在取得巨大进步的同时,也给人类道德、生存环境、文化文明带来严重问题甚至是灾难性后果。因而,人类对科学在报以极大支持热情的同时,又怀着极度警惕的心态去冷眼观察每一个当代科学的重大进展。这种极其复杂的心境当然也存在于会计人中。一方面,我们对会计寄予极大的期望,总以为有了会计,我们这个社会小的层面看个人投资决策,大的层面看整个宏观资源优化配置均有了可靠依据。可以这么说,会计制度犹如在整个世界资源配置利用的茫茫黑暗当空,挂起了一盏给人类带来普天光明指向的常明灯。另一方面,当我们面对会计一次又一次给人类传递误导信息:尤其是21世纪初不到10年竟已两次带给人类几近灾难性后果的现实,不禁对会计制度究竟是否具备社会性作用能力产生极度怀疑!对此,会计界的任何辩解都将是徒劳。我们凭什么可以把每时每刻都挂在嘴上的社会道义担当,在自己日常行为中抛至九霄云外?会计理论研究如果不敢正视自身这种严重的缺陷,甚至丧失必需的自我反省能力,那么,人类社会对会计制度的那份信心和信任最终必将荡然无存。会计产生伊始,人类社会就赋予其十分明确的功能：如实反映经济活动。会计发展的历史，恰是一部孜孜追求实现如实反映经济活动的制度和程式的历史。而现实中会计职业领域出现的各种问题，无一例外地是对如实反映经济活动这个基本原则的彻底背叛。看来，会计怎样才能真正做到如实反映经济活动？正是会计切实履行其基本职能实现社会作用的本质要求，会计研究对此应该有所作为。说来令人发指，会计研究界对此的关注严重不够，学术成果更是浅尝辄止，这是有意回避，还是无意疏忽，我们不妨作些自我检讨。

其次，把研究的目标定位于在国外顶级期刊发表论文，是否恰当值得讨论。与其他研究领域一样，目前为发表论文尤其在国际顶级期刊上发表论文而研究，已成为会计研究的直接而强烈的动机。从各高校尤其是所谓研究型大学因学校社会排名而别无选择，到政府主管部门因政绩压力而随波逐流，我国会计界实在面对了太多的无奈。不过，现行急功近利的倡导，确值讨论。（1）所论内容是中国财务与会计问题，用英文描述是否说得如中文一般清楚？我们不妨做个实验，把中文写的高质量会计论文，请英译水平绝对高超的专业人士译成英文，再请另一位英译中高手翻成中文，与原始中文版本作个比较，我怀疑会啼笑皆非。（2）即使忽略上述问题，那么，论文发表后的读者，是一个对中国财会背景及实务基本无必要体验的群体，他们看懂与看不懂还不一样；而置身于中国财会现实的一批专业人士，大都看不到这些论文，谈不上去感悟并优化自身的行为，那么这些会计研究最终目的即实际价值究竟何在！（3）就中国大陆学者已在国外有影响的期刊发表的有限的几篇研究中国财务与会计的论文来看，尽管议题不尽相同，关注面也不一样，但核心倾向却是共同的，即中国财务与会计不好。西方世界本来充满着对中国的各种偏见，若在国际期刊上发表的中国会计论文老是以负面问题为主，那恰恰强化了西方对我国会计的偏见，这对中国及其会计极不公正！科学研究即使不要多么崇高的企求，但最起码要做到实事求是，显然，目前盲目追求国际顶级期刊发表论文的做法，对中国会计研究的主导影响并不健康。

再次，会计理论工作者必须足够熟悉其研究内容的真实背景。一篇会计论文写得怎么样，其实有一个很简单的衡量标准，就是把这篇论文向文中描述所及的那些政府官员、公司高管及财会人员和CPA们作宣讲。若他们听后觉得有道理并深受启发，则这篇论文的价值就达到保本标准了。但现在我们会计学界自我感觉良好的一些论文，恰恰是通不过这样一个基本检验的。我们高校引进了一批海归，又招来一批博士生，他（她）们对极其复杂而丰富的中国会计实务可以说感觉大于理解，远没有达到一知半解。他（她）们已习惯于先摸准国外期刊青睐哪些中国会计问题，然后，这批不甚明了中国会计实务背景及复杂后果的莘莘学子，关在教室里反复讨论着各自冥思苦想所得的"idea"，俨然一派算命先生的风范。最后写出了一篇篇颇具国际学术水准的会计论文。目前我国高校每年写出的会计论文可以"海量"描述，但其中对中国会计实务真正具有透彻解析力的文章有几篇？我国高校间每年都有"实证会计研讨会"，中国会计学会一年要开一次"学术年会"，这两个会议每次都盛况空前，开幕式均为人声鼎沸，但交流的几大本论文，流到社会上能让中国会计实务多少受点益的可能是凤毛麟角。在中国会计研究的传统中，一直强调理论联系实际，一批老前辈在研究前及整个过程中，会深入到财会实务第一线做很认真的调研甚至蹲点感悟。但是，现在会计研究已转轨变型，研究者拿着国家"自科"与"社科"基金项目，购置现成数据库及各种分析软件，甚至可花钱请人做研究助理，运用国际现成的各种理论模型，可以写出一篇篇地道国际味的论文。如果我们仔细品味一下这些论文，会发现中国会计研究的感觉淡化了，更切肤之痛的是中国会计研究所要遵循的原则或追求的基本目标大体上落空了。长此以往，我们这些会计理论工作者，难免成了一只只灵气十足的猫，在阳光明媚的宜人环境中，尽兴玩耍着自己美丽而细长的尾巴，一篇篇论文仅仅是猫玩自己尾巴的各种体验心得而已。

（七）我国会计学术四十年值得关注的问题

2018 年，我应邀参加中国会计学会与财政部财科院联合举办的《中国会计发展四十年》论坛，并就中国会计学术研究 40 年作一个回顾展望性质的报告。我思量再三，以"中国会计理论研究四十年：我们给后人留下了什么？"作了专题报告。回顾所取得的成绩后，我对中国会计学界存在的不容再继续下去的学风问题，作了直接了当的反思。中国会计学术健康发展，必须要敢于面对并尽快解决这些问题。

（1）学术创新。会计理论研究贵在创新。我们四十年来，会计学术创新方面做得如何？这次中兴通讯事件给中国会计界应有当头棒喝的效应。美国不给我们芯片了，我们就什么都生产不出来了。

现在会计学术界，40年来磕磕绊绊一路走来，就目前高校的学术生态而言，已经大体上固化为"西方既有理论、美国现成模型、中国数据"的学术范式，我们美其名曰"国际化模式"。作为学习训练学生，这样做无可厚非。但学术研究，以这样的范式作主流，可能有违于学术本身的品质要求。这样做出来的东西，平心而论，作为学生的作业，应该没问题，但自诩为论文而且标榜为会计论文尤其是博士学位论文的基本要求，可能失之偏颇了。大凡学术创新，几乎是对现有理论的挑战。这种挑战，可能来自于证据、研究方法、理论背景以及结论，即产生会计理论的"增量"。但现在会计界大量简单复制西方会计研究的做法，导致了学术难以创新，更关键的是会引起国际同行对中国会计学术的极度排斥。我曾经在一些场合不无担忧地提醒：若有一天，美国人不同意中国会计界用他们的模型，我们在会计研究上还能做什么？中国会计学术现状，立足创新角度看，存在着三大不足：跟风研究多，本质性原则性问题研究少；短平快问题研究多，深层次问题研究少；急功近利发表至上，呈现福特制标准化大规模复制特征，重数量轻质量。从而，论文越写越长，重复越来越多，思想性贡献越来越少。我们现在高校不少博士学位论文，无论是选题的深度，还是论文的分析，充其量只是简单思维的不断重复或叠加，看起来厚厚几十万字，但思想性内容几乎没有，理论贡献与创新只是一种自我定义而已。

有关学术创新，现在学界有种通行说法，是现在的体制导致了缺乏创新。我在这里姑且不论这种说法能否成立，就一个学者而言，我认为这样的认识是学界缺乏必要责任感的表现。学者的基本素质就在于具备独立思考的能力，一味迎合社会与体制，学者应有的品格到哪里去了？

（2）研究范式。中国会计界在研究范式上的认知，到现在可以说完全是一个误区。首先，我们把中国会计传统写论文的范式定义为"规范研究"，实在是对规范研究的贬低。我们以前的一些会计论文，无论是定义的正确运用、判断方面的严密推理、论证过程的逻辑性，均离规范研究的基本要求相差悬殊。其次，把假设、模型、数证、可靠性检验作为实证研究的标准模板，对实证研究作了极端形式化理解，完全曲解甚至抛弃了波普尔证伪主义哲学，证伪研究简单化为证实研究。再次，人为制造了规范研究与实证研究水火不相容的关系。其实，一个完善的研究往往是实证与规范研究自然融合、互为基础的。真正的规范研究或实证研究从研究范式意义上也应该具有独立存在的价值。但目前中国会计界，已有一种非常明显的偏向，认为只有实证研究才是科学研究方法。这一点在目前博士论文匿名评审中表现得尤为突出。大量从理论贡献方面毫无学术价值的论文，因采用的是所谓实证方法居然赢得了专家们的高度认可，而一些未完全采用实证方法但确实具有思想性贡献的论文，反而遭到了专家们的一再质疑和反对。这方面甚至直接表现在国家自然科学基金项目财务与会计类课题，从选题到评审中标以及验收考核中，倾向更为明显。由于对实证研究高度迷信，一些实证研究所谓的假设验证是否具有科学探索意义，已不为大家关心和在乎。这类成果的研究贡献，往往来自于作者的自我感觉甚至是罔顾事实阉割历史的自我定义。在这方面，值得中国会计理论界严肃面对并亟需端正的思想是，科学本身具有高度包容性，不同的研究方法同时存在并相互竞争恰恰是学术研究健康发展的基本途径。研究范式与方法的单一性、一元化，只能导致学术生命力的丧失，恰恰是科学的反动。科学史大师萨顿曾感慨道：被机器奴役的人远远多于被机器解放的人。这句话运用于中国会计学界，或许可以表述为"被实证方法奴役的人远远多于被实证方法解放的人"。对实证研究方法痴迷到排斥其他所有方法的地步，可能只有中国会计界才能达到这一种境界。中国会计学界不破除过度迷信实证研究的困局，则中国会计研究的未来难以乐观。

(3) 学术争鸣。中国会计国际化，固然带给我们全新的会计制度与学术环境，使中国会计学术大量借鉴西方研究成果过程中，明显提高了中国会计研究的水平。总的来看，中国会计理论近四十年取得的巨大进步是谁也不能否认的事实。但另一方面，在实现中国会计理论研究高速增长的同时，过于注重形式化而严重忽视学术创新的倾向正逐渐蔓延，以至于学者们已几乎忘掉，不同观点看法的激烈交锋才是实现学术研究健康发展的必由之路。时至今日，我们很难在正式的学术会议上见到不同观点激烈的正面交锋，而《会计研究》近10年发表了这么多论文，还没有一篇是针锋相对于另一篇的学术争鸣类论文。没有争鸣，没有思想观点的碰撞，哪来学术上的深化认识从而求得越来越接近客观存在的认识？更令人不安的是以下三点：①每篇论文的文献回顾，既不是从理论源头做起，又不按学术争议点归纳，往往是有限几个作者论文摘要的简单堆砌，根本没有把某个理论的学术源流以及争议焦点历史描述清楚，严重误导了读者。例如，由于西方以实证会计为主流，则会计理论追溯源头，往往以上个世纪中叶为起点，即以资本市场会计理论研究为主线，在此之前和资本市场以外，似乎根本不存在什么会计理论。由此带来的后果是，现在高校的硕博士生尤其博士生，已不愿意再去系统地阅读原著，而只满足于模仿几篇有限的论文，在会计理论素养上产生了严重的"缺钙"现象与"偏食症"。②学术会议的论文交流，已彻底陷入了形式化套路中。论文报告以讨论技术为主，论文的思想性已无人问津，点评也是八股式讲些不痛不痒的肯定，真正到实质性问题讨论时则欲言又止！我并不否定论文在某些问题验证过程中技术方法的重要性，但任何技术方法的运用，必须服务论文的思想性贡献。一篇论文，忽视了其思想性贡献的严格审视，简单地讨论某些方面技术方法的完善，显然是舍本逐末。③理论研究程式固化。假设、验证、结论，已成为目前会计学界流行的研究程式。为了一个别出心裁的假设，即所谓好的研究主意，我们的年轻一代已养成了在办公室里苦思冥想的习惯。在很多场合，我们把天花板定义为干事情的限制条款，但在目前中国的一些大学，死死盯着天花板，已成为诸多学生激发学术灵感的魔方阵。会计学本质上是门社会科学，不深入社会了解活生生的实践，醉心于海量数据中去发现问题，如此形成的研究命题和框架结构，究竟多大程度上解释了社会经济现实？这几乎从来不是研究者考虑的问题，他们关心的只是所有结论能否通过数学意义上的严格验证。缺乏必要的学术争鸣，会计界自然出现了学者研究议题经常变化，甚至有学者一生几乎涉猎会计研究所有领域，当总结其一生时，只知道发表很多论文，其研究方向与领域是什么，自己也不清楚。浅尝辄止以发表论文为目的做会计学术研究，当然不会去针对学界既有论文深化研究，因若这样既有得罪同行尤其是名家的风险，又要付出艰辛的努力才有可能站到既有成果更高的层面看清问题。在缺乏学术争鸣的背景下，每一个研究者丧失了应有的学术压力，因为只要发表就万事大吉。在目前事先选题，事中研究，以及发表过程至今缺少有效把关机制的条件下，大力提倡学术争鸣开展学术批评，是对学术研究质量极为重要的事后保障机制。良好、充分、健康的学术争鸣与批评，能对中国会计学术质量产生强大的倒逼作用，毫无学术价值的论文作者在会计界就失去了立足之地。

虽然我们可以为中国会计理论四十年取得的辉煌成就而沾沾自喜，但绝不能讳疾忌医而固步自封。应该看到，时代发展已不容我们满足于现有研究范式。比如，黑天鹅效应，表明影响事物发展并决定事物变化的不一定是数学意义上通过重要性检验的因素；蝴蝶效应，表明决定事物发展的很可能是一个数学意义上跟本事物毫无相关的因素；物联网思维的产生，表明世界上任何事物都相关。仅此而言，我们现在会计研究如此迷恋于构建有关变量影响某事某物的模型，并乐此不疲地验证关系如何？岂不可笑至极！

这样的分析，既是我对中国会计学术现状的忧虑，又是对自己好好对待学术的一种鞭策。对研究方法与范式的不懈努力追求，带来了自己会计学术能力与质量的稳步提高。

三、财务学界的另类：财务理论的不懈探索

财务是我进入会计学术领域的第一道门槛。读大学时，自己当了财务课代表，毕业后当老师被安排上财务课。从为上财务课准备时，发现自己对财务很多问题一知半解，根本满足不了上讲台的要求。于是，首先要过上财务讲台关，我只能对财务从基本概念，到计算公式，再到具体制度，以及财务逻辑框架，一一过关。这一过程，竟然发现了财务在很多点上，现有理论解释力并不是很充分的问题，这就直接刺激了个人对此的一番思考。

（一）财务管理教材结构框架

我们刚接触的财务，是涉及公司价值运动全过程的，既包括价值投入与占用，也包括价值创造与实现，又包括价值耗费与补偿，从而形成了资产资金管理、收入利润管理、成本费用管理。后来我们才知道，这是苏式（苏联计划经济体制）财务。以后，我才逐渐接受西方财务，即以资本为核心的管理理论与方法。

不过，我当财务老师时，发现当时值得讲的财务知识并不是很多，主要是财务理论思辩性太弱。可能是我对理论有种先天性偏好，我觉得没有严密逻辑构筑起来的知识，只能是一盘散沙，不利于讲解，更无法让学生系统地掌握。如何让财务课变得对师生都有理论思维意义上的魅力？结合当时财务教材实际，我以初出茅庐之身，对财务理论现状与发展，毫无顾忌地发了一通议论，形成《财务管理学科建设问题探讨》一文，发表于《财政研究》1985年第3期。

论文一开头就毫不留情地猛批传统财务管理，认为：

在理论上存在着许多问题，我们把这些问题概括为以下几个主要方面：

其一，内容枯杂。（1）基本上是重复旁科的内容，计划的编制仅满足于对国家财务制度要求等的解释，原理性、方法性的内容颇少，且研究也很不深入，科学性不强。（2）只局限于讲授企业怎样满足国家的要求而编制一套财务计划，却不够注重研究企业内部财务控制的理论与方法，即使有所阐述，也是"一、二、三、四""甲、乙、丙、丁"地草草了之。（3）资金运动规律性是我们建立和完善财务管理方法的基本依据，但我们过去只停留在定性研究的水平上，而未展开定量的研究。尽管有的教科书对资金运动规律性进行了专门研究，但却未揭示资金运动规律性与财务管理方法之间的内在联系。（4）对生财、聚财、用财之道及其关系这一财务管理的理论基础的研究十分欠缺。教材中的企业仍以生产为中心，似乎只要编制出生产计划，则流动资金定额、固定资金需用量、产品成本水平、企业盈利目标便都不成问题了，弹的是"产定销"的调子，严重地脱离当前企业的实际。真可谓"死财务，活生产"。随着经济的发展，传统的财务管理的理论及方法与企业生产经营发展不相适应的矛盾越来越突出了。

其二，前后脱节。目前财务管理的专著较多，但往往总论讲得比较全面，而在后面的篇章里却未得到印证。例如，通常说，财务管理是组织资金运动和处理财务关系的经济管理工作，但在财务教材中，偏重于组织资金运动，处理财务关系的理论及方法却讲得很少；在组织资金运动这一内容中，对资金运动的计划管理讲得比较多，而对资金运动的日常管理的知识介绍得明显不够；又如，总论中介绍了许多财务管理的方法，但在具体讲授实际管理内容时却仅运用几种，使读者前后对不上号。有的教科书则说，鉴于课程设置现状而把财务的有些内容分到"会计"与"经济活动分析"中讲。笔者认为，这种说法过于轻率。会计与经济活动分析作为独立的学科应该有自己的内容，各门学科都有特定的内涵与外延，一门学科与另一门学科在内容上任意转让是一种极不严肃的做法。应该看到，随着人们对客观世界认识的不断深化，学科的分类将越来越精细，各门学科研究的深度和广度必须要明确该学科特定的内涵与外延。各门学科的内容可以有交叉的地方，但这并不意味着我们就此可以在学科之间简单地进行"关、停、并、转"。

其三，虎头蛇尾。现有的财务管理教材可以分为"总论"与"管理内容"两大块。在总论中，既有概念，又有职能、任务、原则、方法等，阵势颇大；但在以后各章即具体管理的论述中，则渐趋无力，直至末尾的财务收支管理，仅靠总结书中本来罗列的内容，可谓是"强弩之末"。按理讲，财务课程的内容应该是一环紧扣一环，不断深入。资金、成本、销售盈利、财务收支的体系本身就体现了这样的特色。因为成本管理中囊括了资金管理的因素,而销售盈利管理综合了资金、成本管理过程中的因素,财务收支则把资金运动作为一个统一体加以考察,从而揭示财务管理总体工作的规律性(应当说,这一部分的内容是全书的精华)。然而,现在的财务管理教材,一章一节联系不紧,最后一章无异是份总结报告。一章之中,计划的篇幅占得很大,又是概念、内容、要求、程序、作用,又是公式、表格、实例,先是分项论述,再加汇总综合;而其后的日常管理,却显得干巴巴的。其实,控制(日常管理)比之于计划更显重要,内容十分丰富,方法灵活多样。但现在的财务管理书对这一点明显重视不够。

其四,结构松散。目前的财务管理教材一般是按"总论""固定资金""流动资金""产品成本""销售盈利""专项资金""财务收支"的模式编写的。该结构体系的依据是:从企业资金运动的一般过程来看,先有占用,才有耗费;有了耗费,才会有现实的成果,才能销售取得收入,从而实现盈利。通常人们讲的资金、成本、收入利润,不仅构成企业资金运动的基本内容,而且也反映着资金运动过程中紧密相联的三个方面。作为对资金运动进行管理的财务管理,当然应该依据这个特点来建立自身的理论体系。因为专项资金中的"专用基金"主要来源于"产品成本"和"企业留利资金",所以把财务学中这一内容安排在"销售盈利"后面,以利于教学;而财务收支是资金运动的综合表现形式,则应放在财务学的最后作为全书的总结。这就构成了现在财务内容的组织结构。财务管理是一门实用的科学,学科体系反映实际过程的主要特点是建立财务学科的基本要求,而现在的财务管理的建立并没有体现这一基本要求,其结果自然是各章之间联系不大。可以说,现有的财务管理学中的内容若没有几个计划指标连接的话,则各章之间(除总论)将不存在明显的内容和方法上的联系。因此,目前财务管理的内容组织是值得进一步商讨的。这一问题的解决,前提是对财务管理工作的主要特点应有一个统一的认识。我们知道企业生产过程同时是再生产过程,再生产的基本特征是各个生产环节紧密相联:生产进行节奏均衡;各个生产环节在空间上同时进行各自的活动。这些特征反映在价值形态上就是资金的继起性和并存性。这一基本特点体现在资金运动过程中,从某一个特定的资金来说,依占用、耗费、收回、补偿、分配的顺序运动;但从整个企业的资金运动来看,占用、耗费、收回、补偿、分配几乎是同时进行的。财务管理实践的主要特征不是分别以上述各种资金及形态进行管理的,而是由一系列工作程序而组成的工作循环。作为对财务管理实践进行理论概括并以有效地指导财务管理实践为目的的财务管理学,其内容的组织,总体结构的安排必须体现财务管理实践的主要特点,按其一般的工作程序组织教学。如能这样不仅可使财务管理学的理论结构严谨起来,而且也可与财务管理的实际过程相一致,便于教、学和付诸实践。

总之,现有的财务管理理论有不少值得进一步商讨的问题,上面我们仅列举了几点主要缺陷。我们应认真研究这些问题,否则将影响财务管理学科的生命力。

就这四点,足够体现了自己对传统财务已作了深度理解,批判语气极其犀利,几乎可以认为传统财务已"体无完肤"。我特别能体味当时诸老给我的回信,说我论文战斗性强,原来是充满了火药味的潜台词。但在当时,确实体现了财务研究的思想解放,完全有种吹响向传统财务认识冲锋突击进军号的感觉,在财务学界产生了号角的力量。这篇对我而言,是步入财务研究领域交出的第一份考卷,在我财务理论研究道路上无疑具有里程碑意义。论文发表以后,虽然用词比较偏激，但因无恶意，而且还提出了建设性建议，所以引起不小反响。以至1986年我应黄菊波与王庆成老师之邀，到江西财经大学参加全国财务专家们汇聚一堂的企业财务理论研讨会，不少老专家见我一个年轻陌生的脸孔，问起会议组织者我是谁，他（她）们一听，不约而同地说：噢，原来是"财务管理学科建设问题探讨"文章的作者！中国财政经济出版社毕可乙编审，看到论文后主动向我约稿，按论文提出的思路，写一本别具一格的财务管理教材。只是我拖拖拉拉，以至于到毕老师退休时我还在写作之中，后因自己身处审计局了，再写财务教材实无必要，只好推掉稿约，把已写好的全属探索性的财务专题，交《电子财会》1992年分12期连载发表。

2013年海峡两岸会计学术交流会

(二) 《财务设计》问题探索性研究

1985年公开发表的首篇财务论文，令我自豪的是，在财务管理学科体系设想中，我创造性地提出了"财务设计篇"，包括财务组织、财务制度、财务指标体系、财务管理基础工作和财务模型。后来，因要着手写这方面教材，我不得不细加研究，通过《会计学刊》1989年第4期，以《试论〈企业财务管理学〉的新内容》一文，公开了自己对"企业财务设计"作为财务管理专门知识领域的看法以及具体依据。文中明确了财务设计的基本流程以及各主要环节的工作内容。

1. 企业财务管理设计过程

（1）设立理财目标。企业财务管理设计，必须综合考虑下述理财目标：①盈利目标，即以最小的代价最少的资金占用，取得最多盈利，实现最大增殖。②分配目标，即通过对企业实现价值的分配，正确处理国家、企业、职工个人三者利益关系，充分调动各种积极性，使企业富有生机和活力。③控制目标，即通过对企业财务收支活动的合理组织，实现对企业生产经营活动的及时有效控制。设计财务制度、组织、工作系统，必须全面考虑并有助于全面实现上述目标，从而确立具体稳妥的企业理财策略。

（2）确定企业理财系统要素及关系。理财要素，涉及内、外两方面。内部要素包括组织系统、物资流转系统、信息反馈系统、货币收支系统、责任控制系统、决策指挥系统等；外部要素包括国家、地方的有关财经法规、制度、政策，以及企业的融资环境、经营条件等社会、政治、经济、科技发展、市场供求和竞争等。这些要素对企业理财目标及共运行系统的设计，都将起直接或间接的决定作用。这些要素相互作用、组合，形成企业理财四个基本子系统：通过经济和社会对企业贡献的政策导向，形成理财准则系统；实现理财目标，贯彻理财准则，形成工作系统；组织体制的建立健全，形成决策指挥系统；日常理财活动中，与理财工作质高优劣相关，形成人际关系系统。企业理财系统的设计，必须综合、全面、系统地考虑内外因素，透彻地分析这些要素的现状及在实现财务目标中的各自地位和相互关系，从而确立切实可行的理财目标，拟定稳妥积极的理财方案。

（3）建立管理模型。对企业理财系统进行分解后，形成了有关子系统。为此，需要对各子系统分别构造模型，作出定量描述。建立具体的理财模型，必须运用系统分析法。其步骤：①明确具体目标，存货模型成本最小，资金占用代价最小，投资报酬最大。②对具体对象（资金、成本、销售、利润分配等）进行周密分析，找出主要因素，确定有关变量：决定变量，属内部可控因素；环境变量，属外部不可控因素；结果变量，由决定变量和环境变量所决定的数值，是两者的函数；评价变量，评价结果变量的具体标准。③建立因素间的数量关系，即确定各决定变量、环境变量之间及决定与环境变量之间的数学关系。④明确具体问题的约束条件，筹资量、可使用的自有资金量、政策制度、降低消耗水平、劳动生产率提高幅度、产销量限度、实现利润基数等，都是在分析运动理财模型时必须考虑的先决因素成为分析的约束条件。⑤规定符号、代号，以利用简明标准方式表达管理模型。⑥根据有关知识，以数学形式表达管理模型。建立理财模型，可以运用直接分析法、模拟法、数据分析法、概率分析法、试验分析法等具体方法。建立了理财模型，只是为设计理财系统目标、运行、结果的标准水平提供有用的工具，绝不意味着解决了具体管理问题，有必要在理财实践中充分利用、改造已有的模型，从而创造出更适用的模型，提高理财水平。

（4）分析选择理财方案。借助于管理模型，确定了理财各具体领域的目标、措施，但这些分散的模型必须有机结合起来，与具体制度、人员组织联合形成合理的理财总体方案。这一过程，要从总体目标及外界条件约束等角度对各管理模型的具体数据作出必要的平衡修正。

（5）试验改选理财系统方案。企业理财的要素及水平、关系不是一成不变的，财务管理设计必须根据变化了的情况，不断充实、完善企业理财系统，以提高理财方案对实际工作的指导作用。

我又对企业财务设计应包括的具体内容提出了大致设想。包括：①对企业财务活动进行系统分析。就是明确影响财务活动的主客因素，区别诸因素结构与层次上的联系：结构上的联系，一般是一种间接联系；层次上的联系，一般表现为直接联系。只有了解了各因素结构上的比例性和层次上的制约性，才能对企业财务活动有深刻的认识。财务管理设计，正是依据了这样一些基本联系，揭示了各因素对财务活动中形成的各种真实的逻辑和数量关系，从而建立一系列管理模型和指标，为实现财务管理的标准化、科学化创造条件。通过系统分析，还可以发现财务活动实践的新特点、新变化，为改革、完善财务管理提供依据。②运用财务模型以及指标关系进行财务活动的实验设计。就是在一定的约束条件下,假定某个因素变动而其余因素水平不变,或者几个因素变动,几个因素不变,或各因素都改变水平来重新测定企业财务成果。或者,改变约束条件,看因素之间原来形成的数量关系将发生怎样的变化;或舍掉一些因素,企业财务活动系统将出现何种状况及结果。据此,一方面确定企业财务活动在一定的约束条件、既定因素关系及水平下的最佳目标,另一方面,在具体的管理实践中,当某个或某些因素发生变动时,及时确定其对总体指标的影响程度,从而为实现对财务活动及其效益的动态控制创造条件。同时,通过一系列的实验分析,可以找出影响各经济指标的主要因素,从而为管理明确关键和重点。③设计财务管理分系统。财务实验设计结束以后,必须对财务管理的分系统进行科学设计,以使财务目标实现具有组织上的保证。划分财务管理分系统有多种标志。按内容划分,有资金、成本、收入、盈利分配、日常收支管理;按层次分,有厂部、车间、班组管理;按结构分,有基础管理、实施管理、决策管理三个子系统。

在20世纪90年代,我能明确财务管理必须有专门的财务设计理论与实践,这是很超前的思维。只是等到2007年,获得诺贝尔经济学奖的是机制设计理论,我不禁为自己能踩上国际领先思想家的脚步,暗喜了一阵子。现在,越来越多的有识之士,已充分认识到财务管理设计能力是以后财会顶尖人才必备的技能。由此而言,中国财务研究并不一定要跟在西方财务学界后面爬行,更不能满足于对西方财务理论的鹦鹉学舌,而是完全可以立足于整个世界人类思想顶峰以及满足中国社会经济发展现实需要,创造性提出并解决中国财务学术问题。财务管理设计内容，在西方财务学界，至今仍未见成型的探索。我相信，对这方面进行开疆拓土式的研究，肯定会形成可问鼎国际财务学术前沿的理论成果。

2.财务本质与理财主体

为了使自己在财务研究领域取得同行的认同并对推动财务学科建设发展发挥积极作用，我从论文与教材两条线双管齐下。

对财务本质、理财主体、资金结构、财务监督、财务分配模式等财务基本问题，以论文成果形式发表，形成对财务管理理论自成一体的认识。

（1）《财政研究》1993年第11期，发表"财务本质的重新认识"一文，表明了自己对财务本质不同于通行教科书的认识。我的观点是，现代财务是企业财务。企业财务表现为企业资金配置活动，是各种经济利益的结合。合理安排、正确调节、及时协调企业财务活动中的经济利益关系是企业财务的本质内涵。承认经济利益是各利益主体积极参与企业资金配置过程的根本原因，承认经济利益关系的安排、调节、协调，是企业财务的本质，才能形成与社会主义市场经济相适应的理财原则、方法、手段和机制。

（2）由财务本质问题新认识，自然要明确回答理财主体问题。我通过《会计学家》1989年创刊号发表"论企业理财主体"长文，系统地阐述了对此的看法，从而使理财主体成为一个具有独立研究价值的理论范畴。论文中明确了可供选择的几种主要理财主体模式。

经济体制改革以后,企业财务活动中的经济利益关系,将涉及国家、所有者、企业、其他企业及企业经管者与职工诸方面。由于人们对这几方面之间内在关系的逻辑顺序存在着不同的认识,从而形成了企业理财主体的不同思路。

①国家利益主体论。在社会主义条件下,国家是全体人民长远和根本利益的唯一代表,社会主义企业必须为全体人民谋取长远和根本利益,则企业理财应以国家利益为主体。在实践中表现为:企业财务的决策权由国家行使,企业一切对财务收支的范围和计算口径标准、方法由国家统一制度规定,企业的盈亏由国家负责。传统的企业财务体制属于以国家利益为主体的理财模式。

②所有者利益主体论。企业财务的根本目的是为了促进企业经济的不断壮大,企业经济的不断巩固壮大,以给所有者带来最大利益为主要标志。为此,企业财务必须以所有者利益为主体。在实践中表现为:企业财务决策权由企业生产资料的所有者或由其委托专人行使,企业的财务状况必须真实、全面、及时地向所有者报告,企业的盈亏责任由所有者负完全责任。股份制企业的财务体制是这种模式的典型。

③企业利益主体论。企业应该是一个充满生机和活力的有机体,应该有自己的经济利益。只有保证企业利益的完整无缺和充分发展,其他各方利益的增长才有源泉和保证。因此,企业理财主体就是企业利益。在实践中表现为:企业财务决策按企业自身长远目标作出,在遵守法律的前提下,企业自主组织财务收支和核算,分配财务成

果，企业盈亏由企业自己负责，负债数额不得大于自有资产或自有资本价值。我国集体企业财务体制较为接近这种模式。

④经营者利益主体论。在现代，企业的成败完全取决于经营者的素质。经营者的积极性与责任感，完全取决于其利益是否得到了足够的尊重和应有的发展，企业财务必须以经营者利益为主体，借以达到促进企业发展，给其他各方带来尽可能多利益的目的。在实践中表现为：厂长经理拥有企业财务的决策权，企业的盈亏任由厂长经理为契约代表向所有者负责，企业生产经营的法律与道德责任由厂长经理以法人代表向国家和社会负责。目前承包经营责任制企业的财务体制就是极为类似于经营者利益为主体的理财模式。

⑤职工利益主体论。在社会主义经济中，职工既是具体的劳动者，又是生产的主体。职工在企业的主体地位并不是一句毫无实际意义的空洞口号，而是由制度方法保障的一种基本的管理形式，具体表现为以职工利益为理财主体。在实践中表现为：企业有比较完善的民主管理制度，企业重大的财务决策由企业职工代表大会作出，职工利益增长基本上取决于其劳动的数量和对企业贡献的大小，企业盈亏与职工的经济利益紧密挂钩。这是目前社会主义各国在经济改革中试图探索的一种理财模式。

⑥综合利益主体论。企业财务不应该也不可能表现为以单一方面利益为主体。从经济利益形成过程看，逻辑顺序是：劳动者、经营者利益——企业利益——所有者利益——国家利益。但从经济利益制约关系上看，逻辑顺序是：国家利益——所有者利益——企业

利益——劳动者、经营者利益。既然如此，理财主体在实践中必然表现为各种利益的复合体。只有兼顾了各方面的利益，才能调动各方面的积极性，企业财务才可能稳固地发展。这种模式已流行于社会主义各国财务书刊中，但实际上在社会主义各国都未能真正实现过。

（三）财务监督

财务本质与理财主体范畴定义清楚后，必然要回应财务监督范畴的具体解释。我借助于《经济理论与经济管理》1996年第4期，《电子财会》1996年第2、3期以及《会计研究》1997年第2期，从不同角度系统地阐述了我对财务监督的看法。基于中国现实制度背景，我认为财务监督立足点即财务监督代表谁的利益，是财务监督理论研究的核心问题。这一问题与理财主体模式紧密相关。

在传统体制下，政企不分，两权合一，企业是国家的一个行政单位，既无经营权力，又无独立的经济利益，财务上一收一支都受国家统一支配，就严格意义上看，那时几乎不存在财务监督。改革以后，国家与企业关系发生了根本性的变化，随着政府职能的细化和转换以及企业与外界关系的规范化，国家由过去单一身份开始分化为社会管理者、宏观调控者和国有资产所有者这三种身份。在这样的背景下，企业财务监督开始具备了独立工作并履行职责的基础。可以这样说：中国企业财务监督职能的建立并有效作用，是调整国家与企业关系并实现规范化的重要一环。那么，财务监督职能，所要调整的是国家与企业哪一种关系呢？

为了正确回答这一问题，必须简要分析改革后国家与企业的上述三方面关系。当国家以社会管理者身份出现时，它以立法形式，一为企业制定基本的经济活动法律规则，二为企业生存发展创造基本条件，例如基础公共设施和建立社会保障制度。为此，国家建立了经济立法、执法、司法和社会保障职能。当国家以宏观调控者身份出现时，以制定产业政策和科技政策及相应的财政、税收、金融政策形式，建立各生产要素市场，为企业提供公平的竞争环境，促进社会经济资源的顺利流动和优化配置。为此，国家将建立并运用价格、税收、利率、汇率、进出口、补贴及计划等经济杠杆。当国家以所有者身份出现时，通过建立资产经营责任制，赋予企业以法律保障的资产经营管理方面的法人财产制度及法人治理结构，国家主要通过资金的投放、收支的监督和分配上的奖优罚劣，来调动企业管好用好资产的积极性，努力实现资产的保值增值。为此，国家专门制定了《国有资产法》《国有资产监管条例》《财务通则》及《财务制度》和相应的企业财务监督机制。由此可见，财务监督职能，产生在国家以所有者身份与企业发生各种关系这一层次上。

由此我认为，财务监督的基本含义可以概括为：代表所有者利益对经营者一切财务活动而作出的制约，其产生的前提是所有权与经营权的分离。确立财务监督代表所有者利益的观点，使我们在正确处理两权分离后所有者与经营者的关系上，找到了解决问题的一个突破口。

对维护所有者利益的财务监督模式，当时我提出如下设想：

第一，在《国有资产法》中增加"国有资产经营财务监督"一章，明确国有企业财务监督的目标、依据、主体、客体、程式及法律责任，为实施维护所有者利益财务监督模式提供法律保障。

第二，把财务与会计分离作为试行现代企业制度的一项重要内容。财务与会计分离，这在西方发达国家企业已比较普遍，但我国企业尚未实现这种企业组织结构上的革命。我们认为，财务与会计分离，是实行现代企业制度和进行现代化管理的客观需要。

首先，现代管理要求会计突破仅服务于财务管理的传统观念，为企业外部各方关系人及内部所有职能部门提供信息服务，把会计职能从财务职能中独立出来，恰好适应了现代管理的这一要求。

其次，现代管理在总体上已划分为两大系统——物流系统和信息流系统，实践中两大系统必须在职能上进行适当分离，使之形成互相促进、制约的关系。财务属于物流系统，会计属于信息流系统，把财务与会计两项职能在组织机构上实行分设，是现代管理内部分工和经营管理组织机制走向合理化的标志。

再次，财务与会计分设机构，各自独立行使职能，较好地满足了两权分离后企业产权管理和经营管理的客观需要。在现代市场经济中，典型的所有者只对企业实施价值形式的产权管理，他密切关注的是企业财务活动，需要建立一种专门的职能有效监督企业的财务收支，以保证自己利益不受侵犯和损害。这种职能只能专设机构而不能交给会计行使。因为，会计主要负责企业各种综合信息的系统管理，它要满足企业内外各方对综合信息的各种需要，已没有精力和时间做好财务监督，而且其身份也决定了它不够格真正地履行起代表所有者利益监督财务收支的职能，同时会计不经办财务收支也就不具有做好财务监督的优势，唯一可行的办法，就是另设专门的财务机构，从而为所有者对企业实施价值产权管理提供确实可靠的组织保证。

再者，财务与会计这两大企业核心职能，（会计为"中枢神经系统"，财务为"血液循环系统"），在组织机构上分设使之产生有效的互相制约，有助于提高资产经营质量，实现保值增值。

因此，财务与会计机构分设、职能分离，是我国试行现代企业制度基本内容的题中之义。我国企业适应建立现代企业制度需要实行财务与会计分离，具体可掌握以下原则：凡涉及信息处理、指标核算、分析、考核、审计等方面业务，由会计负责；涉及货币收支方面的业务，由财务负责。这样，实现了财务监督与会计监督的归位：财务监督对所有者利益负责，会计监督则要完全体现"真实公允"原则，从而有助于充分发挥各自的积极作用，彻底摆脱目前财务监督与会计监督混岗作业互相掣肘的困境。

第三，从任职资格、人员管理体制、工资待遇及约束机制等方面采取配套措施，确保财务人员在工作中有能力、权力、动力及责任，切实担负起维护所有者权益的职责。

（1）国有企业财务人员在任职资格方面，采取"准公务员"办法。即任职前，必须通过国家统一举行的财务人员任职资格考试并取得资格证书。否则，就不得从事财务工作。

(2) 企业财务人员由董事会聘用，没有董事会的由企业所有者聘用，其工资待遇分为两部分：基本部分，税前列支；奖励部分，从税后利润中支付。财务人员依法行使财务监督职责，任何单位和个人无权干涉。

(3) 财务人员的报酬应高于同类人员。西方企业一般对会计、财务、审计等工作采取高薪养廉的做法。他们认为：这些岗位责任重，权力大，如工资报酬不奇高，职业重要性得不到肯定和体现，会受诱惑而失职。为此，在《国有资产法》中，应对财务人员的工资报酬水平作出明确规定。笔者建议，财务人员工资（基本部分）可按同类人员水平拿，奖励部分应保持在基本工资2~3倍的水平。若财务人员经考核及工作评估后合格，所有者应视其实绩确定奖励的具体幅度。财务人员确实做到了尽职尽责，其工资奖励水平不但得到国家的保障，而且能定期增长。如果财务人员未能负起应有的责任，过失明显，即取消其任职资格，调离财务岗位，情节严重的，要给予行政处分、经济处罚直至追究刑事责任。

(4) 各级国有资产部门或董事局，要建立所辖企业财务人员的业绩考评档案，并建立专门机构，负责企业财务人员任职资格的审定、选聘、奖惩、解聘、流动和财务监督业务中争议的复审、仲裁，监督并支持财务人员切实地负起财务监督职责。

第四，财务人员除负责财务监督外，还应做好企业日常的财务管理工作，当好领导参谋，参与经营决策，积极筹措企业经济发展和日常经营所需的各种资金，努力降低消耗，节约开支，灵活调度资金，有效平衡财务收支，促进企业经济效益不断提高，发挥财务的综合管理作用。

令我高兴的是，上述当时理论探讨性质的方案，现在大多已变成现实了。理论研究对实践发展的预见性，得到验证。

（四）中国企业资金结构问题

财务基础理论绕不开资金结构这一难题，为此我花了近两年的时间作了较为深入的研究，形成了《中国资金结构问题的分析与判断》成果，专门发表于《财务研究》1992年第3期。正是这篇论文，让我引起了南京大学的关注，从而造就了我进入南大赢得会计学术的正规轨道。在论文中，我从"资金总量结构""资金配置结构""资金制度结构"三个方面，分理论与中国实务两个层面作了深度分析，并认为可以建立一门专门的《资金结构学》，作为财务管理学科体系的重要组成部分。在这篇长文中，尤其是"资金制度结构分析"，为建立规范的企业管理机制提供了一个标准框架，具有重要的理论价值和指导实践意义。这篇论文，既是对我以往财务探索性研究的总结，也是升华，从而对我财务管理整个体系化研究思路的成型与成熟，发挥了重要作用。

（五）企业财务分配模式研究

我在《探索国家参与企业利润分配的新途径》(《数量经济技术经济研究》1987 年第 9 期）基础上，进一步思考探讨，形成了"论企业财务分配模式"一文，发表于《经济理论与经济管理》1991 年第 5 期。

这篇论文系统地阐述了自己对企业财务分配必须立足公平，优先效率问题的构想。认为建设效率导向型机制，是企业财务分配模式的必然发展趋势。同时，企业财务分配机制的改革完善，必须有助于充分实现职工的主人翁地位，有效激发全体职工的主动性、创造性和积极性，唤起全体职工的国家利益至上观念、企业归属感、群体意识，从而使国家、企业、职工利益有机地结合在一起。具体框架是：

首先，完善分配程序。建立科学的分配程序，改变目前人为割裂各方利益联系的承包分配方式。(1) 企业取得销售收入，先补偿物质消耗和职工基本报酬，确定实现利润。(2) 对特殊企业实现利润中的级差损益，通过收缴财政或财政补贴的形式调节。(3) 对调节后的企业利润按统一所得税制度计交所得税，确定企业税后利润。(4) 税后利润首先归还各种到期的投资性贷款，然后在生产资料所有者、债权所有者及企业之间分配，形成企业留利。(5) 企业留利依法形成各项基金。(6) 各项基金的分配使用，要进一步接受国家的总量调节。其中，生产发展基金必须支付应由企业自有资金归还的特定投资性贷款。(7) 企业奖励给职工的收入，按比例大部分转作职工对企业的投资，使职工享有分红权，这部分可免交奖金税（或个人收入调节税），其余部门以现金发放给职工。

其次，优化分配结构。主要是确定合理的企业所得税率、级差盈亏数额、留利中各项基金的分配比例以及职工收入结构，这项工作只有在对现行企业进行广泛调查，以及对我国企业改革的规范要求作出实证分析的基础上才有可能做好，需要指出的是，职工收入结构在总量上必须使基本报酬占大头，贡献奖励报酬占小头，以发挥工资与奖金杠杆的积极作用，职工间、职工与经营者间的奖励报酬要适当拉开差距，但不能悬殊过多。

其三，严格监督制度。进一步明确财政、税务、银行、审计等部门在经济监督系统中的职责分工及衔接程序，理顺各项监督职能之间的关系。在监督机关内部建立有效的内控制约制度，确保各项监督到位尽职尽责，实现监督职能行使程序化，监督工作制度化，监督内容规范化，监督方法科学化，监督职权法制化，杜绝目前严重存在于企业财务分配领域的"超分配"和"私分配"现象。

我们构思的效率导向型企业财务分配模式，基本内容可概括为：上交税金与上交利润分流，基本建设投资借款由所有者负责借还，技改性投资借款或原有资产更新大修借款由企业负责借款并以生产发展基金或折旧基金归还，税后利润在所有者、企业、职工之间比例分（这个比例可按行业规定），可简括为"税利分流、还贷分渠、利润分享"十二字，以示与当时"税利分流、税后还贷、税后承包"方案的明显区别。

（六）财务管理原理体系

通过研究性教材开发，把自己对企业财务的认知，传播到社会公众，从而影响财务管理实践。为了使自己的财务认知得到更有效的传播，并经受更广泛的实务检验，我花了很大精力，努力地主编了自认为颇具特色和有相当理论深度的《财务管理原理》和《高级财务管理》两本具有教材性质的专著。前者2007年由北京师范大学出版社出版，后者2003年由东北财经大学出版社出版。

《财务管理原理》一书，以"资本及其优化配置"为主线，以"企业"为资本优化配置的对象，力求介绍资本在企业层面如何实现优化配置的基本理论和方法。我们的基本观点是：资本在企业层面的优化配置离不开资本市场，财务管理无非是为了解决企业如何根据资本市场的游戏规则强化自身管理从而持续提升自己在资本市场上的融资能力这一根本问题。如何正确地揭示资本市场的游戏规则，并把这一系列游戏规则嵌入企业日常管理活动中，使企业具有越来越强的获取和利用资本的能力，构成了财务管理原理的核心内容。遵循着这样的基本原则，我们确定了编写思路。其中，第1章对财务管理的基本内容及主要原则作了概括性介绍，试图告诉读者一个相对完整的财务管理概念；第2章至第5章分别从资本计量、配置、结构和流转四个方面系统地介绍了资本市场配置资源的基本原理，构成了现代财务管理赖以运作的理论依据，期望给读者在财务管理必须遵循的基本原理方面以一个明确的知识；第6章为战略性财务管理，介绍如何把资本市场游戏规则导入公司战略管理中，使财务管理融入企业发展的统一规划中，从而弥补了传统财务管理教材在这方面内容几乎空白的缺陷；第7章为财务业务管理，说明在筹资、投资等日常财务管理中如何遵循贯彻资本市场的游戏规则，组织业务，协调关系，服务于企业规范运作；第8章财务行为管理侧重介绍资本市场游戏规则如何影响企业财务活动各层面主体所具有的一些普遍行为特征，为提高财务管理的效率和质量提供方法论方面的指导。这一章吸取了国际行为财务研究的最新成果，也算是我们为丰富财务管理原理教材内容所作的一种尝试。我们希望以上关于财务管理原理教材的内容组织，既能真正地概括财务基本原理又能满足指导财务实践和适应财务教学的基本需要，同时也期望能为我国财务管理教材建设，作出我们的微薄贡献。

（七）高级财务独树一帜

《高级财务管理》一书，一开始我试图编写《手册》一类书，把我们对现代企业财务高层管理者所需的知识与能力的理解，通过这本书系统地表达出来。此书于2003年出版，深得各方好评，彻底打破了传统财务理论篱笆，给人以耳目一新的感觉，更关键的是，向社会方方面面表明，现代企业CFO绝对是企业价值持续增长的设计师与导航仪。这本专著性质教材由于2006年纳入国家"十一五"规划教材而作了瘦身处理，并在瘦身处理正式出版二版时，我作了如下说明：作为《高级财务管理》教材，一方面要体现出有别于《财务管理原理》和《中级财务管理》教材的内容，另一方面要保持与《财务管理原理》和《中级财务管理》教材在逻辑上的一致性和内容联系的紧密性，同时要适应现代财务管理实践对财务管理工作者知识与能力素质的具体要求,在内容上具有较强的实用性。为此,我们把《高级财务管理》教材的基本内容分为公司治理、价值评估、增长管理、现金流管理、风险财务、行为财务六个方面。这样的内容设计,既吸纳了世界财务理论与实务发展的最新进展,又较好地适应了中国财务管理实践发展的现实需要。每一方面内容我们都力求写得简明、前沿、实用和准确,这样便于教师正确组织财务管理各种知识的教学,也便于学生准确掌握各个财务学名词并能正确地应用,有利于学习、考试,并具备规范的财务思维。由于这本教材,我校高级财务管理在2008年被评为国家级精品课程(是全国最先获国家精品课程殊荣的《高级财务管理》)。

通过以上不懈努力,我在财务管理领域大体形成了相对系统,同时又形成了与国内外学界并不雷同的财务理论与方法认知,希望这样的探索,为中国财务学科健康发展增光添彩,也希望最后能在中国财务学界为南京大学谋取一席之地作出卓有成效的贡献。

四、内部控制：开疆拓土新天地

对内部控制的感性认识，来自于 1988 年在审计局工作时，对中外合作企业——华友包装制品公司合作期满的终结审计。那次我们为了对公司在生产、经营、管理各方面是否存在明显漏洞和薄弱环节，以便考察主持企业日常经营管理的外方，对中方（国有资产）是否尽到了基本责任，同以后兴起的企业负责人离任审计有点相似。为此，我们设计了 5 张标准表，提供全面、综合观察企业的基本框架，通过应用受到各方好评，统一了各方对企业现状的基本认识，我们基此总结的理论成果，获得了中国审计学会优秀成果二等奖。此番尝试，让我感到，内部控制在中国，无论理论还是实务，都大有发展前景。

调至南京大学后，刘明辉教授1995年主编《独立审计学》教材，特邀我参编，其中内部控制一章就落到我身上，于是我穷尽能看到的国内外资料，完成了任务，也实现了对内部控制从理论到实务的一次全面思考。1999 年，我应江苏省电力公司要求，对其财务管理信息化实践探索进行全面理论总结提高，以为进一步完善制度提供指导，写出的总结报告突出了内部控制方面的内容与特点，不仅得到了省电力公司上下的认同，更受到了财政部会计司领导们的高度关注，从而以江苏省电力公司实践为背景，在南京召开了中国内部控制制度建设意义上的第一次内部控制专题研讨会。之后，2000年4—5月，我应邀去北京，协助财政部会计司配合新修订《会计法》实施，进行中国内部控制规范建设的研究工作。其间，来自国内外专家与实务做法的所听所见，引发了我对中国内部控制问题的进一步思考。2001年，我接受财政部会计司委托，组织南京大学会计系师生，引进南京财经大学时现教授（当时她在南京审计学院）外援，对"采购与付款""销售与收款""工程项目"三个内部控制主要领域，按制定规范要求，集中研讨，完成可供全国范围内遵循的规范要求文本。我们经过半年的努力，圆满完成了任务。在此过程中，对内部控制制度与实务层面具体问题，有了更深刻的理解，也对内控理论产生了诸多个人看法。由此使我在2004年东北财经大学会计学博士学位论文选题时，毫不犹豫选择了内部控制研究。记得当时向导师谷祺教授汇报个人想法时，得到了谷老师的完全同意，他说："我想也应该选这个题目，以体现学术强项。"于是，我提交答辩的博士学位论文就是"内部控制发展问题研究"，虽然限于能力、见识与水平，在内控诸多具体问题认识上尚有明显不足，但就当时背景看，无论是总体框架，还是具体内容，还算是"气势恢宏"，以至今天看来还有点"婷婷玉立"的娇小可爱。其后，2006年我开始担任财政部内部控制标准委员会委员，2016年开始担任中国会计学会内部控制专业委员会主任，内部控制成了我在学界的主业，不仅自己要身先士卒地不断推出高质量的内部控制理论成果，还要把全国理论与实务界各种内控有生力量合理地组织起来，促进中国内部控制制度以及实务和学术研究的健康发展。

（一）内部控制理论结构

2004年通过答辩的博士学位论文《内部控制发展问题》，是我对内部控制基本理论问题系统思考的成果。论文详细分析了审计视角与管理视角两种最具代表性的内部控制观，揭示了内部控制理论面临的主要挑战并从组织演化角度，对内部控制性质作了重新认识，"内部控制是为提高组织社会影响力的基本保障"。按照新型的内部控制观，我从"防护观""制度观""流程观""信息观""动力观与基因观""生态观"六个方面，系统地阐述了自己对内部控制内在结构与运作机制的具体看法。我由此为内部控制搭建了一个全新的理论框架，成为自己以后深化内部控制问题的指南。

南京信息工程大学学术讲座（1997年）

（二）内部控制评价体系

2010年，我们针对当时中国内部控制实务急需解决而理论、制度层面却无法给出规范答案的企业内部控制评价问题，采用案例研究的方法，完成了"论中国企业内部控制评价制度的现实模式"一文，发表于《会计研究》2010年第10期，试图为当时中国内控评价实务提供一个简明、实用而又相对科学的框架。

我们的研究试图回答以下三个问题：

1. 内部控制评价的范围界定

放眼国际，有关内控评价的范围有两大口径：财务口径与全口径。按我们的观点，固守财务报告内部控制的观点去确定内部控制评价的边界，人为地削弱了内部控制评价的社会功用，混淆了作为企业内部控制评价这一社会制度，与财务报告内部控制鉴证这一审计制度的界限。因此，只有树立全口径内部控制评价的理念，才能在中国社会经济发展中真正地发挥内部控制评价制度的积极作用。

2. 内部控制评价的要点

这是目前争议很大但几乎谁也说不清楚的一个话题。有两种截然不同的思路：

（1）框架式评价。这种评价对内部控制按其基本结构建立规范统一的评价模式，确定评价要点。这种认识代表观点就是COSO框架。即按COSO五要素及其各要素的主要内容建立评价框架。这种观点在国际范围内得到较多认同。

(2) 应急式评价。这种评价按COSO五要素，分析各要素在现阶段中国企业存在的主要、突出问题，以这些问题作为评价的重点，形成评价要点框架。这种做法的理由是，既然我们很难勾画出一个评价企业内部控制的规范模式，那么不如按大家熟悉的内部控制5要素，分析我国企业在5个内部控制要素方面存在的突出问题，把这些问题定义为可理解、可计量和可检验的评价标准，可以作为中国现阶段企业内部控制评价的主要内容。建立这样的社会性企业内部控制评价制度，可以唤起全社会对企业内部控制薄弱环节的极大关注，可以为中国企业在内部控制方面应予披露哪些信息提供一个非常有用的框架标准，可以引导企业自觉地改进内部控制。经过一段试行，若从全社会角度看，这些内部控制的薄弱环节普遍得到改善，则必将大大提高整个企业内部控制的水平。此时，再针对企业内部控制的新的薄弱环节，调整改进内部控制评价内容，如此不断重复，则必然会使中国企业内部控制处于一种持续改善的状态中。这正是我国建立内部控制评价制度的目的所在！

3. 内部控制评价方法

有以下两种不同的方法：

(1) 寻找重大缺陷法。内部控制评价究其实质就是尽一切可能去寻找或发现公司存在有可能影响内部控制目标实现的各种问题，即重大缺陷或实质性漏洞。传统的审计正是按此思路进行的。若履行了各种必要的审计程序和方法后，仍未发现企业有重大控制缺陷，那么可视同该公司的内部控制为其目标的实现提供了合理保证。但这种方法主要解决了审计师在内部控制评价中的责任问题，对于具体企业借以改善内部控制的指导作用却非常有限。我们认为社会性的内部控制评价制度，不只是为了强化CPA对企业内部控制的审计责任，更主要是为了动态监控企业内部控制制度的运行情况，及时发现问题，并提醒企业加以改善；公司也可以利用评价框架进行自我评估，以不断优化内部控制制度。显然，寻找重大缺陷的内部控制评价方法，不足以全面实现以上目标。

(2) 常规透视法。内部控制评价就是针对企业内部控制存在的突出、主要问题及其必须做到的方面，作出全面评估，借以快速改进和全面提高各企业的内部控制水平。相当于一个人的常规体检，内部控制评价是对法人组织健康状况的常规检查。如此，内部控制评价的方法就必须是常规透视式的全面评价法。为此，应赋予各主要问题不同的标准分值，每个问题项分为不同的状态，并对问题及不同状态作出明确、具体可复查的定义与标准，例如无制度无做法为0，有制度且合理并得到有效执行为5，有制度不够健全未执行为1，制度健全但未得到执行为2，无制度但有行动为3，制度不够健全但得到执行为4，从而便于计量汇总和分析，可满足社会对各企业内部控制水平作出评价及各企业对自身内部控制制度作出自我评估的需要，在全社会形成如何评价并区别一个企业内部控制制度优劣的共识。

通过对112个案例的相关信息的收集与分析，我们发现中国企业在控制环境、风险评估、控制活动、信息沟通、内部监督这五要素上，出现问题的案例数量分别为72、67、61、73、37。这说明我国企业在内部控制的各个方面都存在着许多问题和缺陷。事实上，内部控制的各个要素之间是相互联系、相互影响的，我们不能孤立地看待每个要素中出现的问题，如果在某个要素中出现了问题，必然说明其他要素中也存在问题。为此，我们深入到每一个要素，对统计结果作展开说明：

（1）控制环境。

控制环境是内部控制的关键，是其他四个要素的保护伞。如果没有一个有效的控制环境，其他四个要素无论质量如何，都不可能形成有效的内部控制。样本中有72家企业控制环境存在缺陷，是五要素中问题较严重的方面，存在的主要问题有：

①公司治理结构不完善。表现为：股东大会的制度、功能缺失；董事会机制不健全，不能对企业重大事项审议、审批；独立董事制度流于形式，无法发挥保护股东利益、与经理层相互制衡的作用；大股东与企业没有实现资产、人员、财务的分开，关联交易不规范。

②组织结构不健全，组织框架未能满足内部控制机制运作、企业监控需要的职能。表现为：内部控制体系中的组织架构混乱，管理控制体系缺失；部门职责没有明确，部门间缺乏制衡关系；关键性岗位与重要岗位缺乏制衡；缺乏对经理层的制衡约束机制。表现为：经营者大权独揽，权力膨胀，缺乏制衡与约束；缺乏规范的决策机制与流程，一把手独断专行，决策随意性加大；缺乏对经理层的监督评价机制，经理层不能尽职尽责，高效率运作；员工控制主

要表现为人力资源政策不尽合理和有效。表现为：由于员工手册、岗位职责没有明确或培训的缺失，使员工对禁止事项及自身职责权限不明确；员工缺乏岗位胜任能力；激励机制不公平不合理；考核机制不合理不明确。我们发现，与西方国家股权结构极为分散的情况不同，我国上市公司存在较为严重的"一股独大"现象。一股独大的一个后果是，控股股东操纵公司的股东大会、董事会和监事会。我国企业还有明显的内部人控制现象，常常集控制权、执行权和监督权于一身，并有较大的任意裁量权。长期以来，我国一些企业的董事会与经理班子重合，董事会大体等于经理层，上市公司的董事长和总经理由一人兼任，在这种所有权、决策权与经营权高度统一的情况下，"一言堂"现象严重。股东大会、董事会、监事会的职责分工不明，往往成为橡皮图章，形同虚设。在这种情况下，控股股东或少数人就能控制整个公司，为了控股股东或管理当局的利益，损害广大股东的利益，缺乏必要的约束。即使有独立董事，但大多数独立董事由于关系、时间、精力及信息方面原因，无法发挥真正的作用，"花瓶"现象较严重。我们认为，内部控制的核心是制衡。而有效的公司治理结构就是，在股东大会、董事会、监事会和经理层之间合理配置权限、公平分配利益，以及明确各自职责，建立有效的监督和制衡机制，从而实现公司的多元化目标。因此，公司治理中的制衡机制，是促使内部控制有效运行、保证内部控制功能发挥的前提和基础，是实行内部控制的制度环境。

(2) 风险评估。

风险评估是企业内部控制的前提。企业只有适当识别、评估与企业发展目标相关的风险,才能确定风险控制点与风险应对措施,通过内部控制活动将风险控制在企业可接受水平之内。从案例统计结果来看我国企业在风险评估方面明显存在不足,许多企业的内部控制还停留在查错防弊阶段,将主要精力放在细小的控制上,却忽视了企业的重大风险。案例企业反映的问题包括以下几个方面:①公司对战略层面的风险没有进行足够的预计,在执行战略时没有对风险进行有效的控制;②公司对一般经营活动和业务过程中的风险缺少适当的评估机制;③公司在投资新项目、并购其他公司时,缺少规范、适当的风险评估机制;④公司缺乏加强员工风险意识的制度和渠道,员工不明确自身的风险管理职责;⑤公司缺少风险预警机制,包括财务预警机制和经营预警机制;⑥公司缺少正式的突发危机处理机制。其中,第一个问题最为严重,共涉及37个案例,而战略风险评估恰恰是风险评估中最为根本、最为关键的方面。这说明,在我国企业的内部控制中存在着非常严重的舍本求末现象。在我们的案例中比较常见的一种情况是,企业在实行扩张战略时,没有对外部市场因素和企业自身因素进行充分、适当的评估,没有确定相应的风险承受水平,盲目、过度地扩张和多元化,导致企业高额负债、资金周转困难,甚至出现了非法占用上市公司资金的情况,如三九集团、中国轻骑集团等。还有一些案例企业,像大中电器、永久自行车等,则是在执行公司战略时,没有去积极识别市场环境的变化,在竞争对手纷纷采取扩张战略、推出新产品的时候安于现状,没有及时调整自身的经营战略,最终只能接受市场份额大幅下降、甚至被收购的命运。

(3) 控制活动。

控制活动是内部控制的主体内容，企业通过设计、执行控制活动措施，将各个风险控制点上的风险降至企业的可接受水平。从案例统计结果来看，我国企业控制活动方面的问题具体包括：①存在控制的空白点或盲点，即有些业务领域未建立必要的内控制度，或未纳入内部控制制度中，一些企业有内控"特区"；②授权审批制度不完善，审批权限过于集中；③没有有效的岗位牵制制度，岗位职权缺乏真正有效的制约；④应收账款、存货等资产管理混乱，缺乏控制；⑤对经济业务缺少独立、有效的复核程序；⑥对子公司的管理缺少适当的控制措施；⑦领导"一支笔"审批制度与内控要求相悖，往往导致滥用审批权。这七个问题，又可以主要归纳为两个方面。第一个方面是对业务流程缺少相应的控制程序。第二个方面是权责分配不当，权力缺少有效的制衡。我们案例中较常出现的一种情况是权力过于集中于个人手上，而这个人往往是企业的总经理、财务经理等高级管理人员，缺少相应的监督、制衡岗位。我国企业要想健全内部控制制度并使其有效执行，必须先从这两方面入手，不仅要对企业经营管理的所有部门、业务领域实行全方位的有效控制，使企业的各项经济活动全部处于控制之下，并且要对授权审批、资金管理等重要方面和环节实行重点控制。面的控制与点的控制有机结合，才能使内部控制活动顺利运行。

(4) 信息与沟通。

信息与沟通是企业应对情况改变、保证控制有效的"神经系统"，良好的信息沟通有助于提高内部控制的效率和效果。关键是要保证信息真实、沟通及时。从案例企业来看，信息方面的突出问题包括：①没有建立规范严格的内部信息报告制度，组织内部信息传递缺乏基本质量要求；②财务报告系统缺乏有效控制，信息披露质量不符合法律法规和规章制度的要求。沟通方面的问题包括：①员工的知情权未得到应有的尊重和落实；②与投资者之间缺少有效的沟通制度，投资者不能及时、确切地了解公司情况；③与客户之间缺少有效的沟通制度，不能准确了解客户消费偏好，售后服务不完善；④没有公关危机处理机制，没有设立新闻发言人制度；⑤缺少与政府之间的有效沟通机制；⑥没有对舞弊行为明确界定，组织内部缺乏制约并揭露舞弊的制度。

(5) 内部监督。

内部监督包括持续性地日常监督以及针对内部控制某一或者某些方面的专项监督，它是企业内部控制活动得以有效执行的重要保障。从案例统计结果来看，问题主要集中在以下几个方面：①公司的内部审计职能残缺，内部审计部门的独立性得不到保证；②检查监督制度流于形式；③内部审计人员在检查监督的过程中与管理层、出现问题部门以及其他相关部门缺乏有效的沟通反馈机制。

最后，我们提出了五大要素28个子项的适用中国现阶段内部控制评价工作的标准框架，从而较好地满足了中国内部控制制度建设的现实需要。令人意想不到的是，我们2010年提出的框架，与2013年COSO新框架有很大的相似性。

（三）内部控制本质

为了在理论上给内控范畴建立科学定义，我在2011年对产生内部控制范畴的客观基础，作了深入研究。在东北财经大学出版社出版的《会计与控制评论》（第1辑）上发表了"内部控制理论研究的柏拉图范式"一文。文章表达了我们如下观点：内部控制范畴赖以成立的基础是"偏差"，或者说内部控制作为范畴或基本工具、制度存在，是与人类社会试图把客观存在的各种偏差控制在可以接受范围内的需求直接相关的。除了对偏差进行上述两类划分外更重要的是必须对产生两大基本偏差的具体原因作出准确分析，借以为深化内部控制的研究或为建立具体内部控制制度所要解决的基本问题明确方向。

第一层次偏差的产生，主要分为三种原因：认知能力、无意过失、有意曲解。认知能力原因表现为由于人类认知客观世界能力方面的不足，导致不能全面、准确和及时地认识客观世界带来的各种偏差。无意过失是人们由于非故意原因而使认识过程产生了偏差，这些非故意因素包括不负责任、疲劳过错、路径依赖（将错就错）等。有意曲解是指人们故意对客观世界作出偏离其真相的反映，这种故意形成的原因可能是自身的利益、外来的强制或社交圈分工、对不合理制度的反抗等。在具体认识过程中，客观存在的偏差，又是与上述三个原因中部分有关，有的会是这些众多原因综合作用的结果。无疑，正确地认识这些偏差产生的原因、作用的背景、过程和机理，对于有效控制认知偏差是至为关键的，这构成了现代内部控制研究所应解决的一大难题。

第二层次偏差的产生主要来自于三种原因：认知分歧、能力不足、作弊。认知分歧是指人们在具体活动中，对具体的规章制度和管理指令、手段、方法、技术等的理解不同而产生动作上的不一致，从而产生了活动过程及结果方面的偏差。能力不足是指由于执行者的能力不足，无法达到行为标准要求，而使实际过程及结果在效力、效果方面产生了偏差。作弊是指人们囿于个人及团队的利益、偏见或外来强制性诱导因素导致不遵循现行的管理制度，使具体过程、结果发生了各种偏差。在具体的实践中，第二层次偏差的产生往往是上述各种因素同时作用，甚至是互动作用的结果。

现有的内部控制理论，一般是为部分地解决第二层次偏差而形成的。其实，充分认识产生第二层次偏差的各种主要原因及其作用机理，现有的内部控制研究所作的努力还很不够，需要在研究起点、目标、理念及方法上改弦易辙，方能在这方面产生一些具有突破意义的理论成果。从实际运作的角度看，人类社会的这种认识与改造客观世界活动是交叉渗透进行的，往往是你中有我，我中有你，而不是简单地表现为先有认识后有改造的那般固定程式化，从而使现实中的内部控制研究变得更为困难。理论研究的优势就在于可以把纷繁复杂的现实予以抽象，我们习惯于称为"假定"，内控把人类社会基本活动分为认识与适应客观世界两大类，由此进一步揭示内部控制所应研究并切实解决的两大基本偏差，最后得出产生这两类基本偏差的主要原因，从而使我们从概念上清晰地把握到了内控研究及其制度建设的精髓所在。这是内控研究巧妙地利用理论抽象思维的有益成果。但是，理论研究的成果还必须指导实践，实践中的内控并不会是内控上述本质的直观表现，而应该是具有丰富的形式和复杂内容的现实生活。由此,内控理论研究在抽象分析揭示内控本质的基础上,还需运用抽象转化为具体的方法,即我们现在习惯上所称的逐步放松假定,使研究对象更加接近现实过程,以得到对建立具体的内部控制制度具有指导意义的理论成果。而这一具体化的过程,使认识与适应客观世界的活动浑然一体。这样,人类社会的活动所存在的两类偏差首先直观地表现为第二层次偏差,而第一层次偏差就成为寓于第二层次偏差或者说是隐藏在第二层次偏差背后并对第二层次偏差产生决定性作用的一种偏差。由此确定了内部控制理论研究的逻辑程序,首先要对第二层次偏差作出透彻分析,进而深入到第一层次偏差去寻找现实中产生偏差的深层原因,这样由表及里、去粗取精,去伪存真,就可以为从根本上解决现实中的内控问题提供既治标又治本的对策建议。

我们一旦完成了上述抽象具体过程,就可以对内部控制的本质特征作出综合分析了。无论是第一层次偏差还是第二层次偏差,产生偏差的原因大体上都表现为认知、努力、动机三大方面。认知不足会产生我们习惯上所称的"差错",即知与行产生了不一致;努力不够会形成我们通常所定义的"效率差异",即不够尽力、努力和尽心而导致的人财物利用效果上的欠缺;动机不良导致了各种"舞弊行为",即出于个人或团体利益需要而使现行制度形同虚设。显然,这三大原因都对现实中的偏差产生直接影响,而这三大原因的交叉作用更使现实中偏差产生的原因变得错综复杂,进而使内控解决这些现实偏差变得异常艰辛和困难。事实上,若要真正地实现控制偏差的目的,一要对三类偏差原因产生的前提、作用的方式及影响后果有个正确的认识,并有系统的制度方法予以管理;二要对这三类偏差因素交叉作用、相互影响的现实关系及其作用程式有个较全面的把握，并形成一些整体化的解决方案，才能克服内部控制头痛医头、脚痛医脚，始终疲于奔命的不足。如此而言，内部控制主要是为了把人类普遍面临的"差错""效率""舞弊"这三类问题控制在可以接受的范围内而产生的一种制度，这种制度将嵌入社会经济文化现实生活的各个层面和各个领域，成为所有具体活动均应解决好的一个根本问题。

显然，我们的这种认识与现行的内控理论是不一致的。现行的内控理论只是针对"差错"与"舞弊"而言的，对"效率"则采取了排斥的态度。更为糟糕的是，实践中我们又往往把一个组织的内部控制与其效率对立起来，大家似乎认为过于严格的内部控制，对于一个组织的效率极可能是负作用的。于是，兼顾内控与效率的关系似乎成了实践中内部控制制度建设中必须解决好的一个问题，而很多公司内部控制之所以不得人心并不是我们内控不好，而是实践中我们把内控做得过于繁琐以至于公司效率得不到保证，从而使人们对内控产生了严重的抵触情绪。这种错误的内控观对现实的误导之深可见一斑。其实，就内控本身而言，即使在传统的理论框架内，把内控与效率对立的说法也是不能成立的。仅COSO框架而言，无论是1994年还是2002年（现在看来包括2013年）的框架，无论是三目标还是四目标，内部控制均把"效率性"（经济有效性）作为自己必须提供合理保证的目标，那么，我们把内部控制制度与公司效率对立起来的理论依据何在？事实上，"差错""效率""舞弊"在现实中往往是种孪生关系，任何把这三大因素割裂起来予以研究甚至对立起来予以研究的做法，都不符合内部控制制度产生的本质要求，其结果就很难求得一种真正有效指导内控实践的理论成果。

（四）内部控制概念定义

与此同时，2011年《会计研究》第8期，发表了我的《内部控制范畴定义探索》一文，集中表达了我对内部控制内涵与外延的最新认识。文中回顾了学术界各种内控定义，认为现有各种内部控制定义，均不能充分满足逻辑学对定义的基本要求，根本无法使人们真正地识别内部控制的基本特征及属于哪类工作，以至于我们在实践中确实无力对一个公司是否建立健全了内部控制制度提出确定无疑的评判框架，最终使内部控制事实上沦为一个无处不在、无所不及、无时不用、无形而影的范畴。长期以来，内部控制在理论上处于严重泛化而失去应有稳定的质的规定性，在实践中更是成了一种与现有业务与管理简单重叠的制度。于是，一旦接触众多内部控制理论成果后，我们顿时感受到各种非常强烈的主观主义色彩。每位学者均从自己认定的那种内控概念甚至是朦胧理念，去阐发对一些具体内部控制问题的看法。不同学者事实上有着各自不尽相同的内控世界，由此形成各种内部控制理论研究成果，到底有多少学术深究价值？谁也说不清。

现有内部控制理论研究成果，若不能满足范畴意义上的同一性，即具备内部控制本质属性层次的共有知识，那么，所谓的探索只能是一种无源之水、无本之木。运用逻辑原理来探索内部控制的定义，可作如下讨论：

(1) 内部控制是何性质的活动？

毫无疑问，内部控制范畴肯定是与人类认识、适应及改造客观的活动紧密相关。人认识、适应、改造客观的活动，必然会采用组织的形式进行。任何组织都面临着众多复杂且不断变化的客观，而且又包括认知能力、伦理道德、习俗惯例、生理偏好等不尽一致甚至存在诸多差异的众多主观。如何使组织的意志更多影响客观，使客观更适合组织的需要？组织如何使所有成员视努力有效实现组织目标为自己的行为准则？或者组织如何积极调整乃至改造自己以适应客观？如何主动地向全体成员开放使自己成为各成员充分展示并实现自我的共同体？组织发展的这种两重性，即使自己成为社会标杆和成员趋之若鹜的主体，同时又使自己成为应社会之需随时改变和视成员要求动态变革的主体。为此组织必须时刻关注社会与成员两个层次，正确判断这两个层次对组织的近期要求，把这种近期要求综合为组织各层次活动必须达到的标准。在组织发展中，关键性的问题是，如何有效地把组织各层次实际活动的过程及结果，控制在组织标准要求水平。为此就要对产生于组织各层次、各领域、各环节的偏离组织目标各因素进行识别、计量和调节，使组织目标的全面实现具有可靠保证。对组织活动中偏离总目标的因素进行识别、计量、调节的必要性，是内部控制范畴赖以存在的客观基础。对此制度、机制、方法工具的专门研究就产生了内部控制学。实践这方面系统化的实务相应地形成内部控制工作。

另一方面，内部控制范畴的产生，与人类日趋社会化的发展规律紧密相关。人类社会化与人类进化几乎是同步的。人类进化过程，必然表现为每个个人在保持越来越健康的生理组织功能的同时越来越丰富完善自己的社会性功能。人类这些社会性动能的作用及拓展大都借助于各类组织实现。各类组织不外是人类实现社会性功能的平台从而决定了组织只是人类社会性功能的依附体或者说组织的存在仅在于为了实现各成员的社会性功能。如此而论，组织各具体功能的形成，无非是人类社会化功能的固化（常态化或制度化）组织功能，也就自然表现为自然人基本功能组织的直接映射。稍有生理知识的人都知道人有各功能器官履行着不同功能，才确保每个人的生命得以延续。在人体众多功能中有一个直接关乎生命的要害功能是"免疫"，即对"非我"与"损我"进行有力的抗御。人类社会化进程中无论是单个自然人还是单个组织及整个国家社会均会产生建立类似"免疫系统"的内在要求。不然个人就无法发展，社会难以和谐稳定。可以认为，人类的"免疫性"是其极为重要的社会性特征，也可以说是人类社会化内在要求的核心内容之一。一般地，我们对这些社会化特征内容，不会简单重复自然人意义上既有的生理学中的名词及定义，而会赋予崭新的名词，例如组织"血液循环系统"我们专门名其为"财务"，"中枢神经系统"我们命名为"会计"，"消化系统"对应产生了"生产制造"与"营销"，应对"免疫系统"我们用"内部控制"予以概括。在现实生活中，与人体免疫系统一样，内部控制必然要依附在现成的各项管理中或曰"嵌入"各项管理与业务系统才能真正发挥应有的作用。对这一点，再三强调也不为过。就连自认为精炼概括的COSO报告，在这点上也不惜笔墨：内部控制在企业中特别需要强调的是应"built in"（嵌入其中），而不应该是"built on"（置于其上）。当然，一个完整的内部控制系统除了具备以上"免疫器官"外还应具有"免疫细胞"与"免疫分子"。所谓"免疫细胞"是指与"非我"和"损我"力量发生肉搏战的场所。内控的基本要求就是使所有活动与业务必须具备正确识别、评估、计量、转化、抗御各种"非我"与"损我"的力量及方向、速度。一个内部控制系统水平的高低集中体现在对"非我"与"损我"因素的能量、作用方式及力度、方向与时间行为特征的正确及时识别、分析、评估、计量、转化、抗御等能力上。糟糕的内部控制，意味着不能正确灵敏地分辨"自我与非我"和"益我"与"损我"因素及其作用。而内部控制系统的失效，必然表现为"非我"与"损我"力量肆意妄为侵蚀主体机体并危及生命。由此而言，内部控制对一个组织而言是把双刃剑，难免产生误认、误判最终误杀。现实中，内部控制当然比理论上复杂得多。理论上我们很明白什么是"非我"和"损我"，但实践中"自我与非我""益我与损我"却融汇交织在一起，甚至"自我与非我""益我与损我"经常会调换身份，从而使内部控制实务表现极其复杂和困难。

所谓"免疫分子"是指判别"非我"与"损我"存在及作用方式程度的各种指标及标准，在内部控制领域集中表现为各种现实或潜在的差异。这种差异的产生，最深层来源于不同文化、价值观、伦理道德以及意识形态等方面冲突，最表层则表现为各行为过程及结果形成的各种类型差异。因此，一个完整的内部控制系统包括组织职能架构（免疫器官）、活动与业务（免疫细胞）、标准及差异（免疫分子）三大部分。不用赘述，不同的人、组织、社会由于其定位、能力结构、权利配置、行为规范、文化习俗、社会关系等不同,决定不同组织应有不同的内部控制制度。但人类社会化程度的提高,客观上决定了内部控制在这三个基本方面形成了一些必须共同遵循的具体准则,从而在全社会有关同类组织之间在内部控制方面具有相当多的可比性,这样为制定一些内部控制方面社会性标准或对组织内部控制提出一些社会性强制要求提供了依据。人类社会发展至今,内部控制的一些基本要求越来越多地成为更多国家社会管理制度包括的具体内容,正是这种规律的积极作用,也可认为是人类对内控规律的一种逐步认知遵循。内部控制理论研究无非是要对这种必然性作出正确判断并进行系统理论总结,借以更好地解释、引导并促进优化人类各层面内部控制的具体实务。

综上,我试图对内部控制作以下定义:内部控制是个人、组织、社会各层面运用识别、防范并遏制"非我与损我",主动保护并促进"自我与益我"的系统化制度。这里,运用专门方法防范遏制"非我与损我"保护促进"自我与益我"是内部控制范畴的内涵,社会化的系统性制度则是内部控制范畴的外延。

(2)内部控制具有哪些基本职能以及如何实现这些基本职能?

对于一个社会化的人与组织而言,内部控制无非是为了有效防范遏制"非我与损我",积极保护促进"自我与益我"。内部控制为了实现这样的基本目标,首先要明确界定并让众所周知什么是"自我及益我",同时公开申明哪些是"非我与损我",对一些不能简单地归为"自我与益我"及"非我与损我"的业务（即灰色地带）也要确立基本断别原则，以保证内控实效。内部控制基本职能的如是概括，可能给人以过于抽象而显得空洞不得要领的感觉。丰富而日益复杂的内部控制实务，已为充分实现以上基本职能，提供了卓有成效的做法。具体有两大途径：首先明确职能框架（整体与部分）、业务与活动（全过程与各环节）、标准指标体系与单个关键指标的边界。前两者明确各禁止事项，后者确定了必须盯住的指标与不允许发生偏差的指标。其次，明确所有标准在实际执行过程中可以产生偏差的最高水平和最大弹性区间从而确定内部控制的容忍极限。

随着内部控制实践的发展，各个人、组织、社会通过以上两大途径不断调整完善控制边界（偏好）与控制弹性（容忍度），使现实中各层面所有岗位均处于可控、受控、在控，即"三控合一"状态。就各个组织而言，赋予各层次、领域、环节所有岗位明确职责权限和行事规范，有效解决许多组织以前经常存在的岗位间功能错位从而重复、推诿扯皮问题，即正确定位不错位；各工作岗位通过计算机软件固化流程，打破以前管理普遍面临的"时空分隔"局限，保证岗位实时作用，可以克服有些业务环节岗位功能缺失问题，即尽职在位不缺位；各环节的相关岗位既协配又制约，程序手续衔接紧密，有效克服以前管理经常碰到的工作越位问题，即负责到位不越位。这样的内部控制，必然是建立在计算机信息系统基础上的。

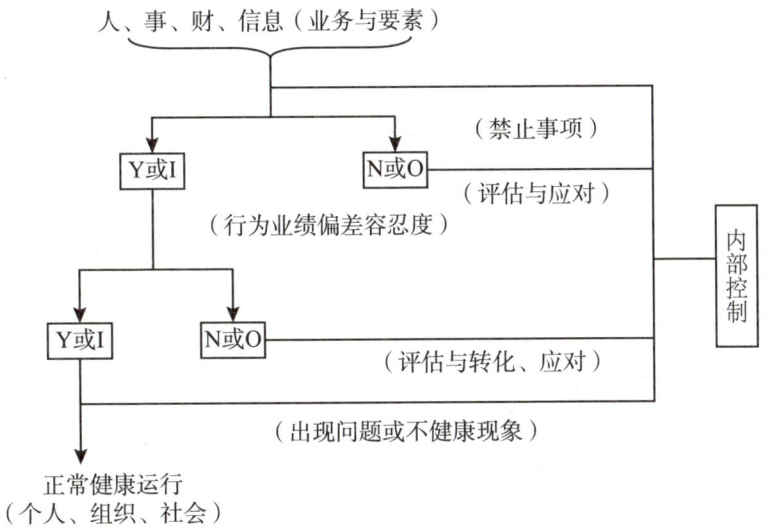

内部控制框架定义图

（五）信息化与内控发展模式

进入21世纪，企业生态已经发生了颠覆性变化。业务外包，突破传统组织边界整合经营要素进而实质性改善经营能力，已越来越直接地挑战了传统、流行的企业资源与能力理论。公司的生命力，很大程度上取决于有多少业务实现了外包并加以有效管理。企业成为市场集聚优质经营要素并优化全社会资源配置的平台。与之相适应的，全球借脑、开放性成长、分布式计算，已成为表述业务外包（战略联盟）影响资源整合、企业与价值增长、公司管控等领域产生革命性变化的新名词而快速流行。这些新生代流行概念的产生，表明着组织管理进入了一个全新的时代，从而挑战了以传统的组织管理为前提背景的现行各种经典理论与实务。如此，现行企业内部控制理论，在组织背景已发生重大变化的现实环境下，如何直面挑战实现与时俱进的发展？为此，我们对企业内部控制发展基本方向或战略予以了特别关注，以国际学界与实务界已形成的一些反映企业及其管理发展趋势的经典理论与案例为基本依据，对内控制度发展的基本趋势作出相应判断。这样的研究，能有效地提高内部控制发展研究的客观性，使研究结论具有可验证特征，可以尽可能减少研究者主观偏好对研究过程和结论的影响。最后我们通过《会计研究》2017年第12期以"企业内部控制创新方向及其基本模式研究"为题，公开了我们的研究结论：内控目标——促进新组织契约的缔结并为合理的履约提供保证；内控基本功能——实时揭示并预见未来问题；内部控制主要手段——识别、计量、防范网络型组织结构风险。我们相信，这样的内部控制制度是需要也值得我们花大力气进行细化研究，以为内部控制适应信息化浪潮有效转型提供理论指导。

五、管理会计：扎根中国的思考

1980年下学期，大学即将毕业，李天民教授在调去中央财经大学之前，给我们开了几个会计理论专题讲座。我后来感到这应该是给硕士研究生上课的内容，主要讲会计的属性与职能、会计方法体系以及西方的一些会计理论。令我印象最深的是，李天民老师说会计在西方已大体分为对外与对内两种，分别是财务会计与管理会计，我们以前学的似乎更多的属于财务会计内容，对管理会计介绍很少。正因如此，引起了我对管理会计的兴趣，以至于看到李老师在立信会计图书用品社出版的《管理会计基础》一书，如获至宝。后来涉猎会计学界，发现中国当时虽无管理会计一词，但事实却大有管理会计之实，只是我们把这方面工作内容，称之为企业经济核算，也有内容极其丰富的理论与方法以及实务。包括马胜利承包制，张兴让满负荷工作法，厂内银行以及邯钢成本否决制度等等，中国在这方面的实践也是多彩多姿。我当时想，若以"经济核算与监督"来概括中国那些实践探索，可能在理论上更恰当些。其实，我刚从学校毕业到南京手表厂锻炼大半年，做的名为厂内经济核算，以划小核算单位和内部绩效考评与激励为核心，以内部定额与价格和内部核算为基本内容，实际上就是中国企业管理会计探索。由此引起了我对管理会计研究的极大兴趣。或许在学校教书，财务管理与会计两门课，就当时的背景而言，财务比会计对管理会计知识需求更迫切，我作为财务教师，对管理会计予以更多关注就顺理成章了。

（一）成本计算与控制

早在1984年，我写出了进入管理会计研究领域的第一篇论文："认识成本习性，加强成本控制"，发表于《财政研究》1984年第5期。论文从产品组织设计、生产经营规划、会计核算方法、单位成本分析四个方面，全面论述了如何应用成本习性原理，对现有的制度与做法以及书本知识进行改进完善。就当时中国现状与个人水平而言，这篇论文谈不上什么理论贡献，但对当时实务工作和丰富现有成本管理课堂教学内容而言，确实非常实用。因此，得到了理论与实务界的双重好评。

之后，我通过《现代企业管理》1985年1至3期，连续三期开办了"现代成本决策"讲座，普及管理会计知识，希望中国企业成本会计不只是满足于事后成本计算，而应该利用成本信息与专业特长参与事先决策过程，更充分地全面发挥会计积极作用。

1986年，我在《财政研究》第3期，发表了"试论成本计算的纵向与横向发展"一文，全面地阐述了个人对成本计算问题的新思考。我在论文中首先回顾了成本计算发展的历史："从成本计算的发展史看，首先表现为成本计算内容、范围的不断变化，其次表现为成本计算形式的不断增多、发展。在成本计算发展的初期甚至很长一段时间，成本计算方法仅表现为计算成本包含内容上的变化，而在形式上没有什么变化。比如，我国较早的成本核算，计算成本只包括C，而不包括V。以后，随着机器被发明和应用，工场手工业转化为工厂形式，计算的成本就包括C+V，严格地讲来，此时才奠定了现代成本计算方法的基础。当成本内容比较稳定以后，成本计算方法就在形式上开始发生变化。19世纪中叶以后，随着资本主义股份公司的形成和发展，成本计算方法突破了单成本的框框，使成本计算在广度上有了长足的发展：由仅局限于事后的单纯记录、计算，扩展为事先测算、事中的随时反映；由原来的以整个企业为核算单位，扩展到车间、工段、班组甚至个人的成本计算，在大的方面发展为社会成本的计算；由过去清一色的财务成本，发展为技术、质量、责任、产品等多种具有不同内容成本的计算等等。在相当长的时期里，成本计算纵向（即成本内容的深度、精度）发展的基本内容已稳定时，就向横向领域发展，从而变成一个多种成本计算方法结合运用的方法体系。今天，纵向计算的发展水平，主要表现在对成本基本内涵的认识已大体统一和成本计算手段的电算化，但成本横向计算的发展方兴未艾。就我国实际分析，成本计算的纵向发展还未达到应有的水平，全额成本计算的正确性、及时性、全面性等还存在着不少问题，横向发展更是一块未开垦的处女地。"论文通过对成本核算与其相对应环境的互动关系分析，得出了现在看来仍有一定理论价值的结论。

"在目前，系统成本及其计算虽未形成一个比较完善的机制，但就国际范围观察，已有了一个大体的轮廓。它以责任成本、产品成本、目的成本及其计算为基础，是这些基本的成本及计算在实践中和理论上的逻辑发展，是综合各相关因素及相互关系，完全适应了各个特定方面管理需要而形成的一个多形式、多层次、具有系统反映功能的成本概念及计算方法体系。根据成本管理的现实及发展趋势，系统成本计算大致包括：从时间上看，先计算设计成本，后计算定额成本、目标成本、计划成本，再计算实际成本，最后计算寿命周期成本；从空间上看，先计算班组成本，后计算车间成本，再计算厂部成本，最后计算社会成本；从计算的断续性上分析，可以分为常规成本计算和专题成本计算。前者为日常核算的成本——产品成本、责任成本、目的成本，后者为预测决策和控制特殊领域核算的成本，例如，不可避免成本、可避免成本、机会成本、边际成本、差别成本、增量成本、沉没成本、人才成本、会议成本等；从基本步骤上分析，第一步按成本形态归集生产费用，第二步同时计算产品成本、责任成本、目的成本，第三步计算其他各种特殊形式的成本。正视现实，我国的成本计算基本上还处于上述四个发展阶段的第一阶段。"论文的意义就在于，指出我国成本计算发展完善必须遵循其本身发展规律，而不能急于求成、一步登天，更不能用西方现成模式来生搬硬套于我国企业。

为了夯实对成本核算这一管理会计基础的认识，我结合中国实际，对国家统一成本口径与费用列支标准，这一成本核算最基本的理论问题，作了专门研究，形成了"对法定成本问题的再认识"一文，发表于《财政研究》1988年第9期。论文对当时学术界对我国以往成本做法一概全盘否认，从而提出对外报表也可以建立在直接或变动成本法基础上的简单认识，提出了不同意见。

历史地、辩证地对待传统的全额成本法，对端正财务成本改革的思路至为重要。就国际范围看，虽然财务成本法的改革方案繁多，但从基本构成要素方面分析，不外乎表现为两大方面：产品成本包括的内容全否，形成全额成本法与直接成本法；产品成本计量时态不同，形成实际成本法和标准成本法。基此产生了成本计算的四大基本模式：实际全额成本法、标准全额成本法、实际直接成本法、标准直接成本法。值得我们探讨的是，我国财务成本法改革趋向应采用何种成本计算模式。

我的看法是：

（1）采用直接成本法编制对外报表，存在着一些不利于宏观管理的问题，不是我国企业法定成本改革的方向。因为：①直接成本并非就是变动成本。按直接成本法原理，直接成本必须是变动成本，但实际上并非如此。比如，我国企业生产工人工资是按每种产品而发生，可作直接人工处理，但实际发生额往往不随产量正比例地增减；专用设备，其折旧是产品的直接费用，但不具有变动费用性质。这样，把直接成本一律作变动处理，对外公布的成本信息就会严重失真。②变动成本与固定成本不易准确划分，直接成本法下计算损益的正确性得不到保证，在一定程度上影响国家财政透明度。③变动成本与固定成本包含内容的不稳定性使各期计算的损益的可比性受到影响。以直接成本法编制对外报表，不利于社会各界运用前后一贯的观点去理解企业的会计信息，严重违背会计的"一贯性"（一致性）原则。

(2) 全额成本法仍有发展前景。产品售价的最低限，长期看应是全额成本。只有考虑现有能力更充分利用的前提下，需要变动成本信息。科学的态度应是：改革全额成本法，而不是抛弃全额成本法。成本法与直接成本法各有用途，完全可以在今后的财务成本计算中同时存在。在目前，对外报表还是以全额成本为基础。但鉴于传统的全额成本法确实存在一些问题，笔者认为可以对其作适当的"技术改造"，使之真正适应不断深化着的成本管理实践。

具体设想：

①实现最终的全额成本计算与日常的变动成本计算的有机配合，提高成本计算系统处理成本信息的能力，即把日常核算建立在变动成本计算的基础上，在产品、产成品账户均按变动成本反映。同时另设"存货中固定制造费用"账户，用于归集所发生的固定性制造费用，期末把其中应归属于本期销售产品的部分转入"销售"账户，并作为"利润表"本期销售收入的减项，剩下的金额分配给期末的在产品、产成品账户，以利于按全额成本法编制资金平衡表。这种做法的基本特点是：按变动成本法组织日常核算（建账），按全部成本法编制财务报告（编表）。这样既可避免平行地重复搞两套成本账，又可巧妙地同时兼顾法定财务成本和内部（管理）财务成本两方面的需要。

②吸收标准成本法的优点，实行标准全额成本法。标准成本法核算的产品最接近真实成本，最符合会计的真实性原则。至于实际成本与标准成本差异，可充分考虑以下处理方式：

第一种，美国企业比较通用的处理方式。各种成本差异不在产品之间分配，由全厂财会部门按成本项目汇总后，按各完工产品标准成本比例摊配。采用这种处理方式，可以增强成本和利润指标的灵敏度，有效地简化核算手续，便于准确地分析成本变动的原因及其对利润的影响程度。

第二种，直接成本差异，直接计入产品成本；几种产品共耗原料、半成品，对其成本差异按实际产量的原材料、半成品（产成品）的标准成本比例分配计入各产品成本；对间接成本项目发生的成本差异，由总厂财会部门按有关产成品成本项目的标准成本比例进行分摊，最终确定完工产品的实际成本。

第三种，能直接计入产品成本的成本差异就直接计入；不能直接计入产品成本的成本差异，由总厂财会部门按项目汇总后，依照完工产品标准成本比例分摊于各产品成本。

第四种，将成本差异按上述三种方式的任一种计入产品成本，以求得产品实际成本，便于企业按全部实际成本编制资产负债表和成本计算表；但在计算损益时，按标准成本计算销售产品的实际利润，据此计交企业所得税，本期发生的销售产品成本差异全部作为企业留存收益增减项目。这样，既保证了成本计算的真实性，又能使企业承担完全的成本责任。

综合比较，对成本差异的处理，采用第四种方式比较理想。应该说，30多年前，我的这种认识已很超前，对现在我们完善成本会计制度的宏观规范，仍有参考价值。

（二）精神成本计量

1995年，我在《会计研究》第11期，发表了《以人为本：摆脱我国成本管理困境的根本出路》一文，对我国以物治人的成本管理实务提出了改进意见。认为，现实中管理意义上的成本，不仅包括当期现金成本，非当期现金成本（摊销、预提、机会成本）还包括不能以资金耗费直接定量的成本，主要是精神成本，对企业长远发展产生重大影响，应成为成本管理重点内容。但是，现在成本管理显然忽视了这一基本领域。我在论文中，明确精神成本范畴的同时，也提出了计量精神成本模式。具体而言，精神成本包括三类成本计量：

（1）关系成本。通过对干部、职工的工作态度、工作成绩、工作能力等方面（以分数定量表示），运用调查表法，采取记名与不记名重复进行的方式，计算下述指标反映关系成本：

关系融洽性指标＝记名调查得分/不记名调查得分

等于1，说明关系融洽，不等于1，说明存在关系成本。

（2）态度成本。职工积极性状况对成本水平有直接影响，从而形成态度成本。积极性状态指标包括：

①尽力程度=Σ职工实际劳动工作时间/Σ职工标准劳动工作时间

大于等于1，说明积极性状态好，小于1，说明存在态度成本。

②尽责状态=Σ出现问题×向单位书面口头反映的职工人数/(Σ出现问题×知情职工人数)

大于等于1，说明职工责任心强，小于1，说明职工责任心差，加大态度成本。

③尽心态势=本期合理化建议（提出、采纳、见效数）/本期合理化建议（提出、采纳、见效数）

大于等于1，说明职工创新意识增强，小于1，说明创新力不足，加大态度成本。对态度成本要进行结构分析，区别不同层次、部门、环节人员，分析态度成本的差异。

(3) 过失成本。职工劳动中不认真负责，企业成本必然升高，过失成本包括：

①供应过失成本=本期单位材料采购责任成本节约额/上期单位材料采购责任成本节约额

大于等于1，说明责任感强，小于1，增加过失成本。

②生产过失成本＝本期生产成本中废品损失含量／本期生产成本中废品损失含量

小于等于1，说明责任感强，大于1，增加过失成本。

③销售过失成本＝本期责任支出占收入的比重／本期责任支出占收入的比重

小于等于1，说明责任感强，大于1，增加过失成本。

④管理者责任状态＝评议合格群众数／评议群众总数

等于1，说明基本上负责，小于1，说明不令人满意，存在过失成本。

为了在企业层面真正建立起控制精神成本的有效制度，"企业必须尊重并真正确立劳动者在成本管理中的主体地位，实行全员成本管理责任制。为此，应建立如下成本管理运行机制：（1）激励（动力）机制。使领导的努力成果与其收入报酬相称，企业职工努力与其收入报酬相称，职工有充分发挥潜能的机会，职工升迁制度客观公正，各部门业绩评定公平合理，透明度高。（2）组织机制。各部门职责分工明确，不扯皮推诿，责任、权力、利益、效果相称。（3）控制机制。各项支出有严格的控制制度和手续，成本升降与职工利益紧密挂钩，成本决策程序化，具备有效的检查监督制度。（4）调节机制。建立有效的成本信息反馈制度，企业每个环节都有比较称职的人员负责,加强成本意识,工作有组织措施保证,成本管理机构和人员有较高的素质,解决具体成本问题速度快。"

我在论文结尾诚恳地指出:"成本问题不只是企业微观问题。彻底解决我国企业成本管理严重弱化问题,还需要国家宏观上作出相应的改革,比如规范企业的产权关系、政企分开、各尽其责、两权分离,并能实现有效的制衡。这些都是企业强化成本管理必不可少的外部条件。"

2010年海峡两岸会计学术研讨会发言

（三）中国管理会计作用实况

20世纪末，管理会计知识在中国会计界已经比较普及，但应用状况和效果不太理想。为此，我1999年8月开始组织南京大学会计学科团队开展了对管理会计应用状况的问卷调查活动，同时写出了《中国管理会计作用：现状与基本出路》一文（《会计研究》1999年第11期）。

我们在没有任何资助的情况下，开展中国管理会计实务调查工作。所幸的是此项工作得到了中国总会计师协会与中国会计学会的大力支持。

这次问卷调查，我们瞄准中国会计实务中的重要问题，设计了两种调查问卷：一种是以企业高层领导（包括厂长、经理和企业中分管会计工作的负责人）为调查对象（以下简称"问卷一"），侧重调查企业领导对会计工作的看法；一种是以企业财务部门为调查对象（以下简称"问卷二"），侧重了解中国企业有关管理会计方法的应用情况。

调查自1999年10月开始，至2000年4月结束，历时半年。两种问卷共发出234份，收回77份，回收率为32.9%。问卷根据中国总会计师协会给出的企业名单发出，答卷由被调查者自愿寄回，问卷回收充分体现了自愿原则，从而保证了答卷具有较高的可信度。

为了便于被调查者回答，并能收集到有价值的信息，课题组充分借鉴了国内外同类问卷的设计模式,吸取以往进行类似问卷调查的经验教训,围绕调查目的,根据这几年我国企业会计改革与发展的现状和趋势,经反复酝酿、讨论和修改,最终形成了两套问卷调查题。

由于问卷一的调查对象是企业高层领导,他们工作繁忙,难于对其进行过细、过于专业化的调查,因此我们在设计该问卷时遵循如下原则:

(1)题目设计简单明了。问卷设计力求简明扼要切合实际,并能为企业领导所熟悉。问卷中只列示了反映企业会计工作现状、作用等总体状况的10个方面的重要问题,以尽量减少领导答题工作。

(2)题型直观,题意明确,方便回答。10道问题均采用选择题的题型,答题结构经命题组慎重设计,涵盖企业会计作用的主要领域,各选项间具有排他性,全部选项形成较为完整的体系。

(3)突出重点问题。虽然题量不大,但是10道题主要集中在三个重要方面:①企业领导对会计工作本身的认识;②企业领导对目前会计工作作用的认识与判断;③企业领导对会计工作的希望。这三个方面是会计理论界与实务界普遍关心的问题。例如,企业会计应该对谁负责、当前会计信息失真的根源何在、会计信息对企业管理和决策是否有用、会计信息是以真实性还是以相关性为第一目标,这些都是近几年来理论界关注的热点问题。本次调查试图反映部分企业界高层人士对这些问题的看法和判断。

问卷二面向企业财务部门，目的是要准确、全面地了解我国企业使用各种管理会计方法的实际情况。因此，该问卷在设计时遵循了如下原则：

(1) 题型直观。本问卷调查的题目均采用选择题的形式，答题结构经命题组慎重设计，各选项间具有排他性，全部选项形成较为完整的体系。题意明确，方便问答。

(2) 内容全面。本问卷包括成本管理、成本性态、预测分析、经营决策、项目投资、预算编制、责任会计、内部控制等方面共计100多道调查题，基本涵盖了企业会计工作的各个方面。

(3) 专业性强。由于本问卷针对企业财务部门，与问卷一相比，其调查题更为专业，调查内容更为细致。

根据问卷调查结果，我们撰写了调查报告，分为总报告和分报告两部分。总报告分为企业领导与会计工作者两个层次。企业领导层次的总报告根据问卷一的调查结果撰写，综合反映了企业高层领导对当前我国企业会计工作本身的认识、对会计现状的看法和对会计工作的希望。企业会计工作者层次的总报告根据问卷二的调查结果撰写，综合反映了企业会计人员对管理会计应用现状、效果及有关问题的基本看法。分报告包括11个部分，分别以成本管理、成本性态、预测分析、经营决策、项目投资、预算编制、责任会计、内部控制等为主题，对有关管理会计和成本管理的具体方法在我国的应用情况作出了综合分析。

我们照这样的思路展开分析：先是对调查结果进行概括性的说明及比较，得出一个初步印象；然后分别从行业、地区和企业规模三个侧面进行对比分析，以期了解在我国不同行业、不同地区和不同规模的企业之间，管理会计和成本管理方法的应用是否存在差异以及差别所在，并试图揭示引起差别的内在原因。这些分析在很大程度上是我们的主观判断，虽然我们已经尽了最大努力，试图使这种主观判断最大限度地接近我国实际，但这些解释是否恰当尚需进一步实证。

在中国会计界，之前一些学校和从事会计理论与实务研究的人士也开展过类似的调查研究。但是，我们这次调查相比以前这些调研有所深化和发展：首先，调查组织层次较高。本次调查得到了中国会计学会和中国总会计师协会的大力支持，中国总会计师协会专门发文要求企业配合，并为我们开列了调查企业的名单，这在我国会计问卷调查中尚属首次。其次，调查对象区分为企业领导与企业会计人员两个层次。过去的调查对象较为单一，不是企业会计人员就是学校教师，很少有从企业高层领导和会计工作人员两个不同层面进行调查，因而难以了解企业领导与会计人员在对会计工作的认识上有何不同。本次调查在这方面进行了一次尝试，分别为企业领导和会计工作者设计了不同的调查问卷。第三，调查范围更加广泛。本次调查的面较宽，覆盖了纺织、化工、机械、建设、农垦、石油、商业等不同行业，以及东部（包括江苏、上海等地）、中西部（包括贵州、湖南等地）和老工业基地（包括辽宁、陕西等地）等不同地区。第四，调查内容更为全面。以往类似的调查都是专项调查，虽然主题比较集中，但调查的内容较为单一，难以反映我国管理会计应用的全貌。与以往的调查相比，本次调查的内容更为广泛、全面、丰富，内容几乎涵盖管理会计成本管理的各个方面。我们希望本次研究能为我国理论界进一步分析企业会计问题提供较为真实、全面的第一手材料。第五，在调查重点上，关注各种管理会计方法的应用效果。以往调查关心的都是各种管理会计的方法的使用情况，忽视了应用效果。在本次调查中，有一部分内容专门调查各主要管理会计方法在实际工作中的应用效果，从而弥补了以往问卷调查的不足。第六，在分析方法上，总体描述与侧面分析相结合。以往的调查在分析时多是概括性的总体描述，少有从不同侧面进行分析。本次调查在分析时既有概括性的总体描述，又有从行业、地区和规模三个不同侧面的对比分析，试图在了解概貌的同时从不同侧面了解我国企业会计工作的现状，分析的角度更多，它们互为印证、互相补充，取得了具有一定代表性的全面资料。这种分行业、地区和企业规模的分析方式，为以往问卷调查所不具有，它是研究会计实务现状的差异及其成因的一次尝试，希望能给其他会计理论和实务工作者提供一点基础性信息，带来一些启示。

当然，我们的那次调研也存在着不足，主要表现在：第一，问卷回收率不高。第二，调查的结果是否具有代表性，我们无法确认。

这次大规模中国企业管理会计实务调研得到了时任财政部部长助理、会计司司长冯淑萍教授的鼓励，中国会计学会秘书长刘玉廷教授、财政部会计准则委员会副秘书长陈毓圭教授、东北财经大学刘明辉教授、中国会计学会副秘书长周守华教授对我们的调研作出了具体指导，《会计研究》杂志田志心副主编在研究报告定稿时提出了中肯的修改意见。

最后，我们调研报告汇成《中国企业会计实况调查》一书，约45万字，2002年由东北财经大学出版社出版。现在已成为中外学者了解与研究中国企业管理会计应用状况与效果的弥足珍贵的历史资料。

在"中国管理会计作用：现状与基本出路"一文中，我提出了"培植永久性企业文化、会计成为企业经营管理中枢神经、正确认识并充分运用颠覆性创新与连续性创新曲线"三点，作为中国企业管理会计真正发挥积极作用的具体抓手。通过2018年中美贸易战"中兴通讯事件"，表明我20年前的建议是多么中肯！

（四）中国成本与管理会计研究20年回顾

1999年，我应中国会计学会之邀，主编《中国会计理论20年：成本管理会计》，某种意义上这是对我已发表管理会计研究成果水平与影响以及学术地位的一种肯定。此书在2002年东北财经大学出版社出版时，我曾不无感慨地写下了以下带有序言性质的说明：

总结历史使人聪明，回顾过去催人奋进。1999年，当我接受中国会计学会的委托，负责主编《中国会计理论研究文献摘编（1978—1998）（成本与管理会计卷）》时，一种沉重而光荣的使命感油然而生。全面、客观、公正、准确地反映改革开放20年来我国成本与管理会计研究走过的历程、取得的成果和值得我们记忆的足迹，这是两年多来我梦寐以求的目标。我们本着对历史负责，对老一辈负责，对涌现出的一大批中青年学者负责，更要对中国会计的未来负责的态度，启动了客观系统地总结近20年中国成本与管理会计研究成果的工作。

工作伊始，我们首先面临着资料来源方面的困难。柳暗花明，中国会计学会及时向全国同行发出了征稿通知，一大批的前辈、同行及时给我们寄来了他们有关成本与管理会计的著作和论文。这种支持恰如春雨润土，使我们精神为之一振，增强了干好摘编工作的信心。

但是，20年成本与管理会计研究成果浩如烟海，从中选取有价值的观点，实非易事。纵观中国成本与管理会计研究的20年，是我国会计理论与实践大发展的20年。在此期间，我国成本与管理会计介绍和引进了西方成本与管理会计的基本理论和实践方法，努力探寻适应改革开放、经济发展形势的成本与管理会计理论，同时也积极总结有中国特色的成本与管理会计方法，广泛开展了各级各类的学术交流。随着中国经济的改革与发展，成本与管理会计的研究成果不断推陈出新，名人名作、新作新观点交相辉映。

总结起来，我国20年来成本与管理会计的研究成果具有以下的一些特点。

首先，研究成果多。20年来，仅《会计研究》就发表了近百篇成本与管理会计方面的论文，其他各级各类期刊杂志上的研究成果则更多。

其次，研究范围广。从宏观的成本与管理会计体系到微观的成本计算方法，从介绍西方管理会计的先进经验到总结我国成本与管理会计的特色做法；20年来的研究涉及了成本与管理会计的方方面面，研究的领域仍在不断地扩大。

再次，研究内容实。基于经济发展和改革开放的需要，我国会计界在从事成本与管理会计研究时十分关注研究的现实意义，无论是对成熟理论的借鉴还是对基层做法的总结，都体现了会计研究对我国成本与管理会计实务的高度关注。

最后，研究的影响大。自1980年10月，前财政部部长王丙乾在第三次全国会计工作会议上呼吁全国会计界学习和借鉴西方管理会计的有用经验并要求部属五所高等财经院校会计系开设管理会计课程以来，管理会计的实践与研究已遍布全国各行业和各高校，部分研究成果已引起了外国同行对我国特色的成本与管理会计的浓厚兴趣，运用管理会计理论与方法推进企业经营的观念已深入人心。

为了尽量保证摘编工作的质量，避免摘编过程有重大遗漏，经摘编组反复讨论，确定了以下摘编原则：①广泛性。即把近20年来我国有关成本与管理会计研究方面的各种文献尽量收集后，再进行摘编。②代表性。即纳入本书的观点，必须在特定的历史时期具有理论与实践方面的创新意义，代表了我国成本与管理会计理论研究的主旋律。③权威性。本书虽然是对我国成本与管理会计研究成果的摘编，但对于一些专家教授的经典性著述，为了不断章取义，本书将一揽无遗地摘取其精华。④公正性。即对有价值的观点，不管首先出自谁手，都予以足够的反映，以努力体现我国20年来成本与管理会计研究的全貌。⑤客观性。由于学术研究不免产生类似的观点，对于同一种观点，本书严格按照发表著述时间的先后顺序摘编最早提出该观点的著述及其作者。

总之，我希望我们的摘编工作能够较为全面、客观、公正地反映我国20年来在成本和管理会计研究方面所走过的历程。

基本原则确定后，我们即开始确定摘编内容大纲。根据成本与管理会计的自身特点，以及中国企业成本与管理会计实践的发展状况，我们把摘编的内容划分为四大模块：

一为基本理论研究，包括成本管理基本理论研究、管理会计基本理论研究和成本管理基本理论研究；

二为技术方法研究，包括成本预测、成本核算、成本控制、成本分析、成本考核等方面；

三为成本专题研究，包括责任会计、行业成本管理、质量成本；

四为成本与管理会计的发展研究，主要包括成本与管理会计新领域和国外成本管理研究。

全书分为十三章，试图总括地反映近20年来，我国的成本与管理会计界对各主要问题研究探索的基本脉络、主要观点、实际进程以及作出重要学术贡献的专家学者，为人们了解这一段成本与管理会计研究历史提供一幅全面、简洁、真实的画卷，为后人续写中国成本与管理会计理论研究历史提供一份可靠的资料。

整个摘编工作历时一年半。从1999年初到2000年6月，南京大学会计学系的部分教师和研究生不辞劳苦，在浩繁的专业杂志和书籍中，分门别类地摘取我们认为值得记载的学术观点。阅读成本与管理会计研究成果的工作量之大、之艰苦，是我们始料未及的，但随着阅读工作的深入，我们不禁为老一辈专家学者们发表那么多真知灼见而陶醉，为一批批崛起的中青年作者指点江山之勇气而感动，为成本与管理会计在中国取得如此多的成果而自豪。现在看来，整个摘编过程，对我们不啻是一种艰巨的付出，更主要的是一种提高和理论升华。我们感谢中国会计学会给了我们这种学习机会，更庆幸自己赢得了这一机会。财政部部长助理冯淑萍教授、财政部会计司副司长刘玉廷教授、中国注册会计师协会秘书长陈毓圭教授、中国会计学会副秘书长周守华教授、中国人民大学耿建新教授、厦门大学王光远教授、东北财经大学刘明辉教授、北京工商大学汤谷良教授、天津财经学院盖地教授对本书摘编给予了全程指导；东北财经大学欧阳清教授、中国人民大学贺南轩教授、中央财经大学孟焰教授、中南财经政法大学易庭源教授对本书初稿提出了很有价值的书面评审意见；本书主审、中南财经政法大学郭道扬教授的严格把关大大地提高了本书的摘编质量。没有这方方面面的指导、支持和鼓励，本书的摘编任务是无法完成的。在此，谨向以上各位表示衷心的感谢。南京大学会计学系的缪艳娟、熊焰韧、杨惠敏、韩永斌、李翔、曾颖、黄长胜、李志清和杨臻黛等同学承担了本书的摘编任务，连云港财经学校的陶廷奎高级讲师在收集资料过程中给予了关键性支持，我十分感谢上述同事、学生、朋友对我工作全力而无私的支持。

杨雄胜
2001年6月

（五）企业管理会计创新探索

2000年后，由于自己把更多研究精力集中于内部控制研究，也由于担任南京大学会计系主任后学科建设与发展的千头万绪，加上管理会计研究真的需要学者集中精力去学习并了解实务，从而一度放松了对管理会计的深入研究。但放松并不等于放弃，对管理会计的偏爱，使我平时还本能地积累着一些对管理会计的思考和资料，2014年财政部决定建设中国管理会计体系，加上2017年中国总会计师协会刘红薇会长力邀我加盟，并希望我在发展中国管理会计事业大计中有所贡献时，这种对管理会计的研究冲动一下子又占居了我的思维前台，对管理会计时隐时现的考虑顿时又联成一片。鉴于中国会计强国地位建设，也鉴于管理会计更多立足于本地文化与基础，更鉴于财政部从国家战略高度建设中国管理会计体系，让我感到有必要把自己这几年对管理会计问题的探索和思考，形成文字求教大家。这几年自己对管理会计问题的探索，主要有两大方面：其一，为管理会计在价值管理中发挥更直接而有效的作用，与南通供电公司合作"管理会计实务创新"——VCU；其二，围绕中国管理会计最需要显山露水的创新领域，写成了以下纲领性论文——企业创新管理会计。这两点，可以视作为我未来重点研究管理会计的宣言。

关于VCU，起因是我对传统管理会计在服务于企业价值管理方面的有心无力。在现有企业制度框架内，会计无疑是作为基本而较有公信力的价值计量系统存在的。尽管目前会计对价值计量的有效性并不令人满意甚至有点失望，但它还是迄今为止人类在价值计量领域最具权威性的计量手段与制度。工业化背景下，人、财、物现实中的分立行为和相应各自信息流的时滞，必然带来企业价值整体目标在现实中被肢解而碎片化。这种碎片化，随着企业规模扩大组织复杂，创造价值活动过程必然产生越来越严重的功能内耗。物资部门强调储备最大化，设备部门强调技术最先进，质量部门追求品质最好，市场部门看中销量最大化，生产部门希望产出效率最高，人事部门追求高学历，而财务部门一旦祭出占用最少、成本最低、利润最高的杀手锏，上述所有部门的目标都将失去必要的资源保障，从而使企业价值最大化目标事实上彻底肢解。某种意义上，工业经济在市场化条件下，微观经济的一次次无序行动的累积最终导致整个宏观经济的起伏变化，出现了越来越频繁的经济危机，正是这种微观主体内在冲突而使价值创造基础土崩瓦解的集中表现。如果我们运用这样的分析框架来看待21世纪开始不到10年全球性经济危机却爆发了两次，这么短的时间内经济危机一再发生，微观主体内在矛盾冲突的日益激化可能是最深层的原因。信息化为会计摆脱如此困境提供了可能，主要表现在企业获得了具象化的形式，即价值创造与实现成了能为人类直接感知并认识实施整体性最优化管理的直观场景。在计算机平台上，我们可以组织为边界建立信息平台。在这样的组织平台上，即"线上"，企业价值创造人、财、物要素不再处于分割状态，而完全在一个信息空间融合一体，表现为一体化作用于价值创造，从而使企业价值创造第一次拥有了人类以直观感觉到的存在形式。这种计算机平台上的价值创造过程，与"线下"人、财、物行为相比，不再是分隔活动，而是一体化行动，它使现实生活中"人、财、物"自然物理相分隔的现象不复存在。这样的计算机平台上的价值创造图景（"在线"），比"线下"人、财、物协调行动创造价值的实际存在，更真实准确地反映了企业价值创造的内在结构和基本特征。就此而言，价值创造这种"虚拟现实ＶＲ"比"线下"企业经济活动人、财、物行为的自然存在，更真实准确地再现企业价值创造的完整面目，从而为企业价值创造的计量报告和控制，提供了一个前所未有的真实对象。那么，企业经济活动在计算机平台上，表现为什么样的基本场景呢？首先，企业价值创造是人、财、物融为一体协同驱动的过程。其次，组织主要不再表现为不同层级、领域和环节，而表现为价值创造的不同逻辑层次和物理单元，最基本的驱动力来自于客户需要。再次，一个企业是一个完整的价值创造主体，一个创值主体按组织层次可分成相应的创值层次和单元。最后，企业创值单元是企业创值最小也是最基本的单位，是企业内部可作为人、财、物资源调配的最小单元，具有可计量和可考评特征，是企业人、财、物最小集合体。某种意义上，企业就是由众多创值单元有机结合的组织体。因此，创值单元就成为企业价值创造力的基本细胞，增强各细胞活力，就可以有效提高企业创造价值能力。就此而言，企业价值管理，关键在于找到并有效激发这些创值单元的活力。我们把企业价值创造单元定义为VCU（Value Creating Unit）。企业价值管理，无非是寻找并有效激发对企业价值发挥关键和核心作用的VCU的活力。

为此，就必须对企业价值创造系统作出系统分析，从而厘清企业价值创造在层次、功能和环节上的内在关联，设计准确反映企业价值创造内在结构的信息框架，并赋予相应的观察指标和计量口径与方法，同时明确各VCU计量指标的功能、计量报告频率和内在联系，从而建立起企业价值创造过程全覆盖信息系统。通过这样全覆盖信息系统的有效运行，持续发挥价值管理功能作用，不断提高公司创造价值的能力。

由于这样的价值管理以发现、动态计量并优化企业价值创造单元进而有效提高企业创造价值能力为主要特征，为有别于现在已被大家讲得含义不可捉摸的价值管理概念，我们把此命名为"价值创造定位导航系统"，简称VCPS（Value Creation Positioning System）。

这种VCPS探索，来自于我与南通供电公司这几年紧密的资产组管理会计创新实践的理论启发。我与南通供电公司陈启忠副总经理，从2014年以来，以资产组名义作了会计如何更有效服务于企业价值创造的改进探索，取得了显著成效。而资产组管理会计实践探索的动因，完全来自于对企业价值创造客观过程中各要素关系作用现实结构的深化认识，也由于展现这种创造价值真实场景拥有了充分有效的技术环境。在会计要素理论中，资产公认定义的核心是"为会计主体提供未来经济利益的资源"。显而易见，这种资源在现实中必然是各种要素的组合，不是也不可能是各种以自然物理形态分散存在的要素。在没有成为资产之前，这些要素必然以物理状态分别自然存在着，它们具有各自的功能，但它们之间在功能上互不相关。一旦成为资产，这些要素物理状态虽然还是分别自然存在着，但在功能上必然存在着一体化关系，它们共同服务并作用于企业创造价值过程，纳入资产的任何要素都将成为企业创造价值必不可少的组成部分。因此，会计上的资产是一个"要素组合作用"的概念。各种自然状态要素若能成为会计资产要素单独确认，除非它具有独自能满足创造公司价值的要求。否则，任何单独存在的自然物理形态要素，不可以作为会计资产要素予以单独确认。但是，会计资产要素这种理论定义，在迄今为止的会计实务中并没有真正落地。现实会计实务中，作为会计确认计量的对象，不论是固定资产还是流动资产，往往还是以各种物理形态自然存在物体为标准，如此反映出来有关资产方面碎片化的会计信息，与会计要素定义要求的完整功能意义上的资产信息，并不完全是一个概念。会计在资产要素反映能力方面的这种严重缺失，完全由于各种要素物理存在的空间自然分隔，从而一体化的要素组合作用即创造价值意义的资产概念，在现实会计世界难以真正呈现为信息表达。现代会计之所以在企业创造价值领域，难以真正发挥理论上已有充分论证的那种基础性作用，关键就在于会计实务"肢解或碎片化反映"了资产概念。当然，会计在资产要素反映能力上这种实质性缺陷，与现实中各要素物理存在的自然空间分立紧密相关。这种要素自然分隔存在，决定了创造价值各要素一体作用的关系与过程，变成了一个只能定义而无法观察从而难以计量的对象。按此分析，我们可把会计在资产要素反映能力上的这种实质性缺陷，看作为现代会计计量无可避免的"先天不足"。这种"先天不足"，完全由于企业各种要素一体化作用创造价值的过程，往往是一个无法观察到从而就难以计量的场景。柳暗花明，信息网络技术的成熟与普及，在计算机应用平台上，企业价值创造各要素一体化作用过程，拥有了一个真实完整呈现展示的场景，从而使企业价值创造过程不仅能定义而且可以观察和计量，最终为会计克服其资产要素确认与计量方面的先天不足，提供了充分的可能性。我们对资产组管理会计的探索，正是适应信息化新环境，克服会计计量企业价值创造过程能力先天不足的积极尝试。

（六）企业创新管理会计探讨

企业创新管理会计，包括以下三大方面：

在制度创新领域，管理会计能贡献的智慧：反映现行制度资源利用效率效果，尤其是人力资源方面文化建设与价值观引导的实际效用。前者包括对人、财、物以及信息诸要素利用效率效果的单项分析以及整合分析。这些分析，需要管理会计人员广泛收集其他先进的国内外企业各项相关制度，对不同与相同制度背景下，影响资源利用效率效果的因素与机制以及行为特征，作出全面分析。从而动态评估本企业各项制度的适宜性并有的放矢指出改进的具体方面、方向、空间和具体操作方案以及时间进度表。后者通过员工情绪指数、协同指数、满意度指数以及关心企业指数等指标的定期观测与分析，计量并不断提高企业业务与管理过程的和谐程度，为提高企业凝聚力作出管理会计的实质性贡献。企业必须依据自己的产业、技术、组织与经营管理特点，为做好上述管理会计工作提供制度保障。

在管理创新领域，管理会计能贡献的智慧：（1）先进与成熟商业模式对本企业适用性的动态研究，主要从影响力与可持续性两方面分析不同商业模式对企业盈利能力、现金流量与流转、资产质量的短期与长期影响，从而对企业现有商业与管理模式的有效性和具体改进方面作出评价提出建议，供高层决策参考。（2）先进管理工具与手段，尤其是信息网络与数据分析信息智能化技术手段的应用可行性分析。在技术可借鉴性分析基础上，对各项技术财务合理性和企业可接受性两方面，管理会计作出经济有效性分析，和先进工具手段与现成管理系统与工具融合后经营管理效率效果分析。

在技术创新领域，管理会计必须在与技术紧密结合从而融合一体的基础上，作出如下贡献：（1）企业目前各项技术竞争能力分析，着眼企业目前技术在市场上对企业声誉、赢利性客户粘吸力、技术市场盈利能力的可持续性。（2）国内外先进技术市场化程度与进度，以及与企业面临技术风险分析，为公司技术进步与创新提供具体的对象、领域以及投资与风险管控策略。（3）新技术不断创新背景下，企业技术与产品市场风险动态分析，为企业研发组织管理提供翔实依据。

以上三大方面，要求管理会计广泛占有资料，建立各种分析框架，设计相关数量模型，完善信息系统。管理会计人员，开展以上工作，必须具备很高很强的处理信息能力素质。

后　　记

　　生不立传，这是中国的传统。因此，我不赞成自己写什么学术自传。事实上，相比于前辈们，我自己根本没有什么"传"值得写。中国会计学会副秘书长田志心老师的一番肺腑之言，让我无法拒绝对自己以前学术心路的书面回顾。她说，我们这一代经历了这么多，有必要更有责任把自己的学术背景——伟大的时代、沸腾的岁月、激情澎湃的会计事业，尤其是会计前辈大师们的言传身教，告诉中国会计界的年轻一代。学会怎么感恩、拥有并践行感恩之心，是我们这一代会计人应该完整无缺地移交给下一代会计人的精神财富。我接受了田老师的建议，也深深领会财政部让会计名家培养工程首批专家回顾个人以往学术人生的良苦用心。因此，我认为这只能算学术人生自述，而不是自传。我是怀着极其感恩之心完成本自述写作的。希望这种感恩之心，通过文字真正能带给本书的读者，让我们共同感恩改革开放带来中国天翻地覆变化的伟大时代！

　　我的自述，特意讲述了几位前辈会计专家对我和南京大学会计学科发展的关心与扶持，以表达自己对前辈们提携之恩的万分感谢，更希望南京大学会计学科和自己为中国会计事业健康成长的一切努力，能让前辈们为他们对我们的付出感到值得！

我的学术自述又回避了两个方面，在后记中补作说明：一方面我未提及与自己学术人生融为一体的家人支持。我绝不是忽视或不在乎这一点。事实上，从我学术起步至今，我的妻女作出了常人难以理解与承受的牺牲，这为我无忧无虑衷情会计学术人生至今提供了基本的物质与精神保障。此情我会终生感激。另一方面，我自述中，未提及我的任何弟子。事实上，从连云港财经学校到南京大学，我得到最多的财富和回报，是我拥有一批优秀的学生，特别是在南京大学，我更为自己能有这么多得意弟子而自豪。但在自述中，我没有披露这些，也不想表露这方面的情感，总觉得再好的语言也不可能贴切地描述我们的师生之谊。我始终相信，我们师生情深意重的关系是终身的。

既然是自述，文字的表达当然很关键。中国文字在内涵上都讲究意境。诚信，可能是自述最重要的一点。我想我们的祖先在创造"诚信"两个字时，都把"言"作为基本要素，肯定有其深刻的文化意境。我们说的东西，是不是发自内心并基于事实，这很重要。就此而言，我自认为，我的自述基本上做到了。自述中说的，都是自己亲身经历，毫无添油加醋；我所谈的都是真情实感，毫无掩盖修饰。每个人对时代和周围的感受，都是基于自己经历所接触的人和事，这种真情实感，虽然并不一定能全面地反映整个时代，或许也不能反映时代的基本面，但可以反映这个时代一些凡人小事的真实面。正是这些凡人小事，给这个时代带来了无限的生机和活力，也使我们这个时代变得丰富多彩。只是期望，在中国会计界回顾过去40年波澜壮阔的发展历程，需要一些凡人小事作为伟大时代的见证时，我的学术自述能提供一些现实素材。整个自述写作过程中，我

后 记

完全沉浸在过去会计学术中而难以自拔。当自述接近尾声时，我陡然想起中国传统礼仪中的跪拜动作。头、手、脚、身体甚至心一体一致，应该是跪拜的标准要求。这种跪拜礼具有强烈的文化图腾意义，代表人类表达情感的最高境界——头、手、脚、身体、心"五位一体"。我们每个人，一生言行，真正做到五位一体，能有几时、几处？我想自己写的论文，肯定达不到这一点。尽管自己一直坚持用心做学问，有感而成文，但现在的所谓学术规范，已使学术世界难以真正体现五位一体了。不过，这次学术人生自述的写作，要感谢中国财经出版传媒集团的编辑，确保我真正体验了一次"五位一体"。

经济学界泰斗陈岱孙教授早在1986年为湖南人民出版社出版的《现代西方经济学术思潮》一书写的序言中，曾说了这么一段话："判断一位学者的成果有无价值，不在乎其生前发表了多少文章、出了多少专著，而在于日后人们总结这一段理论历史时，他（她）的成果是留下了一章、一节段、一句话，还是什么都没有。"我在杨纪琬先生百年诞辰纪念会上，不无忧虑地说过："杨老先生作古十年，我们还如此深情地回忆感念他，我不知道我们百年之后，能被会计后辈们记忆几年？"我现在想，不用百年以后，就是现在我写的学术自述，能有多少人感兴趣看、看后能有所得？更不敢想几年以后，我的自述是否还能存放在图书馆、私人书架上？在网上能有几个人点击看它？立足整个中国社会经济发展尤其是会计事业和高等教育发展的背景，解读自己会计学术人生的所作所为，希望这些感受能折射中国的改革开放大业；以此表达个人尤其是专家学者的命运，是怎样完全取决于整个国家、民族甚至是大千世界给予的环境；也试图表达在社会经济乃至文化大变迁中，作为一个学者和大学会计学科怎样守护自己的良知，切实履行对民族、对社会文明进步的责任和担当。

我一直坚信，大学是一个社会尊严得以弘扬的中坚堡垒。我所在的南京大学作为百年名校，历来对中华民族优秀文化承担着发扬光大的责任，充当了中华文明的守护者，而且以一贯出色的表现赢得了一代代中国人甚至国际友人的尊敬。我作为南大一员，责无旁贷地为守护南京大学这份神圣不可侵犯的尊严而尽心尽力。在我们每一个南大人面前，"南京大学"四个字具有无可抗拒的威严。我作为南大历史上瞬间存在的一员，多大程度上立足南大本质而体现南京大学的精神？希望我的学术自述能给出一点具有行动证明力的答案。

今天，中国社会已高度进步了，人与人之间的关系已变得多元而丰富。但我深信，不管社会如何变化，人类善良意愿的充分表达，永远是衡量一个社会文明更是衡量一名学者基本良知的根本标准。我在《中国会计理论研究必须有历史使命感》（《会计研究》2012年第2期）一文开头曾说了这么一句话："我视会计学术为我生命的组成部分，而非谋生的手段。"亚里士多德在《形而上学》一书中也认为，学术只是一些衣食无忧者兴趣使然。因此，我对目前少数会计年轻人，把读会计博士作为谋生之道，而且在学术之途上变得比较狭隘、偏激甚至极端自我，很不以为然。如此背景下，一个人的学术成长，不一定带来作者人类善意的更充分表达，那么，作为以养家糊口、追求功名为目的的会计学术，也就毫无崇高可言。如果一

后　记

个会计学者在发表很多成果后，并没有在人类善意表达方面有所作为，那么，会计学术就失去了应有的崇高。如果作为会计学者的成果只是为博取本人名利，而给社会、行业以及同事没有传达丝毫的善意，那么，作为会计学者，就没有理由要求得到社会尊重。假如学者为自己制造一叠又一叠毫无社会责任感的"学术成果"而沾沾自喜，那么，他就要承受社会越来越明显的鄙视。如此反复，会计学术就不再是一个值得人类尊敬的行业。希望我的这本自述，能向中国会计同行尤其是年轻会计学者，传达一点我在这方面的担忧！

杨雄胜
2019 年 1 月 12 日于南京